賢い人がなぜ決断を誤るのか？

意思決定をゆがめるバイアスと戦う方法

オリヴィエ・シボニー
訳 野中香方子

日経BP

アンヌ＝リーズに捧げる

目次

イントロダクション

あなたはとんでもないミスを犯そうとしている——もし、この先を読まないなら

少なくとも過去10年間を洞窟の中で暮らしてきたのでなければ、あなたは認知バイアスについて聞いたことがあるはずだ。特に、ダニエル・カーネマンの『ファスト&スロー』（村井章子訳、早川書房）が刊行されて以降、「自信過剰」「確証バイアス」「現状維持バイアス」「アンカリング」といった用語は、オフィスで日常的に使われるようになった。認知心理学者と、彼らに刺激された行動経済学者による数十年におよぶ研究のおかげで、現在では、シンプルだが非常に重要な考え方が広く浸透している。それは、「何を買うか、どのように貯蓄するかなど、人の意思決定は必ずしも『合理的』ではない。少なくとも、経済学の理論における狭い意味での『合理的』ではない。つまり、何らかの目標に向かって行動する際、私たちは、必ずしも最適な選択肢を選ばない」というものだ。

ビジネスの意思決定の合理性

同じことはビジネスの意思決定についても言える。検索エンジンに「ビジネスの意思決定をゆがめるバイアス」と入力すると、数百万件の記事がヒットする。そこからは、経験豊かな経営者が（重要な戦略上の決定も含めた）意思決定を下す際の思考プロセスは、ビジネスの教科書に載っている合理的で思慮深いやり方とは似ても似つかないことがわかる。

その事実に私が気づいたのは、行動経済学についてまだ何も知らない頃のことだった。当時私は、マッキンゼー・アンド・カンパニーに採用されたばかりの若いビジネスアナリストだった。最初に担当したクライアントはヨーロッパの中堅企業で、米国での企業買収を検討していた。買収が成立すれば、企業規模は倍以上になり、グローバル企業に飛躍できた。しかし、私たちが数カ月かけて調査と分析を重ねた末に得た答えは明白だった――その買収は失敗する。規模拡大による戦略と業務上のメリットは限られている。あまりに危険だ。最も重大なのは、買収後に期待できる株主価値に比べて買収価格が高すぎることだった。

この調査結果をクライアントのＣＥＯに説明したが、彼は耳を貸そうとしなかった。それどころか予想外の論拠を持ち出して、こちらの出した結論を却下した。

「君たちは米ドルベースで買収を検討したせいで、重要なことを見逃している」と彼は言った。私たちと違って、彼は自国通貨で計算していたうえ、自国通貨に対する米ドルの価格が近々上がると予想していた。そうなれば、買収先の米国企業が生むドル建てのキャッシュフローの価値が上がり、買収価格が高くても簡単に正当化できる。おまけにそのCEOは、自国通貨建ての社債を発行して買収資金を調達しようとしていた。

「信じられない」と私は思った。その部屋にいた全員（CEO本人も含め）が、これは罪を隠すために別の罪を重ねる行為だとわかっていたはずだ。CEOは為替のトレーダーではなく、株主は企業が為替相場の変動に賭けることを望んでいない。これは、企業ファイナンスの基本中の基本だ。このCEOがやろうとしていたのはギャンブルだ。為替レートが将来どう動くかは、誰にもわからない。もしドル高にならずドル安に振れたら、この買収は最悪の結果に終わるだろう。企業買収の大原則として、巨額のドルベースの資産はドルで評価し、ドルで資金調達しなければならないのはそのためだ。

　期待に胸を膨らませていた20代の若者にとって、この経験は衝撃的だった。企業のCEOは重大な意思決定の際に徹底的な分析を行い、複数の選択肢を慎重に検討し、様々なシナリオについて深い議論を重ね、論理的に結論を導き出すものだ、と考えていた。しかし、目の当たりにしたのは、自分の直観を頼りに、正当化しようのないリスクをしたり顔で背負うCEOの姿だった。

経験豊かな同僚たちは、私以上にうんざりしていたと思う。ただ、彼らの解釈は二つに分かれた。大半は肩をすくめて、「このCEOは無能で頭がおかしい」と言った（表現はもっと控えめだったが）。そしてこう続けた。「成り行きを見よう。どうせ失敗するさ」。だが、まったく逆の評価をする人もいた。「彼は天才で、戦略的なビジョンを描いている。私たちコンサルタントには見えないチャンスを捉えることができる。近視眼的で細かすぎるこちらの分析を無視するのは、優れた洞察の証拠だ。成り行きを見よう」と彼らも言った。「すぐにこのCEOが正しかったことが証明されるだろう」。

私はどちらの主張にも納得できなかった。彼の頭がおかしいのなら、なぜCEOになれたのか、逆に、もし天才なら、最終的には無視することがわかっていてなぜ私たちにアドバイスを求めたのか。

「アンナ・カレーニナの法則」の逆

時がたつにつれて答えが明らかになった。CEOは頭がおかしいわけではなかった。彼はこの取引の前もあとも、母国では尊敬されるビジネスリーダーだった。

しかも、彼は驚くほどの成功を収めた。あの買収は大成功に終わった（ドルは値上がりした）。その後もいくつか大きな賭けに出たが、その多くはやはりリスクを伴っていた。破産寸前の地方企業を業界の世界的リーダーにしたこともあった。以前、彼を讃えた同僚はこう言った。「ほらね、やはり彼は天才だった！」。

そんな単純な話ならよかったのだが……。その後の25年間、私は多国籍企業のCEOや経営幹部のコンサルタントとして、このような戦略的意思決定を数多く見てきた。そうするうちに、実際の意思決定が、経営学の教科書が推奨する意思決定とかけ離れているのは、この最初のクライアントだけではないことに気づいた。というより、かけ離れていることのほうがむしろ当たり前だった。

さらに、私はもう一つの重要な結論にも至った。こうした型破りな意思決定のいくつかはハッピーエンドを迎えるが、大半はそうならないことだ。戦略的意思決定の失敗は、珍しいことではない。もし疑うなら、間近でそれを見ている人々に尋ねてみるといい。約２０００人の経営幹部を対象とする調査で、よい戦略的意思決定が「おおむね」下せているると答えたのは、わずか28パーセントにすぎない。60パーセントの人たちは「悪い意思決定とよい意思決定の割合は同じくらい」と感じていた。

マッキンゼーではビジネスリーダーに向けて、悪い意思決定のリスクを警告する膨大な量の報告書を、定期的に作成してきた。他のコンサルティング会社や経営学者と同様に、特に「危険」な戦略的意思決定について、経営者に警告する必要があると考えていたからだ。だが、耳を貸す人はいなかった。「その買収価格は高すぎる」と経営者に注意を促しても、私の最初のクライアントと同じく、より大規模で高額な買収へと突進し、多くの場合、株主価値を低下させた。投資計画が楽観的すぎるので、「計画はもっと綿密に」と警告するのだが、その後も、経営者の楽観的な姿勢は変わらなかった。ある時は、「価格競争に巻き込まれてはいけない」と私たちは忠告したが、それをようやく聞き入れた時のクライアントはすでにひどい攻撃を受け、泥沼にはまりこんでいた。またある時は、「新しいテクノロジーを持つライバルに警戒せよ」と伝えたが、業界の既存企業が次々に倒産するのを見ることになった。「失敗したベンチャーへの再投資をやめて、損切りすべきだ」と助言したが、それも聞き流された。

もちろん、これらの「ミス」には、読者の注意を促すのに最適で、印象的で、記憶に残る面白い話が伴っている（本書では、そんな話をいくつも、正確には35話、紹介する）。

もっとも、個々の物語は重要ではない。重要なのは、ある種の意思決定は失敗する確率が非常に高いことだ。とはいえ、それは絶対的なルールではない。買収によって価値の創造に成功した企業や、コアビジネスを倒産の瀬戸際から見事に再生させた伝統的企業もある。これらの成功例は、同じ状況に陥っている企業に希望を与えるが、統計的に見ればそれらは例外で、失敗が常道《ルール》だった。

要するに、私たちのクライアントの戦略的意思決定は、最初のクライアントがそうだったように、型破りで斬新な戦略的意思決定を実践することにより、時折成功する。しかし、失敗に終わった場合、その意思決定は斬新でも創造的でもない。過去に繰り返されてきた、ありがちな「悪い意思決定」によって失敗したのだ。まさにトルストイが『アンナ・カレーニナ』の冒頭で家族について考察した一文「幸福な家庭はどれもよく似ているが、不幸な家庭はそれぞれそれに不幸なものである」の逆だ。戦略的差別化の研究者がずいぶん昔に理論化したように、成功した戦略はそれぞれ独自の方法で成功に行き着くが、戦略が失敗するパターンは、すべて似ている。

無能なリーダー失敗説——なぜ、うまくいかないのか

こうした失敗についてのごく普通の解説は、私の最初のクライアントについて同僚の多くが語った「無能で頭のおかしいCEOのせいだ！」と同じだ。企業が経営難に陥ると、

経営誌の記事は、その企業のリーダーに責任を負わせる。ビジネスの失敗に関する書籍は、リーダーの「許しがたい過ち」をリストアップし、それらを情け容赦なく、本人の性格的な欠陥に結びつける。よく見かけるのは、800年前の「七つの大罪」（傲慢、強欲、嫉妬、憤怒、色欲、暴食、怠惰）から抜き出したものだ。リストのトップにあるのは、「怠惰」（ビジネス界で言えば「自己満足」）、「傲慢」（ビジネス界で言えば「高慢」）、そして言うまでもなく「強欲」（言い換えは不要）だ。このリストには、憤怒、嫉妬、暴食さえ登場する。* 残るは色欲だけだが、それもニュースになる。私たちは、成功した企業のリーダーを絶賛し、「偉大なリーダー成功説」を信じるだけでなく、「無能なリーダー失敗説」も全面的に受け入れている。つまり、よい結果は有能なCEOのおかげであり、悪い結果は無能なCEOのせいだと考えている。この説明は倫理的に説得力があり、CEOに責任を負わせることを正当化する（成功したCEOに高額の報酬を支払うことを正当化できるのも重要な点だ）。また、十分な警告があったのに、他の経営者が犯したミスを繰り返すのであれば、そのCEOには

＊ 暴食さえリストに並ぶ。第1章で掘り下げるJ.C.ペニーのしくじりについて、フォーチュン誌の記事にはこう書かれている。「取締役会があまり機能していないことを示唆する情報があった。アックマンは、取締役会で出されるチョコチップクッキーについていつも文句を言っていた。（中略）経営幹部の中には、取締役会で出される料理の味つけに不平をもらす者もいた」。

何らかの深刻な欠陥があるはずだ、と考えるのは筋が通っているように思える。

　しかし、この説には明らかに問題がある。第一に、最終的に成し遂げられる結果から、よい意思決定とよい意思決定者を決めるのは順序が逆（循環論法）であり、意味がない。もしあなたが意思決定、あるいは意思決定者を選択しようとしているのであれば、結果が出る前に、何がうまくいくか、あるいは誰がよい意思決定者かを知りたいだろう。しかし実際には、私の最初のクライアントに関して同僚の意見が分かれたように、意思決定が下された段階で、誰がよい意思決定者かを見分ける確かな方法はない。また、個々の意思決定が結果的に「よい」か「悪い」かは、未来を見通す能力がない限りわからない。

　第二に、もしすべての企業に同じ失敗を犯す傾向があるとしたら、企業ごとに異なる意思決定者のせいにするのは論理的ではない。確かに、無能な意思決定者は悪い意思決定を下しがちだが、人によってそれぞれ異なるミスをするわけではない。もし、１０００個のまったく同じミスが観察されたら、その説明は１０００個ではなく一つで十分だ。

　そして最も重要なのが、次の第三の理由だ。失敗したＣＥＯを無能だとか、頭がおかしいと見なすのは、明らかに間違っている。信用ある大企業のＣＥＯになる人は、何十年も勤勉に働き、一貫して卓越したスキルを示し、素晴らしい実績を築いてきたはずだ。「神は最高権力者を破滅させようとする時、まずその者を狂わせる」という不可解な心理的変化が起きていない限り、大企業のリーダーの多くを、「二流の戦略家」「できの悪い意思決定者」と決めつけるのは的外れだ。

「無能なリーダー失敗説」を除外すると、興味深い問題が残る。悪い意思決定は無能なリーダーによって下されるのではない。大いに成功し、慎重に選ばれ、非常に尊敬されているリーダーによって下されるのだ。こうしたリーダーは、有能な同僚やアドバイザーから助言を受け、自分が望む情報のすべてにアクセスできて、普段は健全かつ正しい動機によって行動している。

彼らは無能なリーダーではない。優れた偉大なリーダーが、失敗に終わることが予測できたはずの悪い意思決定を下しているのだ。

行動科学による救いの手

この謎について、行動科学はついに答えをもたらした。人は、経済学者が考えるような合理的な意思決定モデルには従わないのでミスを犯す。しかもただのミスではない。ランダムではなく、規則性があり、予測可能なミスだ。この頻繁に起きて、規則性のある経済合理性からの逸脱は、バイアスと呼ばれるエラーだ。狂った意思決定者ではなく、ＣＥＯ

も含めて正気の人が、すでに他の人が犯したのと同じミスを犯す、と考えるべきなのだ。

行動科学はビジネスや政治のリーダーの間で人気を集めている。もっとも、現在、その人気が目立つのは、CEOによる意思決定とは無縁の二つの領域だ。どちらも聞いたことがあるかもしれない。無意識バイアス・トレーニングとナッジングだ。

「無意識バイアス」とは、自分では気づかない偏見《バイアス》のことで、人との交流、特にマイノリティの人々と接する時に持ってしまうものだ。無意識バイアス・トレーニングとは、そのバイアスを消すための訓練のことである。性差別主義や人種差別主義などのバイアスがもたらす問題に気づき、それらを認識して排除するための研修を実施する企業や組織が増えている。研修では、善意があってもバイアスの影響を受けやすいことを参加者に気づかせ、無意識に起きる差別的な連想を変えるために、通常とは異なるイメージやモデルに触れさせる（こうした強制的介入が効果的かどうかについて盛んに論議されているが、本書の論点ではない）。

二つ目のアプローチは、バイアスをなくそうとするこれらの試みとは逆に、バイアスを生産的に利用することを狙う。それは、リチャード・セイラーとキャス・R・サンスティーンの共著書『ナッジ』（邦訳は『実践行動経済学』（遠藤真美訳、日経BP））から始まったナッジムーブメントだ。

出発点になっているのは、政治学にも通じる古い問い、「市民が自ら判断して出す結果が最善でない場合、政府は何をすべきか」というものだ。一方には、政府の積極的な介入を支持する人々がいる。市民が貯蓄に励まないのなら貯蓄を促す税制上の優遇措置を導入し、市民が食べすぎるようなら、それを防ぐための課税や禁止措置を講じればよい、という考え方だ。他方、成人は自分で判断すべきであり、ミスを犯すのも各人の権利だと主張する人々もいる。他の人に迷惑をかけない限り、何をすべきで何をすべきでないかを政府が個人に指示すべきではない、という考え方だ。

セイラーとサンスティーンの偉大さは、家父長主義（パターナリズム）と自由主義（リバタリアン）というこの二つの道の間に、別の道を見つけたところにある。彼らはそれを「リバタリアン・パターナリズム」と名づけた。セイラーらが説く「ナッジング」は、選択肢をうまく提示することで、最善の行動を（自らの判断で）とるよう人を優しく「ナッジ（後押し）」する。強制は一切しない。たとえば、選択肢を提示する順番を変えて、最善の選択をさせるのもその一つだ。特に、初期設定《デフォルト》の選択肢に手を加えることで、様々な状況で大きな効果を生み出すことができる。

英国は行動洞察チーム（「ナッジ・ユニット」と呼ばれる）を創設し、他国に先がけてナッジングを政治ツールとして採用した。現在では、国、地域、地方の行政機関が、独自のナッジ・ユニットを持ち（経済協力開発機構によるとその数は200を超える）、税務コンプライアンスから公衆衛生、廃棄物処理に至るまで、様々な領域で政策立案者を支援している。企業も「ナッジ」を採用し、中には「企業行動科学ユニット」を立ち上げる企業もある。特に金融業界では、一定の傾向を持った取引行動の異常をうまく利用して利益を得ている。しかし、企業が行動経済学を適用して発見した方法の大半は、目新しいものではない。セイラーが他で記したように「ナッジは単なるツールであり、これらのツールはキャスと私が『ナッジ』と名づけるずっと以前から存在していた」。実際、他人のバイアスを利用するのは、合法かどうかはともかく、ビジネスの最古の方法の一つだ。「行動マーケティング」の専門家が、顧客のバイアスを分析してより効果的な宣伝方法を見つけようとしても、たいていの場合、よく知られている宣伝テクニックを再発見するだけに終わる。そして、セイラーが皮肉たっぷりに指摘するように、「詐欺師は私たちの本を読まなくても、それを自分たちの仕事にどう使えばいいかわかっている」。

行動戦略

行動科学を用いる三つ目の方法がある。それを採用する目的は、無意識バイアス・トレーニングのように社員のバイアスを矯正することでも、ナッジのように他人のバイアスを利用することでもない。目的は自分の戦略的意思決定のバイアスを正すことだ。

考えてみれば、それは理にかなっている。戦略的意思決定は違いを生み、それにバイアスがかかっていると失敗に終わると思う人は当然、自分のバイアスも戦略ミスにつながるかもしれないと考える。あなたが有能で慎重で勤勉な経営幹部だとしても、避けられたはずの予測可能な失敗を犯すことがある。それはまさに、先に述べた「偉大なリーダーによる悪い意思決定」という不可思議な事象だ。その偉大なリーダーとはあなたであり、その事象は不可思議ではなく、あなたの行動の結果である。

行動戦略と呼ばれる戦略研究の新たな潮流は、まさにこのテーマに焦点を当てている。その指導的立場にある人物の言葉を借りれば、行動戦略の目的は、「人間の認知、感情、社会的行動に関する現実的な仮説を組織の戦略マネジメントに当てはめていくこと」である。現在、戦略に関する学術雑誌には、認知、心理学、行動、感情といったキーワードが頻出する（２０１６年に『戦略マネジメントジャーナル』に掲載された論文の5分の1超にそれらの単語が見られた）。実務家向けの出版物も、このテーマへの関心の高まりを反映している。そして、意思決定者を対象とする調査によると、多くの人々が、自らの意思決定の質を向上させるためにバイアスの問題に取り組む必要があると考えていることがわかる。約８００人の企業の取締役を対象とするマッキンゼーの調査によると、「影響力を持つ」役員会が何より望んでいるのは、「意思決定におけるバイアスの削減」だった。

つまり、現在、多くのビジネスリーダーは、自らの戦略的意思決定にバイアスがかかっていることを自覚し、どうにかしなければならないと思っている。だが、どうすればいいのだろうか。それに答えるのが本書の目的だ。

核となる三つのアイデア

これから述べるのは、その答えをごく簡単にまとめたものだ。それは三つのアイデアに要約できる。それが、本書の三つのパートになっている。

▼第一のアイデア——バイアスは人を道に迷わせるが、その方向はランダムではない。自分のクレイジーなバイアスに対処する方法はある。私たちは合理的でないかもしれないが、ダン・アリエリーが巧みに表現したように、予想通りに不合理なのだ。組織の戦略的意思決定において、バイアスとそれが引き起こす戦略的エラーの組み合わせには繰り返し起きるパターンが見られる。それを観察すると、ある種の戦略的意思決定が頻繁に悪い結果につながることがわかる。つまり、それらの意思決定において、失敗は例外ではなく、常道《ルール》

となっている。本書の第1部では、この九つのパターン、すなわちバイアスのせいで私たちがはまる九つの意思決定のトラップについて説明する。

▼第二のアイデア——バイアスに対処する方法は、バイアスを克服する方法ではない。おそらくあなたがこれまでに読んだバイアスに関するアドバイスの大半とは逆だろう。たいていの場合、あなたは自分のバイアスを克服できない。さらに言えば、克服する必要もない。行動科学の懐疑論者がしばしば提起する問いについて考えてみよう。人間には限界があるのに、なぜこれほど多くのことを成し遂げられたのか。あるいは「人間がそれほど愚かだとしたら、なぜ月に到達できたのか」。その答えは、月に到達したのは「私たち」個々の人間ではなく、最先端の巨大組織、米航空宇宙局（NASA）である、というものだ。人間の認知能力には克服しがたい限界があるが、組織は個々の人間の欠点を補うことができる。戦略的意思決定に関しても、組織なら、バイアスがより少なく理性的な意思決定を下せる。第2部で示すように、それには協働《コラボレーション》とプロセスという二つの重要な要素が必要だ。協働が必要なのは、1人の意思決定者よりも多くの人のほうがバイアスを見抜きやすいからだ。そして、協働する人たちの洞察に基づいて行動するには、適切なプロセスが必要だ。

▼第三のアイデア——組織は個人のバイアスを克服できるが、それは偶然によるものではない。 ただ、グループや組織は普通、個人のバイアスをほとんど抑制せず、むしろバイアスを強めることのほうが多い。バイアスと戦うには、「どのように意思決定するか、そのプロセスをどう決めるか」について、批判的に考えることが求められる。賢明なリーダーは、自分ひとりでは最善の意思決定ができないと考えており、自分を組織の意思決定プロセスの設計を任された「意思決定設計者《アーキテクト》」と見なしている。

第3部では、意思決定アーキテクトが効果的な戦略的意思決定プロセスを設計するのに役立つ三つの原則を示し、スタートアップから多国籍企業まで、世界中の組織で実践されている40のテクニックによってそれを説明する。このテクニックのリストを提示するのは、これらをすべて実践してほしいという意味ではなく、自分の組織やチームにとって役立つものを自身で選んで、さらには独自のテクニックを考案してほしいからだ。

本書の本質的な狙いは、自らのチーム、部門、企業の意思決定アーキテクトとしてのあなたの自覚を促すことだ。重要な意思決定を下す前に、自分がどのようにそれを決めるかについて少しでも考えるようにすれば、あなたは正しい方向に進めるようになるだろう。そしておそらく、とんでもないミスを犯さずにすむはずだ。

第1部

九つのトラップ

第1章

ストーリーテリング・トラップ

できすぎた話

この物語は紛れもなく真実だ。なぜなら、すべて私がつくったからだ。

——ボリス・ヴィアン『日々の泡』

1975年、第一次オイルショックをきっかけに、フランス政府は省エネルギーを奨励する広告キャンペーンを始めた。スローガンは、「フランスに石油はないが、アイデアはある」。同じ年、2人の男がフランスの国有石油企業エルフ・アキテーヌを訪れた。彼らは、石油業界での経験はなかったが、掘削せずに地下の石油を発見する画期的な方法を考案した、と主張した。その方法とは、特別な機械を装備した飛行機が空から石油を「探知する」というものだった。

もちろん、その「自称テクノロジー」はいかさまであり、だましの手口は、あらかじめ石油が埋蔵されていることを示す画像を作成しておいて、試験飛行中にリモコンでその画像をスクリーンに映し出すという単純なものだった。

ばかげた話だと誰もが思うが、エルフ・アキテーヌでは、研究開発部門の科学者からCEOまでが、その話を真に受けた。さらには、フランスの首相と大統領を説得して、この新手法の試験に莫大な資金を投入することを承認させた。しかも、この詐欺は4年以上続き、同社に約10億フランの損害を与えたというから驚かされる。1977年から1979年までに同社が詐欺師に支払った総額は、支配株主であるフランス政府に支払った配当金を上回った。

これほどあからさまなペテンに、なぜフランスを代表する企業の経営陣だけでなく、フランス政府までもが引っかかったのか。石油を探知する飛行機を信じるとは、どこまで愚かなのか。重責を担うビジネスエグゼクティブがこんな途方もないホラを信じるなんて、通常では考えられない！

それとも、引っかかるものなのだろうか。ここで30年後の2004年まで、時計の針を一気に進めよう。今回の場所は米国カリフォルニアだ。テラリアンスという名のスタートアップが、資金を調達しようとしている。創設者のエルレンド・オルソンに石油業界での経験はなかった。彼は元NASAのエンジニアだ。そして資金調達の目的は何か。みなさんのお察しの通り、「飛行機から石油を探知する技術を完成させる」だった。

場所と役者が違うだけで、あとは同じだ。今回だまされたのは、ゴールドマン・サックス、ベンチャーキャピタルのクライナー・パーキンスなど、そうそうたる投資会社だった。「発明家」オルソンには、テキサスのカウボーイを思わせる無骨な魅力があった。エルフ・アキテーヌが使ったのはごくありふれたボーイング707だったが、テラリアンスが購入したのは、ロシア軍のスホーイジェット機だ。歴史は正確に繰り返された。投資された金額は、インフレの影響を調整すると、エルフ・アキテーヌの場合とほぼ同額の5億ドルだった。エルフの時と同じく、実験はまったくの期待外れに終わった。当然ながら、飛行機から石油を「探知する」のは不可能だ。

重大な意思決定を前にすると、聡明でその道に精通し、経験豊かなプロフェッショナルでも、なぜか目が曇ってしまうことがある。そうなったのは、運を天に任せて無謀なリスクを冒そうとしたからではない。どちらの「石油探知」案件でも、投資家たちは十二分に注意を払った。しかし、事実を厳しく精査しているつもりでも、投資家たちはすでに結論を出していた。なぜなら、投資家たちは、ストーリーテリングの呪いをかけられていたからだ。

ストーリーテリング・トラップ

　ストーリーテリング・トラップは、日常的なものを含む、あらゆる種類の経営上の意思決定について、私たちの思考を脱線させる。実際の（そして、典型的な）ケースを少し改変した次の物語《ストーリー》について考えてみよう。

　あなたは、競争の激しいビジネスサービス市場で闘っている企業の営業部長だ。成績のいい営業マンのウェインから電話がかかってきた。彼はこう報告した。「最も手強いライバルのグリズリー社に、コンペで二度続けて負けました。どちらのコンペでも、グリズリーは当社よりはるかに低い価格を出してきました。また最近、わが社の優秀な営業マンが2人辞めました。2人ともグリズリーに移るそうです。さらに、長年にわたってわが社と関係の深い顧客数社に、グリズリーが積極的に食い込もうとしている噂を聞きました」。電話を切る前にウェインは、次回の経営会議で販売価格を見直すべきだと提案した。顧客との日々のやり取りから、現在の価格水準を維持するのは無理だと思う、と彼は言った。

　少し気になる内容の電話だった。しかし、あなたは経験豊かなプロなので、冷静さは失わない。今聞いた情報について、確認する必要がある。

そこでさっそく、信頼するもう1人の営業マン、シュミットに電話をかけた。競争が異常なまでに激化していることにシュミットは気づいているだろうか。すると彼は、「近々あなたに報告するつもりでした」と言った。そして、グリズリー社が最近とても攻撃的になっていると言い、こう続けた。「最近、最も忠実なクライアントの1社との契約を更新したところです。グリズリー社の提示価格のほうが15パーセントも安かったのですが、クライアントはわが社を選んでくれました。そこの会社の社長とは、長年にわたって個人的なつながりを築いてきましたからね。けれども、別のクライアントとの契約更新が間近に迫っています。見積もり価格の時点で、グリズリーとの差がこれほどあると、契約の維持は難しいと思います」。

時間をとってくれたことに礼を言って、あなたは電話を切る。次に電話をかける相手は人事部長だ。ウェインが言っていた辞職した営業マンのことを確認するためだ。人事部長は、その通りだと認めた。退職者面接で2人は、グリズリーに行くのは、高額な業績連動型ボーナスに魅力を感じたからだ、と言ったそうだ。

この一連の情報のせいで、あなたは不安になる。最初にこの話を聞いた時はそれほど重大とは思わなかったが、時間をかけて情報を確認した。ウェインの言うことが正しいのか。値下げをする必要があるのか。少なくとも、次の経営会議でこの件について検討する必要があるだろう。価格競争を始めると決めたわけではないが、この問題は経営会議で話し合われることになった。破滅につながる可能性とともに――。

なぜそうなったかを理解するために、ウェインからの電話をあなたがどう受け止めたかを振り返ってみよう。意図的であってもなくても、ウェインがしたことはストーリーテリングそのものだった。彼は複数の独立した事実に一貫した意味を与えることによって、物語を構築した。だが彼の推論は、必ずしも正しいとは限らない。

同じ事実を批判的に解釈してみよう。「営業マンが2人辞めた」のは、営業チームのこれまでの離職率に照らせば特別な出来事ではない。彼らが最大のライバル企業に行くこともそうだ。2人が転職する可能性が最も高いのはどこかと考えれば、グリズリー社となる。次に、ウェインとシュミットは、グリズリー社が攻撃的な競争を仕掛けてきている、と報告した。彼らは、顧客との契約を更新できたことに対しては、それはすべて自分の手柄であり顧客との強い絆が奏功した、と言った。営業マンなので、そのぐらいの自己主張はあって当然だろう。重要なのは、彼らが語った数だ。ウェインは新規の顧客を2件獲得しそこなったが、既存顧客は1件も失っていない。シュミットは既存顧客を維持し、次の契約更新の交渉でもあなたの期待に応えようとしている。全体として今のところあなたの部署は、新規契約こそ獲得できていないが、既存の契約を失ってもいない。この情報を最初に語られたストーリーのゆがんだレンズを外して見直してみると、実際にはたいしたことは起きていないとわかる。

では、どうしてあなたは値下げを真剣に検討する気になったのだろうか。それは、ストーリーテリングのトラップにかかったからだ。あなたは、ウェインが述べた事実を客観的にチェックしているつもりだったが、実際には裏づけようとしていた。ウェインの話が真実かを本当にチェックするためには、次のように尋ねるべきだった。「この数週間でわが社のほかの営業マンは、新たなクライアントを何件獲得したか?」「わが社は市場のシェアを失っているのか?」「グリズリー社が顧客に提示した価格はわが社と同じ内容のサービスを約束するものか?」

これらの質問（や他の多くの質問）を重ねていくと、競合企業に比べて自社の製品・サービスの提供価値が大幅に落ちているといった重要な問題が見つかり、価格競争に乗り出すことが正当化されるかもしれない。その場合、値下げは筋が通っている。だが、あなたはそのように問いかけなかった。あなたの問題意識は、ウェインが最初に語ったストーリーによって形づくられた。そしてあなたは、そのストーリーの反証になるデータを探そうとせず、それを裏づける情報を探した。

フランスの石油企業と米国のベンチャーキャピタルの例でも見たように、人はこのような思考で大きな失敗を犯す。誰かからよくできた話を聞かされると、人はそれを裏づける要素を探し始める傾向があり、それらを探し当てる。自分では、厳しい事実確認《ファクトチェック》をしているつもりだった。もちろんファクトチェックは重要だ。ウェインの情報は、事実にきちんと照らせば間違いだとわかる。しかし、事実から誤った結論を引き出すこともある。ファクトチェックとストーリーの検証《チェック》は別物だ。

　ストーリーテリングの力が強いのは、人間は生来、ストーリーを求めるようにできているからだ。ナシーム・タレブが『ブラック・スワン』（望月衛訳、ダイヤモンド社）で記した通り、「私たちの心は素晴らしい説明機械であり、ほぼすべてのことに意味づけをすることができて、あらゆる現象を説明しようとする」。営業の現場でいくつかの個別情報を得たウェインも、そこから手がかりを得たあなたも、「それらの事実が偶然、同時期に起きた」とは考えなかった。つまり、事実を一つにまとめても何の意味もないとは思わなかったのである。私たちは衝動的に、それらを首尾一貫したストーリーの要素と見なす。単なる偶然かもしれないという考えは、自然には浮かばない。

確証バイアス

私たちをストーリーテリングのトラップに陥れる精神的メカニズムには、確証バイアスという、よく知られた名前がついている。持論を支持する情報に注目し、反証となる情報は無視しようとするバイアスで、推論のミスを引き起こす原因の一つだ。

確証バイアスは政治の領域で強く働く。選挙期間中の政治討論会の結果をどう捉えるかは、その人がもともと持っていた意見によって決まることが、昔から知られている。候補者同士の同じ討論を見ても、それぞれの陣営は、自分たちが支持する候補者が「勝った」と考える。どちらも自分たちの候補者の主張を受け入れやすく、対立候補の主張にあまり耳を貸そうとしない。この現象はマイサイド・バイアスとも呼ばれる。同じ現象は、政治的に対立する人々が、確固たる意見を持つ話題に関する事実や議論を見せられた時にも起きる。情報源を選べる場合、マイサイド・バイアスはさらに強くなる。自らの意見と矛盾する不都合なデータをいっそう無視しやすくなるからだ。

確証バイアスが政治的意見に及ぼす影響は、ソーシャルメディアが普及するにつれて急激に増えてきた。ソーシャルメディアのユーザーは、自分と興味・関心が似通った人の投稿をよく読む。それらは自分の意見と一致しやすいので、自分の意見が強化される。これが今ではおなじみの「エコー・チェンバー」「フィルター・バブル」と呼ばれる現象だ。加えてソーシャルメディアは、誤った情報や誤解を招く情報、いわゆる「フェイクニュース」を拡散する。確証バイアスの影響を受けやすいユーザーが、自分の信念と一致するフェイクニュースを額面通りに受け取るのは当然だ。また、確証バイアスは、政治に関する意見だけでなく、科学的な解釈にも影響する。話題が気候変動に関して、あるいはワクチン接種や遺伝子組み換え作物に関してでも、私たちは、自分の意見の裏づけになる情報は無批判に受け入れるが、持論と対立する情報に対しては無視しようとする。

このトラップに陥るのは、鈍感で、注意散漫で、思慮に欠け、政治的に偏った人であり、要は教育や知性の問題だ、と思う人がいるかもしれない。だが、それはまったくの誤りで、マイサイド・バイアスは知性とはほぼ無関係だ。米国人に、ドイツ車が危険であることを示す研究結果を見せると、78パーセントの人が、米国からドイツ車を締め出すべきだと答える。しかし、ドイツで、フォード・エクスプローラーが危険であることを示す同じデータを見せても、ドイツ政府がそれを規制すべきと答えたのは51パーセントにとどまる。これはマイサイド・バイアスの露骨な例だ。回答者が同じ事実をどのように解釈するかは、国民性によって左右される。さらに厄介なことに、この実験の結果は、被験者の知的レベルとは無関係だった。最もＩＱの高い被験者もＩＱの低い被験者と同じ反応をした。知性では確証バイアスを防げないのだ。

もちろん、誰もが同じように単純で信じやすいわけではない。いくつかの研究は、荒唐無稽なフェイクニュースを信じやすい傾向と、科学的な好奇心や批判思考スキルなどとの間に、負の相関があることを報告する。しかし、批判的思考能力がどの程度であったとしても、私たちはみな、自分の意見と対立する煩わしい話より、補強してくれる好ましいストーリーを受け入れやすい。

確証バイアスは、私たちが完全に客観的だと考える（と望んでいる）意思決定にも忍び込んでくる。ロンドン大学ユニバーシティ・カレッジの認知神経科学研究者、イティエル・ドロールによる一連の研究は、テレビドラマ『ＣＳＩ：科学捜査班』などで有名になった法科学者でさえも、確証バイアスの影響を受けることを示した。

中でも印象的なのは、指紋鑑定人を対象にした研究だ。ドロールは指紋鑑定人に、犯罪現場から採取した「現場指紋」と、指紋データベースからとった「見本指紋」のセットを数組見せて、その二つが一致するかどうかを尋ねた。実を言うと、鑑定人たちは数カ月前に実際の業務でその組み合わせを見ていた。だが、1年に数百組の指紋を鑑定するので、そうとは気づかず、新しい事件の別の指紋だと思い込んだ。鑑定人には、「容疑者は自白した」「容疑者には確かなアリバイがある」といった、バイアスをもたらす可能性がある情報とともに指紋のセットが渡された。すると鑑定人はかなりの割合で、「バイアス情報」に適合する結論を出した（以前の職務では、正しく判断していた）。この研究からは、たとえ有能で誠実な人でも、自覚しないままバイアスの犠牲になってしまうことがわかる。

王者バイアスと経験バイアス

確証バイアスが機能するには、ドロールが指紋実験で提供したような、もっともらしい仮説が必要だ。そして、もっともらしく思われるには、その仮説を唱えた人の信用度の高さが必要だ。

先に検討したシナリオで、あなたがウェインの話を信じたのは、一つには彼を信頼していたからだ。もし、成績の悪い営業マンが同じ内容の電話をかけてきたら、あなたは「できの悪い社員の泣き言」と見なして、気に留めなかったかもしれない。言うまでもなく、信頼できる人とできない人がいて、メッセージの発信者についてすでに知っていることが、メッセージの信ぴょう性に影響する。しかし、信頼できる人がもたらしたストーリーをいとも簡単に信じてしまいやすいことを忘れがちだ。情報を発信する人の評判が、その人がもたらす情報の価値を上回る時、あるいは、プロジェクトの内容そのものよりプロジェクトの提案者の実績が重視される時、私たちは「王者《チャンピオン》バイアス」に陥っている。

では、私たちが最も信頼する王者は誰か。それは自分だ。何らかの状況を理解しなければならない時、理解の助けとしてまず心に浮かぶのは、自らが記憶する似たような状況での経験だ。これが「経験バイアス」である。

米百貨店大手のJ．C．ペニー（訳注＊2020年5月に破綻）のストーリーでは、王者バイアスと経験バイアスの両方が作用した。2011年、約1100店舗を運営していた同社は、旧態依然とした経営に活力を注ぎ込んでくれる新たなCEOを探していた。取締役会は、非の打ちどころのない経歴を持つ救済者、つまり「王者」を見つけた。ロン・ジョンソンだ。小売業界の寵児であるジョンソンは、大手スーパーのターゲットで経営改革に成功したが、彼の名声を世に知らしめたのは、（スティーブ・ジョブズとともに）アップルストアを創設・展開して、デジタル製品の販売に革命をもたらし、小売史上で最も驚異的な成功を収めたことだ。J．C．ペニーの改革を牽引するリーダーに、彼ほどふさわしい人がほかにいるだろうか。きっとジョンソンは、アップルで達成したような素晴らしい結果を出してくれる。誰もがそう信じた。

J．C．ペニーのCEOに着任したジョンソンは、従来の路線を根底から覆す戦略を打ち出し、異例の早さで改革を推し進めた。彼の戦略は基本的にアップルストアでの成功にヒントを得たものだった。つまり、革新的な店舗設計と、新規の顧客を引きつけるための新たなエクスペリエンスの提供だ。ただ、今回はゼロからの創造ではなく、長い歴史を持つ企業を変えなければならないため、いっそう強力に改革を推し進めた。

ジョンソンの変革への熱意はすさまじく、彼のやり方は明らかにアップル流だった。アップルストアの時は「ブランド力」が成功の原動力になったことから、大手ブランドと高額の独占販売契約を結び、部門ではなくブランドごとに店舗を再編していった。また、アップルが巨費を投じて豪華な店舗をつくって商品を展示していたのにならい、費用を惜しまず店舗デザインを一新し、新たにブランド名を「.jcp」に変更した。また、J.C.ペニーが力を注いでいたバーゲンセールや割引クーポンを廃止し、「エブリデイ・ロープライス」（訳注＊特売をやめて毎日低価格にすること）と、変動幅が緩やかな月間売上を目指した。これは、固定価格、セールスなし、割引なし、というアップルの基本方針を真似たものだ。さらに彼は、J.C.ペニーの経営陣が改革に精力的に取り組まないことを恐れて、取締役の大半をアップルから呼び寄せた幹部に入れ替えた。

驚くべきことに、これらの改革はいずれも、小規模、あるいはフォーカスグループでテストすることもなく、いきなり全社で遂行された。ジョンソンが言うには、アップルは事前にテストをするのが嫌いで、しなくても大成功を収めたからだ。彼の過激な戦略に疑いの目を向けた人はいなかったのだろうか。おそらくジョンソンは「私はネガティブなことが好きではない。懐疑的な態度は、改革から酸素を奪う」と言うだろう。

この戦略は、悲惨な結果に終わった。常連客だった中高年女性にとってその店はもはやJ.C.ペニーではなく、彼女たちを引き寄せていたクーポン券も廃止されていた。また、ジョンソンが新たな店「jcp」で魅了しようとした若者は、その店に何の魅力も感じなかった。2012年末までに売上高は25パーセント減り、コスト削減のために2万人を解雇したものの、年間赤字額は10億ドルに迫った。株価は55パーセントも下落した。

ジョンソンが指揮を執った最初の1年は、最後の1年になった。着任から17カ月後、同社の取締役会はついにこの実験を打ち切り、ジョンソンを解雇して、CEOに前任者を再雇用した。復帰したCEOは、ジョンソンが変えたことをすべて元に戻すために全力を尽くした。

J.C.ペニーの取締役会は王者を信じ、王者は自分の経験を信じた。そしてどちらも、偉大なストーリーを信じた。救世主が現れ、既存の常識やルールを覆して見事な成功を収めるストーリーほど、魅力的な話はない。ひとたびこのストーリーに心を奪われると、取締役会（それに、CEO自身）は、その戦略が失敗しつつあるというサインをことごとく無視するようになる。それどころか、最初の思い込みを裏づける証拠をあちこちで見つける。なぜなら、確証バイアスとストーリーテリングの力が働くからだ。

すべてにバイアスがかかる

もし、自分がJ.C.ペニーの役員だったら、ジョンソンの提案を信じることはなかっただろう。この役員たちは、石油探知飛行機の詐欺に引っかかったエルフ・アキテーヌのリーダーたちに負けず劣らず、どうかしている。失敗したのは、無能で傲慢だったからだ――。

私たちがそう考えるのも無理はない。船が難破したら、責められるのは船長だ。経営誌は常に、大企業の失敗をリーダーのミスのせいにする。ビジネス書にはこの類いの話が満載されていて、通常、その原因とされるのは性格の欠点だ。高すぎるプライド、個人的な野心、うぬぼれ、誇大妄想、無反省、そして、強欲さ。

あらゆる大惨事を個人のミスのせいにすれば、大いに気が休まる。なぜなら、仮に自分がその立場になっても、同じ失敗はしないと考えることができるからだ。また、そんなミスはめったに起きないと結論づけることもできる。だが残念ながら、それらはすべて間違いだ。

まず、明白なことから述べよう。ここで論じているリーダーは愚かではない。愚かどころか、失敗の前、場合によってはそのあとでも、非常に有能な経営者と見なされ、ビジネスの魔術師、未来を読む戦略家、同年代のロールモデルと見なされてきた。エルフ・アキテーヌの経営陣は実力主義のフランス社会で勝ち抜いてきた面々であり世間知らずのはずがない。ゴールドマン・サックスやクライナー・パーキンスの投資家にしてもそうだ。ロン・ジョンソンに至っては、アップルを去る時の彼をマスコミは、「謙虚で独創的」「傑出した存在」「業界の偶像《アイコン》」と絶賛した。それを裏づけるかのように、彼がJ．C．ペニーのCEOに就任することが発表されると、株価は17パーセントも上昇した。

さらに重要なのは、彼らの話はひときわ目を引くが、彼らが犯したミスは例外的なものではないことだ。次章で見ていくように、多くの意思決定の誤りや不合理な判断は例外ではなく常道《ルール》になっている。言い換えれば、これらの例は、あとに続く例と同様に、例外ではなく、あまりにも日常的に起きているからこそ本書で取り上げた。これらは、リーダーを予測可能だが間違った方向に進ませる何度も繰り返されるエラーの典型である。

したがって、私たちは、それらを例外として片づけるのではなく、シンプルにこう自問すべきだ。「厳選されたチームに囲まれ、実績のある組織を率い、広く称賛されている意思決定者が、私たちには雑に思えるトラップになぜ陥ったのか」。それに対するシンプルな答えは、「素晴らしいストーリーに心を奪われると、確証バイアスが抑えられなくなる」ということだ。同じことは、この先の章で出会うほかのバイアスについても当てはまる。

「事実だけを聞きたい」

多くの経営者は、自分はストーリーテリングの影響を受けないと思っている。彼らは、それに対する解毒剤はシンプルで、ストーリーにではなく事実に信頼を置くことだと言う。つまり「事実と数字だ！」。そうした経営者の場合、どんなトラップに陥るのだろうか。

答えは、やはりストーリーテリング・トラップだ。人は、事実に基づいて意思決定していると思い込んでいる時でも、自分にストーリーを語っている。客観的な事実を検討しようとすると、意識的か無意識的かにかかわらず、その背景に筋の通ったストーリーを探さずにはいられない。その実例となるのは、仕事へのアプローチでも気質的にも事実を重視し、確証バイアスに対して免疫を持っているはずの人々、つまり科学者である。

過去数十年間に出版された科学論文において、結果が再現できないものは増える一方だ。特に医学と実験心理学では、「再現性の危機」が叫ばれている。この問題について最も多く引用された論文の一つには、「発表された研究結果のほとんどが間違っている理由」というわかりやすいタイトルがつけられている。もちろん、この現象については様々な説明が可能だが、確証バイアスが重要な役割を果たしているのは確かだ。

理屈から言うと、科学的方法は確証バイアスのリスクを防ぐはずだ。たとえば、新薬をテストする場合、実験はその薬が効くという仮説の確認を目指すべきではなく、その新薬には効果がないという「帰無仮説」を検証する。この帰無仮説を十分な確率で棄却できる結果が得られれば、対立仮説（その新薬には効果がある）が妥当と見なされ、実験の結論は肯定的なものになる。つまり、科学の発見のプロセスは人間の本能に逆らい、初期仮説の反証を試みなければならない。

しかし、実際のプロセスはもっと複雑だ。研究プロジェクトは長期的な取り組みであり、その間、研究者は数多くの意思決定を下す。問いを定義し、実験を行い、どの「外れ値（訳注＊他の値から大きく外れた値）」を除外するかを決め、統計解析の手法を選択し、論文に掲載する結果を選ぶ。これらの選択の過程で、研究者には方法論的に一定程度の自由度がある。その自由度が、確証バイアスが忍び込む穴になる。善良な意図を持つ誠実な研究者でさえ、自分が望む方向に結果を誘導する可能性がある。その影響が軽微なら、査読の段階で検知されないこともある。これが、科学誌が「偽陽性」の論文、つまり、技術的には信頼でき、統計的有意性を求めるすべてのテストに合格しているが、他の研究者が再現できない論文を掲載してしまう理由の一つだ。

2014年に米国心理学会が発行する学術誌『サイコロジー、パブリックポリシー、アンド、ロー』（心理学、公共政策、法律）に掲載されたある論文の著者たちは、刊行後に正誤表を追加しなければならなかった。統計分析にミスがあり、結果を過大評価していたのだ。では、その論文テーマは何だったか。「認知バイアス、特に確証バイアスがメンタルヘルス専門家の法廷証言に与える影響」である。著者たちが訂正文に記したように、彼らのミスは「皮肉にも、バイアス回避に精通し、それを避けようとしている人々でさえ、認知バイアスによるエラーを簡単に犯すという、この論文の核心を実証した」。

まさに皮肉なことだが、教訓的でもある。私たちは、どんなに「客観的」になろうとしても、事実と数字の解釈はバイアスの影響を受ける。無意識のうちに確認しようとしているストーリーのプリズムを通してしか、それらを見ることができない。

錯覚マシン

石油探知飛行機をめぐる二つの物語に戻ろう。確証バイアスとストーリーテリングの力によって、頭がよくて経験豊かな人々が、どのようにしてとんでもないミスを犯すのかが、この話からもよくわかる。１９７５年と２００４年の詐欺は、詳細は異なるが、腕の立つ自称「発明家」が、よくできた話でカモをだましたという大筋は同じだ。

１９７５年、フランスは第一次石油危機に見舞われていた。「発明家」はエルフ・アキテーヌと国に、エネルギー面での自立を約束した。フランスにはエアバスと世界をリードする原子力計画と、革新的な高速鉄道ＴＧＶがあり、自国の優れたテクノロジーとその将来性を信じていた。世界の誰も見つけていない、想像さえしていない革命的なテクノロジーをフランスが考案して、かつての栄光を取り戻すストーリーである。加えて、エルフ・アキテーヌの会長がかつて防衛大臣だったことを知る詐欺師たちは、自分たちのテクノロジーを軍事利用する可能性もちらつかせた。地中の石油を空から見つける技術を使えば、海中の戦略型原子力潜水艦を見つけられるかもしれない――。

この自称発明家に工学的スキルはなかったが、あることに秀でていた。それは観客にアピールするストーリーの構築だ。当時の状況において、彼らが語るストーリーには抗しがたい魅力があった。のちにエルフ・アキテーヌの会長が告白したように、「それを信じようとする全体的なムードに誰もが取り込まれた。そのせいで、疑念を抱く人々は、それを口に出せなかった」。

だからと言って、エルフ・アキテーヌの会長や他の役員の意思決定が正当化されるわけではない。この事件を調べた判事は、報告書に手厳しくこう書いた。「関係者は熟慮を重ねたものの、警戒もしなければ、批判的に見ることもしなかった。発明家とその提案に組織として検証して異議を申し立てることはなく、すべてを受け入れた」。経営陣は、「大がかりな空からの探査の実施を強く推奨し（中略）、単発のテスト飛行による試行と綿密な調査を拒んだ」。エルフ・アキテーヌが送り込んだ専門家の任務は、「そのプロセスに疑問を投げかけることではなく、その技術を学び、理解することだった」。この報告書を書いた判事たちは「確証バイアス」という言葉を聞いたことがなかったかもしれないが、判事たちの記述はその本質をよく表している。それは、最初の仮説を裏づける証拠を探し、反証になる証拠を探すことを怠る、というものだ。

標的とする観客に合わせてストーリーを変えるというスキルは、2004年の「リメイク」においても顕著だった。この時、発明家たちは「石油とガス業界のグーグル」を生み出す「革命」を投資家たちに約束した。まさに2000年代初頭の野心的な投資家が夢見たストーリーだった。すなわち、「（規模の大きな）業界全体に革命を引き起こす破壊的なテクノロジー」だ。この観点から見れば、あらゆる弱点は強みになり、あらゆる危険信号は青信号になる。オルソンが石油について何も知らないことを投資家は心配すべきだったのではないか。いや、そうではない。画期的なイノベーションというのは、業界内部からではなく、新しいビジョンを持つ破壊的な起業家からもたらされるものだ！　専門家のほぼ全員が、非常に懐疑的だったという事実についてはどうか。それは、むしろ有望案件の素晴らしい兆候だ。テラリアンス（訳注＊オルソンの会社）はこの保守的で無気力なセクターに嵐を巻き起こすに違いない！

あなたが素晴らしいストーリーを信じたくなると、もう止まらない。この投資で財産の一部を失ってようやく夢から覚めた投資家の1人はこう語った。「衛星からそんなデータが取れるなんて、私には信じられなかった。しかし、彼らの話を聞き終えて、私はこう言った。『なるほど！　検討してみよう』。結局のところ、大昔からあった手口で、カリスマ的な人物が、あなたが信じたくてたまらないストーリーを引っさげてやってきたというだけのことだ」。

30秒でわかる

ストーリーテリング・トラップ

▼**ストーリーテリング**によって、私たちは複数の事実をつないで一貫したストーリーをつくりあげる。だが、そのストーリーは絶対的なものではなく、意思決定を誤りに導く可能性がある。

・価格戦争の始まりを示す一連の事実は、別の説明も可能で、単に偶然の一致かもしれない。

▼**確証バイアス**とは、自分が最初に信じたことと矛盾する情報を、無視したり軽視したりすることだ。

・政治の世界では、「マイサイド・バイアス」、または「政治的動機による推論」。

・ソーシャルメディアでは、「フィルター・バブル」。

▼確証バイアスは**聡明な人々や一見「客観的」と思える判断**にも影響を与える。

・指紋鑑定でさえ、確証バイアスの影響を受ける。

・確証バイアスは科学論文の「再現性の危機」の原因になっている。

▼「ヒーロー」への信頼度が高い時、確証バイアスは**王者バイアス**を助長する。

・J.C.ペニーの取締役会はロン・ジョンソンを完全に信頼した。

▼確証バイアスは、自分の経験から何かを過信する**「経験バイアス」**もあおる。

・ロン・ジョンソンは、アップルストアでの成功をJ.C.ペニーでも再現できると考えた。

▼特に、ストーリーが私たちの**切望する内容**である時、ストーリーテリング・トラップはさらに強力になる。

・石油探知飛行機についての二つのストーリーはいずれも、だまそうとしている相手が望む内容に合わせてつくられたものだった。

第2章

スティーブ・ジョブズはかくも天才だった

模倣トラップ

自分が世界を変えられると考えるくらいクレイジーな人たちが世界を変える。

――アップルの広告コピー

スティーブ・ジョブズの熱狂的な信奉者は、その数も裾野の広さも抜きん出ているが、ビジネスリーダーを崇拝し、神のように持ち上げるのは、今に始まったことではない。1981年から2001年までゼネラル・エレクトリック（GE）のCEOだったジャック・ウェルチと、投資家が崇拝するウォーレン・バフェットは、熱狂的ファンを最初に獲得したビジネスマンだ。ビジネス界ではほかにも、アルフレッド・P・スローン（ゼネラルモーターズ）、ビル・ゲイツ（マイクロソフト）、ラリー・ペイジ（グーグル）、最近ではイーロン・マスク（スペースX、テスラ）がいる。このようなカリスマ的な人々はみな、ビジネスパーソンの理想的なモデルとされてきた。

モデルを欲しがる気持ちは理解できる。経営者にとって、ほかのリーダーの方法と比べて自分のやり方を疑うのはよいことだ。しかし、モデルを求めるあまり、私たちは頻繁に三つのミスを犯す。①企業の成功をすべてモデル1人の貢献によると考える。②モデルの行動のすべての側面を成功の理由と見なす。③そのモデルを真似るべきだと早合点する。

アップルが成功したのはジョブズが天才だったから

▼▼▼帰属の誤り

本書ではすでに、人は本能的にストーリーから意味を創造しようとすることを見てきた。アップルをそれに当てはめた場合、信じられないほどの成功、転落からの見事な復活という、私たちが数百回聞いてきたストーリーは、主人公が大活躍する成功物語の構造とうまく一致する。

だが、一つ問題がある。このストーリーのヒーローはジョブズだが、成功したのはアップルだ。アップルは時価総額が世界最大の企業であり、その歴史において、ジョブズが決定的な役割を果たしたのは確かだが、アップルの6万人の社員（ジョブズが亡くなった2011年当時）の多くも、何らかの形で貢献したはずだ。その証拠として、ジョブズが亡くなったあともアップルは好業績を続けている。アップルが起こした奇跡の「創造的」な側面、つまり、何度となく起きた革命的製品の開発に焦点を絞っても、ジョブズひとりの功績でないのは確かだ。

では、なぜ、アップルのストーリーとジョブズのストーリーは私たちの頭の中で一つになっているのか。その理由は、ヒーローが活躍するストーリーを私たちが聞きたくてたまらないからだ。最高のストーリーは、いかにもヒーローらしいキャラクターが登場するストーリーだ。私たちは、すべての結果はその人がもたらしたと考え、他のプレーヤーが果たした役割を軽く見る。また、その時の環境や競争相手や「運」の影響（よいか悪いかにかかわらず）も過小評価する。

前章では、ロン・ジョンソンのサクセスストーリー、つまり彼がどのようにアップルストアを生み出し、英雄になったかを見た。アップル以前にも、ゲートウェイなど他のコンピューターメーカーが、自前の小売ネットワークをつくろうとしたが、どれも見事に失敗した。「コンピューターメーカーが優れた小売業者になれるとは誰も思っていなかった」と、ある証券アナリストは書いた。アップルストアは、そうした見方が間違っていることを見事に証明した。10年足らずで90億ドルを売り上げ、小売業界全体にとってインスピレーションの源になった。

アップルストアは、最高の立地、ユニークな店舗設計、一流の顧客サービス、そして技術的革新（レジで行列させないなど）によって、小売業界の常識を覆した。ジョブズの影響はあったものの、コンセプトは明らかにジョンソンの発案によるものだった。ジョンソンは「小売業のミダス王（訳注＊ギリシア神話に登場する、触れたものがすべて金になる王）」という評判を得た。「ロン・ジョンソンが触れたものはすべて金になる。彼は、私が知る限り、誰とも違う方法で小売業を理解している」と、ある業界専門家は言った。

もっとも、まったく別の解釈も可能だ。アップルストアの成功の要因を、その革新的な設計（と設計者）にしてしまうと、それ以外の重要な要因を忘れてしまうことになる。それは、消費の歴史上、最も成功した三つの製品だ。ストアの売り上げの成長率をざっと見るだけで、自らの思い込みを正すことができる。２００１年の第1号店のオープンは、革新的なイノベーション、iPodの発売と同時だった。２００８年、iPhoneが登場すると、アップルストアの売り上げは50パーセント跳ね上がった。その後の1年間は横ばいだったが、２０１０年にiPadが発売されると、売上高は65億ドルから90億ドルに急増した。

言い換えれば、アップルストアの設計と成功との因果関係は、あったとしてもごくわずかだった。アップルストアの前で列をつくって夜を過ごした客は、大理石の床や木製の装飾を称賛するために来たのではなく、他店では見つけられない新製品を手に入れるためにやってきたのだ。ここで、反事実的思考（訳注＊実際とは別の事実が起きた場合を想像すること）

を試すことが役に立つかもしれない。ロン・ジョンソンがもっと凡庸な人物で、彼が設計したアップルストアが、ベストバイのようなごく普通の家電量販店だったとしよう。それでもアップルストアは、小売流通の歴史における最大の成功の一つになっていただろうか。そこでしか買えないアップル製品への旺盛な需要を考えると、ほぼ確実に大成功していただろう。

この見方は特に独創的なものではない。小売店が成功するかどうかは扱う商品によって決まるというのは、誰にでもわかることだ。さらに、公平を期して言えば、ロン・ジョンソン自身、それをよく知っていた。彼が、J.C.ペニーの常連客が来なくなるリスクを覚悟のうえで、商品構成を根本的に変えようとしたことは、この観点からしか説明できない。しかし、前章でJ.C.ペニーの物語を読んだ時、あなたはそれに気づいただろうか。ジョンソンがアップルストアでの成功をJ.C.ペニーで再現しようとしたのは愚かだ、とあなたは思っただろう。しかし、そもそもアップルストアの成功が彼のおかげかどうかはわからないと、あなたは考えただろうか。

この考えが頭に浮かばなかったとしても、それはあなただけではない。メディア、株式市場、そしてJ.C.ペニーの取締役会は、アップルストア成功の立て役者はジョンソンだと信じ切っていたようだ。私たちは常に、自分でも気づかないほど自然に、成功（あるいは失敗）の原因を特定の個人、その人の選択、その人の個性に求め、それ以外の状況に目を向けようとしない。これこそ、私たちが最初に犯しやすいミス、帰属の誤りである。

ジョブズは天才だから、彼がすることはすべて素晴らしい

▼▼▼ハロー効果

二つ目のミスは、モデルを崇拝するあまり、その人の人生、決断、方法を知ろうとし、そのすべてに意味を見いだそうとする時に起きる。米国の心理学者、エドワード・リー・ソーンダイクは1920年にこのミスについて取り上げ、「ハロー効果」と名づけた。ある人や対象を評価する時、ある目立ちやすい特徴に引きずられて、他の特徴についての評価がゆがめられることだ。背の高い人は低い人より優れたリーダーと見なされ、他の条件が同じなら、より高い給料を受け取る。有権者が立候補者の能力を外見によって判断しがちなのも、ハロー効果の一つだ。だから、政治家は外見を気にする。結局のところ、私たちはすぐ利用できる情報（身長や外見）を使うことで、はるかに難しい評価（リーダーシップの能力やスキルなどの評価）を省略しようとする。

フィル・ローゼンツワイグは著書『なぜビジネス書は間違うのか』（桃井緑美子訳、日経BP）の中で、ハロー効果が個人だけでなく企業にも作用することを示した。企業の場合、

すぐ利用できる情報は、知名度と業績だ。したがって、自分がよく使う製品（今、あなたの最も近くにあるアップル製品は半径何センチ以内にあるだろうか）をつくっている企業をモデルにするのは、驚くようなことではない。株式市場で最も業績をあげている企業に私たちがインスピレーションを求めるのも、当然の結果と言える。

そのため、アップルのほかにも多くの企業が研究と模倣の対象になっている。その最たる事例は、スターCEOのジャック・ウェルチが率いていた時代のGEだ。1999年、フォーチュン誌によって「20世紀最高の経営者」に選ばれたウェルチは、前例のない株主価値の創出を牽引した。ウェルチ在任中のGEの株主総利回り（訳注＊株式投資により得られた収益を投資額で割った比率）は5200パーセントで、S&P500インデックスを構成する企業の中でも群を抜いていた。今日のアップルと同じく、GEの成功を模倣する企業が続出した。ウェルチ本人もGEの経営陣に対して、社内での「ベストプラクティス（最善の方法）」を共有して模倣することを奨励した。GEのようにコングロマリットの部門間でベストプラクティスを模倣できるのであれば、ほかの会社もGEを模倣できるのではないだろうか。

この問いに対する明確な答えはない。ベストプラクティスを模倣するのは、常識的なことに思える。私たちは外部のベストプラクティスからインスピレーションを得て、自己満足やＮＨ症候群（訳注＊よそで考案されたアイデアや製品を嫌う傾向）と戦おうとする。もし、模倣する行動や方法、アプローチの選択が正しければ問題はないのだが、残念ながら、だいたいの場合、選択を誤ってしまう。

その理由はハロー効果だ。通常、私たちは、まず成功した企業に目をつけ、そのあとで、成功の原因になったと思えるプラクティスを選び、模倣しようとする。しかし、アップルやＧＥの成功をもたらしたプラクティスを特定するのは簡単ではない。これらの企業がしたこと（あるいは、しないこと）すべての中で、どれが優れた成果を約束するレシピなのか。トム・ピーターズらの『エクセレント・カンパニー』（大前研一訳、英治出版）を筆頭に、無数の経営書がこの問いに答えようとしてきた。それらの本は、最高の実績をあげた先見の明がある企業を研究して、成功をもたらした決定的要因（言うまでもなく、経営者のプラクティスが望ましい）を見つけようとする。だが残念ながら、ビジネスで成功するための普遍的なルールの探求は、今のところ成果をあげていない。

ＧＥのあらゆる経営手法の中で最も注目を集めたのが、１９８０年代に始まった「強制的ランクづけ」だろう。社員のパフォーマンスを相対評価するこのシステムでは、各部門のマネジャーは、社員を上位20パーセント、中位70パーセント、下位10パーセントという三つのカテゴリーに分類する。そしてジャック・ウェルチが述べたように、下位の社員には「向上する機会が与えられるが、1年くらいたっても向上しなければ、クビになる。それが決まりだ」。

多くの企業がこのシステムを取り入れようとした。それはGEの成功に憧れたからというだけでなく、強制的ランクづけのロジックが全面的に正しいと思ったからだ。企業が成功するかどうかは社員の質によって決まる。それを疑う人はいないだろう。経営者なら、その質を着実に上げたいと思う。もし、最下位の社員を追い出すことができれば、社員の平均的な質が自動的に向上する。この理屈に誰が異議を唱えるだろうか。

しかし、強制的ランクづけを採用した企業の大半は、じきにそれをやめた。米国での採用比率は2009年には49パーセントだったが、2011年には14パーセントに減った。試した企業の多くは、そのシステムは政治的駆け引きやえこひいきを誘発するだけでなく、チームワーク、モチベーション、創造性に悪影響を及ぼすと判断した。GEでさえ、今はそのシステムを捨てて、もっと手の込んだ方法で社員の業績を評価している。GEの成功には、強制的ランクづけ以外の要因があるのは明らかだ。

だが、それが話のすべてではない。仮にあなたが、アップルやGEの成功を説明する経営手法を特定できたとしよう。それでも、自分の状況に当てはめた場合、どれが適切で、どれが適切ではないかを見分けるという仕事は依然として残る。

J.C.ペニーのストーリーをもう一度、振り返ってみよう。ロン・ジョンソンは、同社で新たな価格設定戦略を展開しようとしていた時に、スティーブ・ジョブズが市場調査を嫌っていたことを引き合いに出して、市場調査を拒んだ。多くのリーダーも同じように、自分の直観に頼ってプロジェクトを始めようとする。「消費者はすでに慣れ親しんでいるものを欲しがるものだ」とリーダーたちは言う。そのため、真の革新を起こすには、一般消費者の意見より自らの創造性と自信を優先させなければならない、と主張する。

この理屈は、世界を劇的に変えるイノベーションについてなら、筋が通っている。実際、企業が消費者行動を根本的に変えようとする時、市場調査（従来型の調査）の予測力を疑うのは理にかなっている。しかし、製品ラインの拡大や、既存製品と新製品の入れ換えといった緩やかな革新に関して、市場調査を拒むためにこの理屈が頻繁に使われることに驚かされる。最初のiPadの発売と、新しい味のクッキーの発売では意味合いが違うことは誰にでもわかるはずだが、世界を変えるイノベーターに自分を重ね合わせたくなる誘惑は非常に強力だ。

他社のベストプラクティスを真似ると、別の問題も生じる。それは自社の本当の強みである差別化ポイントから目をそらしてしまうことだ。優れた戦略は他社との違いを生み出すものであり、他社の手法を真似ていては、優れた戦略にはならない。

もっと具体的に言うと、「ベストプラクティス」と呼ばれるものには、二つのタイプがある。一つは他社で効果が実証されている業務上のツール、手法、アプローチだ。ＩＴ、マーケティング、製造、物流など、多くの分野で、これらのベストプラクティスは業務のパフォーマンスを向上させる。だが、それだけでは戦略上の優位性を築くことはできない。理由は簡単で、競争相手もそれを簡単に真似できるからだ。こうしたアプローチに依存するのは、戦略とオペレーション改善の混同であり、よくありがちでしかも危険なミスだ。

ベストプラクティスのもう一つのタイプは、戦略的ポジショニングに関するものだ。競争相手の戦略を研究して、「ベストプラクティス」を見つけたとしよう。その場合、自分の業界には、唯一かつどの会社でも応用可能な最適戦略があると仮定している。その仮定に基づけば、成功するには、顧客ターゲットも、販売網も、価格設定ポリシーも、モデル企業と同じにしなければならない。航空会社、食品小売業者、携帯電話事業者は、このような戦略的模倣をしがちだ。その結果、もたらされるのは同質の競争で、消費者は価格だけで各社を比較するようになり、業界のすべてのプレーヤーの価値が損なわれる。つまり、他社の戦略を真似ることは、効果的に思えても、結局は行き詰まる。

モデルを見つけることは有益かもしれないが、崇拝すべきではない。時々、誰かが発案したベストプラクティスから距離を置いて、冷静になるべきだ。

ジョブズの業績は素晴らしい。だから模倣すべきだ

▼▼▼生存者バイアス

あなたがある人を天才だと感じたら、その人の真似をする前に、よく考える必要がある。天才を真似ることとは、モデルを探す時に私たちが犯す三つ目のミスだ。「スティーブ・ジョブズは天才だった」と言い、「だから模倣すべきだ」と結論づける時、あなたは三段論法の二番目の前提を忘れている。それは、「私も天才だ」である。自動車レースの最高峰フォーミュラワン（F1）の王者は運転の魔術師だが、普段ハンドルを握っている時のあなたは、F1王者の「ベストプラクティス」を真似ようとは夢にも思わないだろう。それができるのは魔術師だけとわかっているからだ。運転に関して、人は魔術師と自分の違いをよくわきまえているが、「ビジネスの魔術師」について話す時には、しばしばその自覚が抜け落ちる。

例として、投資の魔術師ウォーレン・バフェットを取り上げよう。バフェットは半世紀にわたって卓越した業績をあげ、2020年の純資産は800億ドルを超え、世界で三番目に裕福な人になった。多くの投資家がバフェットの投資戦略を研究している。それは彼の戦略がシンプルに見え、また、彼がそれを庶民的で実用的な言葉で語るからだ。「自分

がよく知ることから離れない。バブルにつながる一時的な流行や方法に気をつけよう。価値が上がる可能性がある資産は、10年、20年、あるいは30年保有することをためらうな。過剰に分散投資をしない」。バフェットが率いる世界最大の投資持ち株会社バークシャー・ハサウェイは、毎年5月に米ネブラスカ州オマハで株主総会を開く。そこには数万人の同社の株主が、「オマハの神託」を聞くために「巡礼」する。バフェットの投資原則を学んで、自ら実践するためだ。

しかし、市場に戦いを挑んでも決して勝てないことを、山のような証拠が示している。オマハへの巡礼者の中に、バフェットの実績に近づきそうな者はいない。実際、バフェット自身がそうした挑戦を戒めている。この賢者は、資産運用会社は手数料に見合う働きをしているだろうかと疑い、個人投資家にはインデックスファンドの購入を勧める。他の分野と同じく、投資の世界に天才がいるのであれば、当然ながらそれは例外的存在だ。私たちは天才を真似しようとすべきではない。なぜなら、天才と同じような業績をあげることは不可能だからだ。

言うまでもなく、これは私たちが聞きたいメッセージではない！　第4章で見ていくように、人には自分の能力を過大評価する傾向があり、天才の真似をしたいという熱い想いはそれによって増幅される。私たちは、どんな理屈や統計的証拠を示されても、自分は例外かもしれないと思ってしまう。結局のところ、スティーブ・ジョブズ、ジャック・ウェルチ、ウォーレン・バフェットが、こうした警告を胸に刻んでいたら、信じがたいほどの成功を収めていただろうか。こうした人々の存在こそが、十分な才能と意欲さえあれば、誰でも並外れた成果を残せるという確かな証拠ではないのか。印象に残っているアップルの広告コピー「自分が世界を変えられると考えるくらいクレイジーな人たちこそが、本当に世界を変えているのだから」は、真実ではないのか。

もちろん、その通りだ。そして、もし私たちがインスピレーションを探すのであれば、間違いなくこれらの非凡な人物たちの中にそれを見つけるだろう。しかし、実践的な教えを期待すると、深刻な「推論の誤り」を犯すことになる。

私たちが憧れるモデルは、もちろん成功したモデルだ。しかし、「自分が世界を変えられると考えるくらいクレイジーな人たち」の圧倒的多数は、世界を変えることは「なかった」。私たちはその人たちが世界を変えた話を聞いたことがない。そのことを忘れてしまうのは、勝者だけを見ようとするからだ。私たちは生存者にしか目を向けず、同じリスクに挑んで行動した結果、失敗した者には、目を向けようとしない。この論理的エラーは「生存者バイアス」と呼ばれる。生存者だけで構成されるサンプルからは、教訓を引き出すべきではない。それでも私たちがそうするのは、生存者しか見えないからだ。

モデルの探求は私たちを勇気づけるが、道を迷わせる原因にもなる。英雄と自分を重ね合わせたい欲望を抑え、世界中の人が憧れる数少ない偉人ではなく、華々しい成功を収めてはいないが自分によく似た意思決定者から学ぶほうが、恩恵を得られるだろう。

さらに言えば、私たちはなぜ「ワーストプラクティス（最悪の手法）」について研究しようとしないのだろうか。成功よりも失敗から多くを学べることには、誰もが同意するはずだ。成功した企業よりも倒産した企業について調べたほうが、数々の学びが得られるだろう。同じ失敗を犯さないためにも、ミスから学ぶことが大事だ。

30秒でわかる

模倣トラップ

▼**帰属の誤り**によって、私たちは成功（あるいは失敗）を個人に起因すると見なし、その時の状況や運が果たした役割を過小評価する。

・アップルストアの成功は、アップルの新製品ではなく、ロン・ジョンソンの才覚がもたらしたと考える。

▼**ハロー効果**のせいで、モノや人に対する全体的な評価は、少数の目立つ特徴によってゆがめられる。

・スティーブ・ジョブズは卓越した成功を収めたため、彼がしたことはすべて模倣する価値があると考える。

・成功した企業の経営手法を、業績とは無関係のものまで真似ようとする。

・それらの経営手法が自分たちの会社に合っているかどうかを調べようとしない。

▼**生存者バイアス**とは、失敗した人のことを忘れて、成功した人にばかり焦点を当てることだ。そのせいで、リスクを負うことが成功の秘訣と考えがちだ。

・「自分が世界を変えられると考えるくらいクレイジーな人たち」のほとんどは、世界を変えていない。

第3章

どこかで見た覚えがある

人をむやみに信じてはならない、
たとえそれが自分であっても。

――スタンダール（作家）

直観トラップ

1994年、独立企業として好業績を上げていたクエーカー・オーツ・カンパニーは、清涼飲料水ブランドのスナップルを、競合企業が提示した金格をはるかに上回る17億ドルで買収した。クエーカーのCEOウィリアム・スミスバーグは、買収価格をはるかに上回る相乗効果が生まれるので高い買い物ではない、と確信していた。彼はその10年前にゲータレードを買収し、超優良ブランドに育てあげた。自社のマーケティング力を駆使すれば、スナップルでもその成功を再現できる、と考えた。

しかし、現実には、スナップル買収は巨額の損失をもたらした。3年後、クエーカーは買収金額の5分の1以下の価格でスナップルを手放した。この失敗のせいで、最終的にスミスバーグは職を、クエーカーは独立性を失った（２０００年にペプシコに買収された）。投資銀行の間では、「スナップル」という単語が「重大な戦略的ミス」という意味で使われるようになった。しかし、スミスバーグは、飲料業界での経験が豊富で、尊敬されていた経営者だった。そのため、自分の直観に自信を持っていた。

それを「直観」と呼ぶか、「ビジネス本能」「ビジョン」と呼ぶかは、人それぞれだが、ほとんどの経営者は、直観に頼って戦略的意思決定を下していることを公言する。矛盾しているように思えるかもしれないが、合理性が最優先される現代社会で、直観の能力を持つ人は称賛される。偉業を成し遂げた登山家や発明家を評する際は、努力ではなく、インスピレーションの強さが強調される。そして、成功を収めた起業家や傑出した経営者、偉大な政治家のストーリーで、多く語られ称賛されるのは、彼らの合理性や努力ではなく、洞察力や直観力だ。

もちろん直観は、意思決定において何らかの役割を果たしている。それも多くの場合、重要な役割だ。私たちは、直観がどんな場合に役立ち、どんな場合に失敗するかを知り、直観を手なずけ、コントロールする方法を身につける必要がある。さらに、戦略的意思決定を下す場合、残念ながら直観は当てにならないガイドであることを知っておくべきだ。

直観についての二つの見方

直観の研究者として最もよく知られているのは、「現場主義的意思決定理論（NDM理論）」を構築した心理学者のゲイリー・クラインだろう。この理論の研究者は、現場で働く専門職に注目する。軍の司令官、警察官、チェスのグランドマスター、新生児集中治療室の看護師などだ。これらの人々には時間の余裕がないので、状況をじっくり分析して実行可能な選択肢を選び、何らかの確立された基準に照らして最善策を選ぶ、というのは不可能だ。つまり、合理的な意思決定の標準モデルを使うことができない。では、これらの人々はどうやって意思決定するのだろうか。答えを一言でいえば、直観である。

クラインの著書では、消火作業中の家が崩壊することを察知した消防隊長のエピソードが紹介されている。消防隊長が部下に避難を命じた数秒後、家の床が地下へと崩れ落ちた。この素晴らしい決断をどうやって下したのかと尋ねられた消防隊長は、「まったくわからない。もしかすると超能力なのではないか」と答えた。

彼の頭の中では、何が起きていたのだろうか。彼と部下の命を救った直観は、どこから来たのか。当然ながらクラインは、超能力かもしれないという消防隊長の言葉を信じない。

直観は魔術ではない。かつてナポレオンは、「戦場において、ひらめきの大部分は記憶にすぎない」と書いた。現代の研究者の大半も同じ考えだ。彼らによると、直観は、すでに経験済みの状況の中から現状に合うように素早く選び出された状況がベースになっている（その経験から教訓を得ているとは限らない）。クラインはこれを認知主導的意思決定モデルと名づけた。

消防隊長のエピソードは、このモデルの典型だ。彼は家に入るとすぐ、いくつかのシグナルを察知した。中でも強く感じたのは、部屋の温度が異常に高いことだ。しかし、火が燃える音は聞こえなかった。消防士なら誰でも知っていることだが、火事は大きな音をたてる。彼が当初予想したように、台所が燃えていたら、そこから音が聞こえるはずだ。逆に、その音が聞こえないほど小さければ、今いる部屋の温度がこれほど高くなるはずはない。隊長が感じ取ったシグナルは、自身が思い描いていたシナリオと一致しなかった。その後、起きたことが、この矛盾の理由を示している。火事は、台所から始まった小さな火事ではなく、地下室で起きた大規模な火事だった。隊長と隊員が避難した直後、床下で燃えさかる炎は、彼らが立っていた床を飲み込んだ。

消防隊長が下した決断は、既知の状況を認識のうえ（正確に言えば、彼が感じたシグナルは最初の仮説とは一致しなかったので、認識しないで）下された。それまでの経験のおかげで、隊長はこの不一致を察知し、即座に、意識を働かせることなく、このケースが単純な台所の火事ではないと悟った。

多くの分野の専門家は、経験を生かして弱いシグナルを即座に認識するこの能力によって、瞬時に正しい意思決定を下すことができる。マルコム・グラッドウェルの著書『第一感』（沢田博、阿部尚美訳、光文社）はこのテーマを掘り下げている。その主張は、私たちは直観だけに耳を傾けるようにすれば、直観に基づいて素晴らしい決断を下すことができる、というものだ。

なんと素晴らしい！　私たちはみな、直観の力を信じたいと思っている。それに、消防士のようなヒーローは、几帳面で神経質な経営者よりはるかに魅力的で、お手本とするのに最適だ。命がけで職務を遂行する消防士が直観を信じるのなら、私たちもそうするべきではないだろうか。

しかし、この問題はそれほど単純ではない。それを理解するために、クラインと彼の仲間であるNDM理論の研究者のことは少し置いておこう。クラインたちが現実の極端な状況を観察して理論を発展させていた頃、「ヒューリスティクスとバイアス」に注目する認知心理学者たちは、室内での実験に目を向けた。このアプローチは、NDM理論とはまったく逆の結論を導き出した。

ヒューリスティクスとバイアスの研究に先鞭をつけたダニエル・カーネマンとエイモス・トベルスキーは、１９６９年に、経験豊かな統計学者たちを被験者とする独創的な実験を行った。被験者たちが取り組む課題はごくシンプルで、ある研究にとって最適なサンプルのサイズを決める、というものだ。単純だが、重要な問題だ。サンプル数が多すぎると無駄に費用がかかり、逆に少なすぎると結果が明確に出ない。もちろん統計学者たちは、最適なサンプルのサイズを決める計算式を熟知していて、過去に何度もそれを使っている。しかしこの実験では、計算を省略して、似たような研究での経験をもとに大まかな見積もりをする人が多かった。消防士と同じように経験こそ大事で、経験に従えば正しい答えに早くたどり着けるのだろうか。

だが、統計学者たちが出した答えは、最適なサイズと呼ぶにはほど遠かった。統計学者たちは自分の意思決定を信用し、過去の経験とそれをもとに推測する自分の能力を過大評価していた。しかも、自信満々だった。のちに他の分野の人を対象にした多くの研究でも、同様の結果が出た。それらの研究を踏まえて、ヒューリスティクスとバイアスの研究者が出した結論は次の通りだ。「自分の直観を信じすぎる自信過剰な専門家には、注意したほうがいい」。

直観を信じられるのはいつか？

ＮＤＭ理論とヒューリスティクス＆バイアスという二つの観点がもたらした結論は、正反対のように思える。しかし、２００９年にカーネマンとクラインは、主張の違いを超えて、意思決定における直観の役割を解明するために協力することにした。「敵対的協力」のまれな例だ。彼らは、問うべきは「どちらの陣営の主張が正しいか」ではなく、「直観を信じていいのはいつか」だと考えた。驚くべきことに、問題を捉え直したことで、２人の心理学者は共通の認識を持つようになった。２人が共同で書いた論文のサブタイトルは「意見の不一致を超えて」だった。

私たちはいつ、直観を信じられるのだろうか。カーネマンとクラインが合意したのは、次の二つの条件が満たされた時だ。一つは、状況の「高い妥当性」。同じ原因が同じ結果につながりやすいことを意味する。もう一つは、当事者が「長期にわたる実践経験と、迅速かつ明確なフィードバックを通じて、その状況について十分学んでいること」。言い換えれば、直観は過去に経験済みの状況を認識することなので、それを信用できるのは、置かれている状況が過去に経験したものと同じで、その状況に対する正しい反応を当事者が習得済みである場合だ。

この二つの基準に照らせば、様々な設定で行われた「専門知識の価値」に関する研究の結果が矛盾していたように見えた理由がわかる。意外に思うかもしれないが、消防士や新生児集中治療室の看護師は比較的「高い妥当性」のある環境で働いている。この場合、「高い妥当性」とは、環境に不確実性やリスクが少ないという意味ではなく、状況を理解するための信頼できる手がかりを得やすい環境、という意味だ。燃えている建物や、集中治療室の患者を観察すれば、このあとすぐ何が起きるかについての情報を得ることができる。長年それらを観察し、直後に何が起きるかを見てきた消防士や看護師は、おそらく本人が意識して実感している以上に、多くのことを学んでいる。同じことは、テストパイロットやチェスプレーヤー、会計士についても言える。働いているのは規則性のある環境であり、ほとんどの意思決定について迅速で明確なフィードバックがある。そこでは、学習が可能だ。

そのような「専門家」と、精神科医や判事、株式投資家を比較してみよう。後者も自分の直観は信用できると思っているかもしれない。しかし、置かれている環境は複雑で、次に何が起きるかをほとんど予測できない。フィードバックはあったとしても曖昧で、時間がかかるため、真の専門知識を習得することが難しい。

本当の意味での専門知識の習得が最も難しいのは、政治、戦略、経済の出来事の予測だ。心理学者のフィリップ・E・テトロックは、専門家約300人による、約20年間の政治経済の動向についての予測を8万2361件収集し、予測が的中したかどうかを評価した。経済学者が予測した景気後退、政治評論家が予測した選挙結果などが、実際にその通りになったのかどうか。テトロックが得た結論は、専門家の予測はランダムな予測より的中率が低く、素人の予測のほうがまし、というものだ。妥当性がかなり低い分野では、専門家の直観はまったく役に立たない。

となれば、知りたいのは次の問いの答えだ。「私たちの意思決定はどのカテゴリーで失敗するのか。ビジネス上の意思決定は、消防士やチェスプレーヤーのように直観に頼るべきなのか、それとも精神科医やトレーダーのように直観を排除すべきなのか」。

残念ながら、それをルール化することはできない。広く通用する直観というようなものは存在しないので、個々の意思決定において、カーネマンとクラインの枠組みに照らさなければならない。経営上の意思決定に直観が役立つこともあるが、それは、当事者が似たような状況を何度も経験し、本当の意味での専門知識と経験を積んでいる場合に限られる。もちろん、多くの場合、そうではない。

たとえば、採用面接についてはどうだろうか。人材を選ぶ際、あなたの直観は優れたガイドになるだろうか。これまでに多くの人材を採用し、採用後にどんなパフォーマンスを発揮したかを把握できている場合、直観は役立つだろう。長年にわたって同じポジションの人材を数百人採用し、採用者のその後を追跡できている人事部の部長なら、優れた直観による判断を下せるかもしれない。しかし、それはあくまで例外だ。面接官の多くは採用のプロではなく、将来の同僚を採用する部長だ。人事部のプロでさえ、繰り返し同じポジションの人材を採用する可能性は低く、信用できる直観を育むのに必要な経験を積むことは難しい。さらに言えば、過去の採用（と非採用）の結果を追跡調査し、評価している組織はほとんどない。

この状況では、カーネマンとクラインが挙げた二つの条件は満たされず、直観は腕の悪いガイドになる。そのことは、人材採用に関する数十年にわたる経験的研究によって立証されている。研究によると、面接者の直観的な印象を採用基準とする、伝統的な「非構造化面接」（訳注＊質問内容が事前に決められていない非定型の面接）では、採用後の成功を予測することがほとんどできず、多くの場合、簡単なテストのほうが予測の確度は高い。

それでも、人々は直観に期待を寄せる。短い面接の間に、候補者の才能や能力、弱点、意欲、社風との相性を評価できると私たちは確信している。仕事に応募する側も、もし面接なしで採用されたら、大いに驚くだろう。圧倒的多数の会社は、非構造化面接に頼り、採用の決定を主に面接者の直観に任せている。3人の卓越した研究者は、この非構造化面接の「あきれるほど低い信用性」を観察し、その衰えない人気を「幻想への執着」として説明した。

直観に基づく意思決定のもう一つの典型例は、消費財や高級品の新製品発売に関する意思決定だ。経営者の中には、自分こそ卓越した専門知識を持っていると自負する人もいる。ある社長はこう言っていた。「わが社の名前を冠するにふさわしい新製品かどうかを評価する際、私の頭の中には1000件の新製品の事例が浮かぶ。私よりも正しい判断を下せる人はいない」。実際、この社長の場合は、直観を育てる専門知識の条件は満たされている。新製品の成功と失敗がすぐわかる業界にあって、彼の豊富な経験は非常に貴重だ。もし、新製品についての彼の意思決定（美意識による判断も含めて）がほとんどの場合で正しいなら、それは彼がもともと持っていたセンスのおかげではなく、数十年間におよぶハードワークと、妥当性が比較的高い環境の中でどんな製品がよく売れるかという知識を習得し、直観を磨いた結果だ。

したがって、製品を発売するかどうかの最終決定をこの社長がするのは、理にかなっていた。しかし、その後、彼のポジションは若い幹部に取って代わられた。新任社長は才気にあふれていたが、前任者のような豊富な経験がなかったので、その直観はあまり信用できなかった。だが恐ろしいことに、彼は前任者に負けないくらい、自分の直観に自信を持っていた。

これらの例が示すように、重要なのは、「人材採用や新製品発売に直観が役立つかどうか」ではなく、「意思決定者の経験に基づく直観が、これからしようとしている意思決定に適しているかどうか」だ。経験を積んだ経営者は自分の直観を重視する傾向があり、多くの場合、その主張は正しい。しかし、直観にいつ耳を傾け、いつ傾けるべきでないかを知るのは、経営者の中で最も賢い人だけだ。

交渉役として経験豊富なある人物は、直観が交渉時に果たす役割について次のように述べている。彼は広範な交渉経験をもとに交渉相手の胸のうちを探り、弱点や疲労度を把握し、強気に出るか、戦略的撤退をすべきかを正しく判断できる。だが、交渉の「人間的な領域」では直観を頼りにするが、「取引そのものに関する領域」では直観に頼らないようにしているという。この資産に投資すべきか、オファーの上限額はいくらか、満たさなければならない必須条件は何か──。これらは、直観に頼って答えてはならない問いだ。数多くの取引をうまくまとめてきた人でも、取引が成功・失敗した理由を見極めるのは難しい。つまり、直観を育てる専門知識の条件は整っていない。相手との交渉に直観は役立つが、取引の中身を直観によって決めてはならない。

先に述べたウィリアム・スミスバーグによるスナップル買収では、彼の直観は、ゲータレードの買収成功というたった一度の経験に基づいていた。ゲータレードの買収を、簡単に再現できる成功例と見なしたくなる気持ちはよくわかる。しかし、外部の観察者による分析で判明したことを、彼の直観は見落とした。ゲータレードの時と違って、買収時のスナップルはすでに市場シェアを失いつつあった。また、スナップルの流通形態はクエーカーの製品とは異なっていて統合するのが難しく、お茶をベースにしたスナップル飲料の独特の製造方法も、クエーカーにはなじみのないものだった。さらに、自然でやや風変わりな飲み物というのがスナップル・ブランドのポジショニングだったが、クエーカーのような大衆的なイメージの会社がそれを維持するのは簡単ではなかった。外部の観察者から見れば、ゲータレードとのこうした違いはどれも重要だった。だが、直観に自信を持つスミスバーグの目には、類似点しか見えていなかった。

直観は、戦略的意思決定では無能なガイド

スミスバーグの事例からはもっと多くのことが学べる。意思決定者が直観を信じていいのはいつだろうか。もう一度、カーネマンとクラインが挙げた二つの条件をおさらいして

みよう。それは、高い妥当性のある環境で長期にわたって意思決定を行い、そこから明確なフィードバックを得ていることだ。スミスバーグがスナップルの買収を決めた時、その条件は満たされていただろうか。また、一般に、何らかの戦略的意思決定を検討する時、その条件は満たされているだろうか。

戦略的意思決定の特徴の一つは、それらが比較的まれに行われることだ。したがって、戦略的意思決定を下さなければならない経営者が、過去に同じ種類の意思決定を数多く経験している可能性は低い。経営者が抜本的なリストラクチャリングに着手したり、革新的な商品を市場に投入したり、会社の命運を左右する買収を試みたりする時、それらはたいてい初めての経験だ。中には、スミスバーグのゲータレード買収のように、一度だけ経験していることがあるかもしれないが、その場合、過去の事例と、現在直面している事例との類似性を過大に評価しがちだ。

戦略的意思決定のもう一つの本質的な特徴は、企業の長期的な針路を決めるために行われることだ。そのため、戦略的意思決定の影響を読み取るのは難しい。将来あなたが目にする結果は、戦略的意思決定の影響だけでなく、景気の低迷や回復、市場の新たな動向、予期しなかった競争、環境の変化など、無数の要素の影響を受けている。明らかな成功や失敗は別にして、戦略的意思決定のフィードバックは、迅速でもなければ明確でもない。

そのため、たとえ過去に戦略的意思決定を行っていたとしても、その経験は真の学びをもたらさない。

つまり、本当の意味での戦略的意思決定は、カーネマンとクラインが挙げた、直観が役立つ場合の条件を満たすどころか、その正反対だ。戦略的意思決定は妥当性の低い環境で下され、意思決定者の経験は乏しく、フィードバックは遅く、曖昧だ。もし、直観が育たない状況の教科書的な例を探すとしたら、これ以上ふさわしいものはない。

にもかかわらず、ほとんどの経営者は戦略的意思決定を下す際に、自分の「直観」を信じる。多くの人、特に過去に成功した経験のある人にとって、自分の信念の強さが羅針盤になる。「少しでも疑問があれば引きさがるが、自信がある時には突き進む」。

私たちは直観に頼ろうとする時、直観をガイドにして道に迷ったＣＥＯや統計学者、トレーダーが、自分の直観に絶大なる自信を持っていたことや、人は自分の判断に過剰な自信を持ちやすいことを忘れがちだ。次章ではそれを取り上げる。

30秒でわかる

直観トラップ

▼**現場主義的意思決定理論（NDM理論）**は、現実の極端な状況における直観の価値を強調する。

・消防士は、いつ家が倒壊するかを察知することができる。

▼一方、研究室で意思決定について研究する**ヒューリスティクスとバイアス**の研究者は、直観は総じて人を惑わせる、と主張する。

・専門家による政治動向の予測は当たらない。

▼カーネマンとクラインは意見の不一致を乗り越え、真の専門知識を身につけるために必要な**二つの条件**を特定した。それは、**妥当性の高い（予測しやすい）状況と、明確で迅速なフィードバックを伴う長期的な実践経験**である。

・消防士やパイロット、チェスプレーヤーなどの専門家の直観は、このようにして磨かれる。
・しかし、精神科医や判事、トレーダーはそうではない。

▼**「自分の直観を信じられるか？」**は、**個々の意思決定**について問うべきだ。その答えは、先に挙げた二つの条件を満たしているかどうかによって決まり、自分の直観に自信があるかどうかは関係ない。
・スナップルの買収に関して、スミスバーグは自分の直観が正しいと確信していた。

▼**意思決定が戦略的であればあるほど、直観は役に立たない。**戦略的意思決定はめったに行われないので、その状況は妥当性が低く、フィードバックも不明確だ。

第4章

とにかく突き進め

自信過剰トラップ

私たちは、タイタニック号に絶大な信頼を置いています。この船は沈むはずがない。

——フィリップ・A・S・フランクリン
（タイタニック号を所有していたホワイト・スター・ラインのバイスプレジデント）

2000年代の初頭、米国のビデオレンタル市場は、巨大で収益性が高かった。そこには、街角の小さなビデオレンタル店から大型チェーン店まで、様々な種類のプレーヤーがいた。中でも目を引いたのは、ジョン・アンティオコが率いる巨大企業ブロックバスターで、9100店舗を展開し、年間約30億ドルの売上高を誇っていた。

この市場に、1997年設立のスタートアップ企業が、まったく異なるビジネスモデルで参入してきた。提供したのはサブスクリプション方式によるDVDの貸出サービス。顧客は毎月定額の利用料を払い、ウェブサイトにログインして、自分が見たい映画のDVDをネット上の自分の「リスト」に入れる。まもなく、自宅の郵便受けにDVDが届く。見終わったら郵便で返却する。すると、リストにある次のＤＶＤが自動的に送られてくる。ハイテクではなかったが、顧客のニーズを満たしていた。ＤＶＤを1カ所に集めることで在庫切れが少なくなり、また、お薦め作品のアドバイスも的確だった。特に優れていたのは、ビデオ店は返却が遅れた顧客に厳しい罰則を科したが、月定額モデルはすべて込みの料金であり、それが保証金の機能を果たしたことだ。２０００年始めまでに、そのスタートアップ企業が提供するサービスの加入者は30万人に達した。その企業とは、ネットフリックスのことだ。

２０００年の春、ドットコム・バブルが崩壊した。当時、ネットフリックスはまだ赤字で、運転資金の調達が急務だった。ＣＥＯのリード・ヘイスティングスと同僚はブロックバスターを訪れ、ジョン・アンティオコに率直な提案をした。それは、ブロックバスターがネットフリックスの株式の49パーセントを取得し、ブロックバスター・ドットコムというブランド名でインターネット事業を始めるというものだ。サブスクリプションの会員は、ブロックバスターの店舗でもＤＶＤを好きなだけレンタルできる。目指すのは、ネットの利便性と実店舗をシームレスに融合させた「クリック・アンド・モルタル型」企業で、現在も多くの小売業がチャレンジしているものだ。ヘイスティングスが自社につけた値段は５０００万ドルだった。

では、アンティオコとブロックバスター経営陣の反応はどうだったか。「彼らはただ笑って、私たちを追い返した」と、ネットフリックスの経営陣はのちに語った。当時、アンティオコにとってネットフリックスは、まったく脅威ではなかった。それはネットフリックスがウェブ上に築いた顧客基盤が小さかったからだ。これはブロードバンドによるネット接続が標準になるずっと前、ダイヤルアップ接続の時代の話だ。ほとんどの人にとって、映画をオンラインでストリーミング再生することなど想像できなかった。また、おそらくアンティオコは、その気になればいつでも、ネットフリックスのサブスクリプション・モデルを真似できると考えたのだろう。

この話の結末は誰もが知っている。ネットフリックスの加入者は2002年（同社が株式を公開した年）に100万人になり、2006年までに560万人を超えた。もっとも、その頃はまだ郵送でレンタルするローテクなビジネスモデルだった。その後、ストリーミングの出現が、決定的な後押しになった。2020年初頭、ネットフリックスの加入者は1億6700万人に達し、株式の時価総額は、公開時の数百倍である1500億ドルを超えた（かつてアンティオコに提示された金額の3000倍だ）。

一方、ブロックバスターはどうなったかと言うと、2004年にサブスクリプション・サービスを始めようとしたが、規模が小さく、あまりに遅すぎた。同社は2010年に倒産した。ダビデ（弱小ベンチャー）がゴリアテ（巨大企業）を見事に打ち負かした。

アンティオコに先見の明がないことや、ブロックバスターがビジネスモデルを変えなかったことを批判するのは簡単だ。だが、スタートアップに業界をかき回され、存続まで脅かされた大企業は、ブロックバスターだけではない。ゴリアテはなぜ、自分の力を過大評価し、ダビデの力をみくびったのだろうか。ちゃんと評価していれば、ゴリアテは持ちかけられた取引に応じていただろう。少なくとも、ネットのブロードバンド接続が浸透する前に、この分野に参入できていた可能性はある。もちろん、仮にそうしていたとしても、テクノロジーが激しく変化し続ける中で、ブロックバスターがリードを維持できたという保証はない。しかし、ストーリーは確実に違っていたはずだ。

度を越えた自信

第1章に登場した石油を探知する飛行機について自分がどう感じたかを覚えているだろうか。もし、あなたがほとんどの人と同じなら、ブロックバスターとネットフリックスのストーリーを聞いた時の最初の反応は、それとかなり似ているだろう。「ブロックバスターの経営陣は考えが浅い。自分がその立場だったら、あんなミスは犯さなかった」と言うに違いない。

この反応こそ、あなたの自信過剰によるものと考えていい。皮肉なことに、アンティオコがヘイスティングスを過小評価した時に犯したミスと同じだ*。

私たちは、他者より自分を高く評価しがちだ。つまり、自信過剰なのである。簡単に言えば、様々な種類の重要な能力に関して、自分は大部分の人より優れていると誰もが思っている。

米国人の88パーセントは、安全に運転することに関して、自分はドライバーの上位50パーセント以内に入っていると思っている（60パーセントの人は、上位20パーセント以内と信じている）。同様に、MBA（経営学修士）を目指す学生は、クラスメートと自分の成績を比較できる評価を定期的に受け取っているのに、約95パーセントが、自分は上位50パーセント以内に入っていると思っている。同じバイアスは、教授たちにも見られる。あるいたずら好きな学者が同僚たちに、「教授としてのあなたの能力は上位50パーセント以内に入っているか」と尋ねたところ、94パーセントがイエスと答えた。あなたも試しに、「自分は同僚の大半より仕事をうまくこなしているだろうか」と自問してみよう。きっと、「真ん中より上だ」と答えるだろう。これらの数字を考慮すると、ほとんどの人が、「自分はブロックバスターのリーダーたちより優れた戦略を立てられたはずだ」と考えるのは当然と言えるだろう。

楽観的な予測と計画錯誤

私たちは、自信過剰に加えて、将来を楽観しがちだ。この過剰な楽観主義にはいくつかの形がある。

一つ目は最もシンプルなものだ。自分ではコントロールできないことに関する予測（建前としては「客観的な予測」）は、極端なくらい楽観的になりやすい。その典型は経済予測だ。33カ国を対象とする調査によると、国の予算機関が出した経済成長予測の大半は非常に楽観的で、短期予測よりも中期予測（3年）のほうがより楽観的だ。

二つ目の楽観主義は、計画錯誤と呼ばれ、何らかのプロジェクトを完成させるために必要な時間と予算の見積もりに関するものだ。キッチンのリフォーム計画でもそれは起きるが、計画が大規模になると「錯誤」は壮大なスケールに達する。オーストラリアのシドニ

＊　この反応は、私たちに後知恵バイアス（あとで知った情報によって、過去の意思決定のよし悪しを判断しようとする傾向）があることも明らかにする。第6章を参照。

ーで1958年に始まったシドニー・オペラハウスの建設費は、見積もりでは700万豪ドルだったが、実際には、1億200万豪ドルと16年の歳月を要した。これは決して珍しい例ではない。米ロサンゼルスにある美しい美術館、ゲッティセンターは、当初の予算の約4倍に当たる13億ドルを使い果たし、計画より10年遅れて1998年にオープンした。フランスのマンシュ県フラマンヴィルの次世代原子力発電所は建設費の予算が35億ユーロで2012年に完成予定だったが、現在（2019年）も完成していない。操業開始は2023年とされ、総額で124億ユーロかかる予定だ。次世代原子力発電所の建設では、これよりさらにひどい工事の遅延と予算超過が、フィンランド・オルキルオトと英国ヒンクリー・ポイントで起きようとしている。また、258件の輸送インフラ（鉄道、トンネル、橋）を対象にした世界的研究により、そのうちの86パーセントが当初の予算を超過したことが明らかになった。さらに、航空宇宙産業と防衛事業の予算超過は桁違いになることで知られており、F－35統合打撃戦闘機計画は、当初の見積額の100倍まではいかないまでも数十倍となり、数十億ドルに達する見込みだ。

おそらく、みなさんはこれらの例を知っても驚かないだろう。実のところ、公共事業のコストがどんどん膨らむことはよくあるからだ。この状況については、根っからの皮肉屋でなくても、次のような説明をするだろう。「入札する企業は契約を勝ち取るために、かなり低い金額を提示する。契約を取ってから交渉し直せばいいと考えているからだ。一方、発注側はステークホルダー（納税者や議員など）の承諾を得るために、費用と期間をできるだけ少なく見積もろうとする」。巨大プロジェクトに関する統計を収集・分析したオックスフォード大学の研究者ベント・フライフヨルグは、この「マキャベリ流（訳注＊政治目的のためにはいかなる反道徳的な手段も許されるとする）の説明」が問題の一部であることを立証し、次のように述べた。「（コストの）過小評価はミスではなく、戦略的にベストのやり方、つまり嘘をついたと説明できる」。

しかし計画錯誤が起きるのは、公的資金によるプロジェクトだけではない。民間事業でも、遅延と予算超過はおなじみだ。個人レベルでさえ、計画錯誤は起きる。期日までに論文を仕上げなければならない学生や、締め切りまでに原稿を仕上げると約束した作家も、それにかかる期間を少なく見積もりがちだ。

となれば、計画錯誤には「戦略的」あるいは「マキャベリ流」のほかにも、多くの原因があるのだろう。私たちは、何か計画を立てる際、それが失敗する可能性をすべて洗い出すわけではない。また、計画を成功させるには多くの好ましい状況が揃う必要があり、小さなミスが一つあるだけですべてがダメになることを見過ごす。そして何より問題なのは、自分たちの計画を「当事者側から」しか見ようとしないことだ。つまり、過去に実行された多くの同様のプロジェクトを振り返り、それらが当初どのようなスケジュールと予算を組んでいたのか、その後、計画遅延や予算超過は発生したのかについて調べようとしない。第15章では、「外部の視点」というテクニックを用いて、この計画錯誤の問題への対処法を考える。

過度の正確性

三つ目の過信は、これまでの二つとは種類がまったく異なる。それは、予測（楽観的かどうかにかかわらず）を断定的に述べることだ。悲観的な予測をする時でも、私たちは将来を予測する自分の能力を過大評価する。

もちろん、予測というのは不確実なものだ。予測を立てる際には、その信頼性を高める方法についても考えなければならない。量的な予測をする時には、それが特に重要だ。その予測のための優れた方法は、「信頼区間（confidence interval）」を用いることだろう。自分の予測を、仮に90パーセント確信できるようにするには、点で予測するのではなく、90パーセントの確率でその範囲内に正解が存在すると確信できる区間を考える。それが「信頼区間」だ。

これはまさに古典的な「オーバー・プレシジョン（過度の正確性）」テストで被験者が向き合うタスクだ。このテストは、マーク・アルパートとハワード・ライファが考案し、Ｊ・エドワード・ルッソとポール・シューメーカーが普及させた心理テストだ。被験者は10問の一般常識問題を解く。マネジャー向けのバージョンではその会社の事業分野の知識が問われることもあるが、一般向けのバージョンでは、ナイル川の長さ、モーツァルトの生年、アフリカゾウの妊娠期間などが問われる。被験者はそれぞれの問いに対して、その範囲に正解が含まれることを90パーセント確信できる範囲を答える。「モーツァルトは１７００年から１７５０年の間に生まれたと90パーセント確信できる」といった具合だ。

ちなみに、モーツァルトが生まれたのは１７５６年であり、答えは間違いだ。しかし、答えを間違えるのはあなただけではない。このテストでは被験者の大半が狭すぎる信頼区間を選ぶ。ルッソとシューメーカーが調べた２０００人以上の被験者の99パーセントがそうだった。もし被験者が、自分の予想の精度があまり高くないとわかっていたら、10問中9問、少なくとも8問は正解できただろう。* しかし、テストのバージョンにもよるが、被

＊信頼区間90パーセントで10個の答えを出したら、理論上は、94パーセントの確率で8問以上正解するはずだ。

験者が正解できたのは、平均で3問から6問だった。簡単に言えば、私たちが何かを90パーセント確信している時、少なくともその半分は間違いだ。

このテストでは、かなり広い範囲で答えても何の問題もない。モーツァルトが生まれたのは1600～1850年の間だと答えても一向に構わないのだ。そう答えておけば、90パーセントどころか、ほぼ確実に正解できる。しかし、ビジネスにおいてそんな見積もりをしたら、即座にその人の信用に傷がつく。企業はビジネス環境の不確実性と不安定さをよくわかっているが、「自らの判断は当てにならない」と主張する経営幹部に報酬を与えたいと考える企業はない。その結果、企業の幹部のほとんどは、未来は完全に予測可能だと言わんばかりに、自らの予測を述べ続ける。売り上げの伸びや四半期ごとの収益を予測する時は、自信を持って具体的に予測することが期待される。となれば、有能だと思われたい経営幹部が「過度の正確性」の罠に陥るのも無理はない。

世界で1人だけ——なぜライバルを過小評価するのか

自分の能力、自分の予測への過信、そして、自信があるように見えなければならないという組織からのプレッシャー。それらすべてが、もう一つのありがちな問題を生む。それは、ライバルを過小評価することだ。実のところ、「過小評価」は控えめな表現だ。たいていの場合、私たちはライバルを無視し、その行動や反応をまったく考慮に入れようとしない。

仮にあなたが、企業の最高幹部だ（あるいは過去においてそうだった）とする。その前提で、次の問いに答えてみよう。あなたは、マーケティング計画、販売計画、戦略計画といった多くの計画を提案したり、されたりしているはずだ。それらの何パーセントが顧客増加や市場シェア拡大といった成長を予測しているか。ほとんどが成長を予測しているに違いない。では、その成長に対する競合他社の反応を予測した計画がいくつあるだろうか。おそらく一つもないはずだ。もちろん、ほとんどの計画は競合他社の存在を想定している。しかしたいていは、計画の背景や要素の一つとして想定するだけだ。通常、戦略計画において、競合企業の状況は「競合環境」として最初に説明される。「環境」という言葉が示すように、その計画では、それに手を加えて操作できることを前提としている。

私たちが都合よく忘れる単純な事実は、こちらが競合企業に勝つための計画を発表している時、相手のほうも、こちらに勝つための計画を考えていることだ。そして、競合企業もまた、こちらが市場シェアを守ろうとすることを忘れている。カリフォルニア大学ロサンゼルス校の教授で、名著『良い戦略、悪い戦略』（村井章子訳、日本経済新聞出版）の著者であるリチャード・ルメルトは、戦略上の問題について検討する際、経営者はほぼ確実に競合企業のことを考えないだろう、と述べている。「戦略の実習で経営者が学ばなくてはならないことの半分は、突き詰めれば、人に言われなくても競合企業のことを考えなさい、ということだ」。

この状況を意思決定者の自信過剰だけのせいにはできない。私たちが競争相手を軽視するのには、多くの原因がある。第一に、計画を提案する主目的は、競合他社に勝つことではなく、社内で計画への賛同を得ることだ。他の社員が魅力的な計画を提案していたら、自分ももっと魅力的な提案をしたい、と思う。第二に、競合企業の反応を予測するのは難しく、高い精度での予測も期待できない。だとすれば、それに注力する意味があるだろうか。さらに、予想される反応を調べていくと、誰も聞きたがらない結論に至るおそれがある。それは、競合企業のほうが有利な条件が揃っている、あるいは競合企業の反撃によって、その計画は失敗する、というものだ。

プロクター・アンド・ギャンブル（P&G）の元CEO、A・G・ラフリーが語った、漂白剤ビジネスへの参入時の話を考えてみよう。P&Gのアイデアは単純だった。並外れたマーケティング力と販売力を動員してヴィブラントと名づけた素晴らしい漂白剤を売り出し、誰もが認める漂白剤市場のリーダーであるクロロックスを抜いてトップに立とうとしたのだ。もちろん、P&Gの経営陣はクロロックスの反撃を予想していた。しかし、テスト販売に選んだ都市で、クロロックスがすべての家の玄関に1ガロン（約3・8リットル）の無料の漂白剤を届けたことを知った時、彼らがどれほど驚いたかを想像してみよう。この先制攻撃には明らかに莫大なコストがかかっているが、クロロックスの立場で考えれば、予想できたはずだ。クロロックスは、自社の利益の大半を占める漂白剤製品の市場にP&Gが進出してくることを何としても阻止したい。そこで、コストを惜しまず、P&Gに明確なメッセージを送ったのだ。P&Gはすぐにそのアイデアをあきらめ、ラフリーは忘れがたい教訓を得た。「第一次世界大戦時のように、城壁に囲まれた都市を攻撃すると、たいていは多くの犠牲者を出すことになる」。

意思決定は下手だが優秀というリーダーはいるのか？

このP&Gの例からは、自信過剰が経営者にもたらす現実的な問題が見えてくる。一般に、製品は非常に楽観的な計画に基づいて市場に出される。逆に、環境や競合の状況、自社製品の成功を脅かす可能性がある無数の要素を冷静かつ現実的に分析していると、結局、何もしないほうがいいということになりかねない。それは間違いなく、あらゆる戦略の中で最悪の選択だ。多くの企業を機能不全にする「分析麻痺」は確実に、楽観主義より多くのダメージを引き起こす。一方、楽観主義は、のちに方向転換の必要があるかもしれないが、少なくとも私たちに行動を取らせる。

ということで、はっきりさせておこう。楽観主義は貴重で、不可欠なものだ。だからこそ、組織は意図的に、かつ堂々と楽観主義を奨励する。そして私たちは、経営のほとんどの状況において、野心と現実主義、目標と予測、期待と信念をあえて混同する。

この混同がはっきり現れるのは、企業が各部署の年間予算を設定する時だ。各部署では、予測に基づいて約束が交わされる。あなたがある女性マネジャーに予算の目標を与えれば、彼女はそれを達成しようとする。あなたは彼女を信頼しているので、予算は達成確実だと思うだろう。この予測と目標との緊張関係こそ、年間予算設定の肝だ。本来は、両者がよく話し合って現実的な数字を決めるべきだが、実際には、あなたの予測数値が彼女の目標予算になる。

この緊張が高まると問題が生じるが、残念ながらそれは頻繁に起きている。もし、彼女の目標予算の達成が危うそうだと思ったら、あなたは彼女にどう話しかけるだろうか。「私から見て、その予算の数字は現実的であり、達成できるはずだ」と言うだろうか。つまり、それが現実的な数字だと思っていなくても、彼女に達成してほしい目標として扱うだろうか。これは、あなたにとっては答えたくない問いだろう。誠実な対応かどうかは別として、あなたにとって一番のメリットとなるのは、予測と目標、期待と信念をあえて混同し続けて、部下のモチベーションを維持することだろう。現実を冷徹に分析すれば、彼女の目標予算達成は不可能という結論が出るかもしれない。だが、それは理性的な判断かもしれないが、生産的な判断ではない。

どこまでが信念で、どこからが期待なのか。経験豊かなリーダーの中に、この問いに正直に答えようとする人はいない。それは、予算などの計画を楽観的につくるほうが都合がいいからだ。

進化が選んだ楽観主義

意思決定に悪影響を及ぼす楽観主義が、リーダーにとって都合がいい理由は、ほかにもある。まず、私たちは、楽観主義はよいことと考えており、楽観主義、野心、大胆さを、人を動かすリーダーの特質と見なしている。そもそもリーダーというのは、楽観主義者だ。そしてもう一つのあまり知られていない理由は、結果で成功を評価すると、楽観主義者のほうが有利だからだ。

私たちは、なぜ認知バイアスの罠に落ち、なぜ推論をする時に自信過剰や楽観主義に陥って同じようなミスを繰り返すのか。さらに、なぜ進化はそれらのバイアスを選択したのだろうか。もし、認知バイアスが引き起こすありがちなミスが、人間の適応と生存にとって有害なら、そのような認知バイアスに陥りがちな人は、自然選択によって淘汰され、バイアスはとても珍しい現象になっていただろう。しかし実際には、バイアスは全人類に見られる。そこからわかるのは、認知バイアスや経験則、直観によって判断することは、遠い祖先にとってマイナスではなくプラスに働いたということだ。自然選択が、臆病で保守的で慎重な人より、楽観的で進取の気性に富み、リスクを恐れない人を好んだことは、想像に難くない。

同じように、組織においても楽観的なバイアスが自然に選択されるのは避けられない。実力主義によってリーダーが選ばれる際には、その選択のメカニズムは、楽観的なバイアスを選択したダーウィン流のプロセスと似た形になる。当たり前のことだが、野心的なリーダーは目に見える突出した成果を望む。企業、政党、研究室などで、そのような成果を出すための最善の方法は何か。リスクを取ることだ（さらに、幸運をつかみ取ることも必要だ）。用心深く臆病で、そこそこの結果に甘んじる人は、長期にわたって立派なキャリアを築けるだろう。企業にとって必要な人材だが、大成功を収めることはめったにない。一方、リスクを恐れない人はしばしば失敗し、脱落するが、その中のごくわずかな人が、最後にはトップに上り詰める。

結論を言うと、私たちのリーダーは、成功を収めた楽観主義者であり、慎重な（あるいは不運な）人ではない。それは素晴らしいことだ！　しかし、楽観主義者のリーダーがいったん頂上に上り詰めると、自分の能力や直観力、予測能力を信用しすぎるようになる。これはよく知られていることだ。つまり、驚くほどの成功を収めているのは、「今のところ」なのである。

いつ楽観主義になるべきか？

このように、私たちは本能的に楽観主義を求めているわけだが、特にリーダーの立場にある時、生産性の高い楽観主義と自信過剰をどうすれば見分けられるだろうか。勇敢で楽観的なリーダーと、頭の中がいつもバラ色の愚か者との違いは何か。

その答えは簡単ではないが、見分けるのに役立つ原則が一つある。フィル・ローゼンツワイグのシンプルだが重要な教えを借りて言えば、それは、将来の局面について、自分がコントロールできるものとできないものを区別することだ。未来を自分で切り開ける場合もあれば、予測しているだけの場合もある。前者に楽観主義は欠かせないが、後者の場合、楽観主義は致命的かもしれない。

例として新製品の発売計画を考えてみよう。達成すべき製造コスト、市場価格に照らしての価格設定、目標とする市場占有率など、自分たちが影響を及ぼすことのできる要素に関して、楽観的なのはよいことだ。これらの目標値をあえて楽観的に決めることで、目標の明確化やチームの士気を上げるといった、リーダーとしての責務を果たすことができる。

しかし、意識しているかどうかにかかわらず、自分がコントロールできない要素について楽観的でいると、状況は大いに違ってくる。市場規模、競合他社の反応、市場価格の変動、投入コスト、為替レート、その他の無数のコントロールできない不確定要素について議論する時には、可能な限り中立的に予測しなければならない。自分でコントロールできない事象に関する楽観主義は、自分に都合のいい勝手な思い込みにすぎない。

自分でコントロールできるか否かをはっきり区分けしづらいところに、この問題の難しさがある。たとえば、新製品の売上予測を立てる時、立案者はコントロールできる要素とできない要素を明確に分けているわけではない。多くの場合、全体的な目標について楽観的な見方を示すだけだ。

そのため、自分たちがコントロールできないことに関して、賢明なリーダーが楽観的すぎる計画をうかつにも支持してしまうことがあまりにも多い。これは、古来、独裁者が犯しがちなミスだ。彼らは自分のプロパガンダへの固執が原因で、最終的には打ち倒された。

30秒でわかる

自信過剰トラップ

——自信過剰には様々な形がある

▼私たちは（他人と比較して、あるいは絶対的に）**自分を過大評価する。**

・車を運転する人の88パーセントが、安全運転に関して自分はドライバーの上位50パーセント以内に入っていると思っている。

▼プロジェクトの見積もりに関して私たちは楽観的すぎる（**計画錯誤**）。

・巨大プロジェクトの86パーセントは遅延し、予算を超過する。

・プロジェクトの見積もりだけでなく、私たちは個人的な計画に関しても楽観的すぎる。

▼私たちは自らの予測の正確さを信用しすぎる（**過度の正確性**）。

・「90パーセント確信している」時でも、50パーセントは間違っている。

▼私たちは競争相手を過小評価する。

・ネットフリックスによると、ブロックバスターは「ただ笑って、私たちを追い返した」。

▼競合企業の反撃をあまり考えない。

・プロクター・アンド・ギャンブルは、予測できたはずのクロロックスの反撃を想定していなかった。

▼人の進化と同じく、企業が楽観主義者を好むのは、**成功するには楽観主義が欠かせない**からだ。リーダーというのは、成功をつかんだ楽観主義者だ。

▼楽観主義は、私たちが**自分のプロパガンダを信じ**始めるまでは役に立つ。自分がコントロールできる事象については楽観し、コントロールできないものについては楽観しないのが望ましい。

第5章

なぜ、波風を立てるのか？

もし、同じままの状態でいたいのなら、
常に変化し続けないといけない。おわかりかな？

――ジュゼッペ・ディ・ランペドゥーサ『山猫』

惰性トラップ

1997年、ポラロイドは世界をリードするカメラメーカーで、卓越した技術と優れたマーケティング能力を兼ね備え、圧倒的な市場占有率を誇っていた。前年の売上高は23億ドルだった。株式市場は同社の新CEOゲイリー・ディカミロと、彼の新たな経営戦略を信頼していた。ディカミロの就任後、株価は約50パーセント上昇した。しかし4年後、ポラロイドは連邦破産法の適用を申請した。

この話は、デジタル・ディスラプション（訳注＊デジタルテクノロジーによる既存ビジネスの破壊）による「死」の一例のように見える。しかし、ポラロイドとブロックバスターの話には、大きな違いがある。ディカミロもその前任者たちも、デジタル写真の重要性を過小評価していたわけではなかった。１９９０年という早い時期に、当時のＣＥＯマカリスター・ブースは、「わが社は電子画像という新しく強力なトレンドの主要プレーヤーになるつもりです」と株主に伝えた。１９９６年、ポラロイドのデジタル事業は1億ドル超を売り上げ、急速に成長していた。看板商品のデジタルカメラ、ＰＤＣ２０００は、そのカテゴリーで最高の製品と見なされていた。ディカミロはこの技術革命の重要性を十分認識していた。彼の経営戦略を構成する三つのテーマの中で、デジタルは最も重要なものだった。ポラロイドが破綻したのは、船長が氷山を見ていなかったからではない。この巨大な船にとっては、方向転換があまりにも難しかったからだ。

この問題の原因は広範に及ぶ。組織はリーダーが決めた通りに動くわけではない。市場の変化に直面した時、企業はトップが語る言葉より、はるかにゆっくりと変化する。社員のエネルギーが注がれる場所と経営資源の配分は、社長の戦略を反映しない。この惰性は、認知バイアスと組織的要因に根ざしている。そして、ポラロイドの場合のように、惰性は時として致命傷になる。

戦場での部隊の配置

企業の資源配分がリーダーの意思を反映しないことについては、少し説明が必要だろう。政府や国家と同じく企業にも、優先事項、戦略計画、予算など、船を操縦する船長を助けるツールがある。理屈としては、企業はまず戦略目標を立て、その後、必要な資金と人的資源を配分する。大企業で計画や予算の策定に関わった人ならよくわかると思うが、このプロセスには多くの時間とエネルギーが必要だ。

しかし、企業は毎年、こうしたプロセスをフルにこなして経営資源を配分しているのかと言えば、そうではない。ほとんどの企業は、延々と続く予算会議に数週間を費やしたあと、環境が変化しているにもかかわらず、前年と大差ない配分に落ち着く。

複数の事業分野を持つ企業の資源配分に関するマッキンゼーの調査は、この驚くべき結論を裏づける。マッキンゼーのコンサルタントたちは、様々な業種の米国企業1600社の年次報告書を15年にわたって調べた。目的は、各事業分野への資源配分を毎年どのくらい変えるかを調べることだった。結果は、「企業の資本的支出に占めるパーセンテージで測った場合、ある年にある事業分野が受け取る金額は、前年に受け取った金額からほぼ正確に予測できる」というものだ。この二つの数字の相関は92パーセントだった。調査対象企業の3分の1では99パーセントに達した。予算担当の経営幹部は長時間続く会議に辟易するが、結果が前年とほぼ同じなら、ゴルフでもしていたほうがまだ生産的だ。資源配分を見直すために、経営幹部たちがどれほど精力的かつ誠実に努力したとしても、結局は惰性の壁にぶつかる。

この事象が意味するのは、ある会計年度から次の会計年度へと予算額がコピー&ペーストされているということではない。予算が増える年もあれば、減る年もあるが、大まかな配分のパターンは変わらないということだ。たとえば、景気が落ち込んだせいでコスト削減が必要な場合、すべての部門の予算を同じ割合で削減する傾向が見られる。時には、経営トップが戦略的に優先事項を選んで特別扱いし、惰性を免れることもあるが、それはあくまでも例外だ。最終的な資源配分は、経営陣が示した戦略上の優先事項を反映しないものになる。企業は、戦略があるところに資金を投入するわけではない。

俊敏《アジャイル》さと居眠り運転

企業の資源配分に見られる惰性について、言い訳したくなる人もいるだろう。事業の買収や売却、トレンドを追う、機会の追求、これらは金融機関のポートフォリオマネジャーの仕事であって、企業のストラテジストの仕事とは違うのではないか。資源配分の変動が少ないのは、企業が長年にわたって戦略を成功させるために欠かせない一貫性と忍耐力の反映ではないのか。

この反論は少々筋違いだ。資源の再配分に失敗する企業ほど、経営者が株主へのメッセージで、自社のビジネス環境はとても不安定・不確実であり、新たな機会を素早く捉えること（流行りの言葉で言えばアジャイル）が重要だ、と訴える。しかし、毎年資源配分が変わらない企業に、アジャイルは到底望めない。もちろん、毎年、予算を白紙から組み直すのは現実的ではないが、15年連続で資源配分が前年と90パーセント同じというのは、どう考えてもアジャイルとは言えない。

さらに、そのようなアジャイルが利益を生むかどうかは、実証的な問いであり、答えは明らかに「イエス」だ。マッキンゼーの調査をまとめた論文の著者たちは、資源の再配分の程度に応じて調査対象の企業を3グループに分けた。予想通り、「資源配分を大幅に変更する企業」は「あまり変更しない企業」より業績がよかった。15年という調査期間を通して、前者は株主への年間配当が後者より30パーセント多かった。また、前者は倒産や買収される可能性が低かった。結局、資源配分を変えようとしない企業は、ハンドルをしっかり握って運転しているわけではなく、居眠り運転をしていることがわかった。

アンカリング

自信過剰トラップと同様に、惰性トラップも根本には認知バイアスがあり、その影響は組織の力学によって強化される。資源配分の惰性の背後にあるバイアスは、アンカリングだ。私たちは数値を推定、あるいは決定しなければならない時、利用可能な数字を拠りどころ（訳注＊アンカー、船のいかりの意味）にするせいで、決定や判断がゆがみやすい。

驚くべきことに、アンカーは、推定する対象とは関係がない数値や、明らかにナンセンスな数値であっても、判断に影響する。このバイアスに関しては1970年代にカーネマンとトベルスキーが独創的な実験をしているが、その後、ドイツ人研究者のトマス・マスワイラーとフリッツ・ストラックが、とても創造的な実験によってアンカーの影響を立証した。その実験の一つを紹介すると、被験者を二つのグループに分け、一方にはマハトマ・ガンジーが亡くなった年齢は140歳より上か下かを尋ね、もう一方には、9歳より上か下かを聞いた。当然、誰も苦労せずにこの質問に答えた。しかし、この質問に続いて、ガンジーの没年を推測するよう指示された時、この明らかにナンセンスな「アンカー」が違いを生んだ。140歳にアンカリングされたグループが推定したガンジーの没年齢は平均で67歳だったが、9歳にアンカリングされたグループが推定した没年は平均で50歳だった（実際、ガンジーは78歳で亡くなった）。

多くの認知バイアス実験と同様に、このストーリーも初めのうちは反発を招いた。質問の内容が自分にとって重要なことだったら、こんな荒削りなトラップに引っかからないのではないか。この実験のようなごまかしが可能なのは、被験者がその質問に関して何も知らず、関心もない時だけではないのか。

これらの批判に答えるため、研究者たちは被験者の実際の職業を模した状況で実験した。実験の一つは、判事を被験者とし、簡単には答えられない質問を用意した。具体的には、経験豊かな判事たちに、万引き事件に関する詳細なファイルを渡し、その犯人にどのくらいの保護観察期間を言い渡せばいいかと尋ねた。しかし、ファイルには重要な情報、つまり検察官が要求する保護観察期間が空欄になっていた。判事たちは、2個のサイコロを投げて、出た目の合計をその空欄に書き込むように指示された。もちろん、サイコロを投げて出た数字にはまったく意味がないことを判事たちも重々承知していた。判事たちは、数字をランダムに決めるのは判決に影響しないようにするためだ、と聞かされていた。それにもかかわらず、その数字は影響した。サイコロの目の合計が3だった判事は、保護観察期間を平均5カ月とし、サイコロの目の合計が9だった判事は8カ月と判断した*！

これらの実験（と、その他の多くの実験）の教訓は明らかだ。私たちは、アンカーの数字を懸命に無視しようとしても、その影響を受け続ける。アンカーの数字は、質問内容とまったく関係がない時でさえ、私たちの意思決定に影響する。

このように、関係のない任意の数値がやすやすと私たちに偏見を持たせるとしたら、関係のある数字とはどのように距離をとればいいのだろうか。予算を見直す時、どうすれば自分たちが決めた前年の予算の影響を受けずにいられるだろうか。アンカーの力を理解すれば、資源配分における惰性は、もはや謎ではなくなる。むしろ、惰性に流されないほうが珍しいと言える。

社内政治の惰性

経験豊富なマネジャーなら誰もが知っていることだが、アンカーの影響は、人と組織の

＊結果をわかりやすくするために、サイコロの出た目の合計が常に3か9になるように仕掛けが施されていた。

力学によって増幅される。戦略計画の立案や予算の編成時には、組織の核となる人々の間で絶え間なく交渉が行われる。どんな交渉においてもアンカーは重要で、その数字が出発点になる。予算の交渉でアンカーになるのは、前年の予算だ。マーケティングの前年予算が１００だった部門の長は、翌年の予算交渉でおそらく１１０を要求するが、それが２００になることはまれだ。一方、あなたはその部門長に、90でやり繰りするように求めるかもしれないが、40を提示することはないだろう。アンカリングは暗黙のうちに交渉の限界を決めていると言える。

また、別の形の社会的圧力のせいで、アンカーは長期的に悪影響を及ぼす。そのマネジャーが信頼できるかどうかは、自分の部門の予算を増やすか、少なくとも維持することによって、部門を守れるかどうかで決まる。その力量を見て、同僚や部下はそのマネジャーを尊敬する。力量の評価は、前年の数字が基準だ。

この状況をマネジャーの視点からではなく、資源を再配分しようとしているＣＥＯの視点から見ると、問題はそれほど単純ではなくなる。あるＣＥＯは、「金持ちから取り上げて貧しい人々に与えるべきだが、私はロビン・フッドではない！」と指摘した。一般にＣＥＯは、成長が見込める部門に資金を投入するため、成熟した部門から資金を奪おうとする。しかし、これまで資金に恵まれてきた成熟部門のマネジャーの観点はＣＥＯとは異なり、「貧しい人々」への支援のために自分たちの予算が削られることを望まない。そのうえ、マネジャーには、割り当てられた予算を使ってやりたいことがたくさんある。さらにマネジャーは、もし予算が削られたら、経営陣が期待する業績を出せなくなるという筋の通った主張ができる。この交渉ゲームでは、既得権者にアドバンテージがあるのだ。

最後に、これらの駆け引きで重要な役割を果たしている人々は、前年も同じ交渉に関わっていたことを思い出そう。彼らにとって、資源配分を大幅に変えることは、自らの意思決定を疑うことにつながる。「そんなことをしたら、自分たちが去年下した意思決定が間違いだったように見えるのではないか」と。もちろん、経営幹部はみな、自分たちは資源配分に関してアジャイルであり、予算を大幅に変えることができる、と考えている。実際、CEOやCOO、CFOなどの経営幹部に、「あなたの会社は、ミスを認め、失敗した取り組みの中止を即決できますか？」と尋ねると、80パーセントは「イエス」と答える。しかし、現場の人に同じ質問をすると、52パーセントが「ノー」と答える。あなたは、どちらを信じるだろうか。

ここまで説明してきたことが、資源配分の抜本的な変更が非常に難しい理由だ。しかし、それを打破するものが一つある。フレッシュな視点だ。企業に新しいCEOが誕生した翌年には、資源が大胆に再配分される。特に、新CEOが社外から来た場合は、組織内からの社会的圧力やアンカーに抵抗しやすいため、再配分がより大胆になる。驚くようなことではないが、こうした新任のCEOはしばしばよい結果を出し、迅速かつ大胆に資源を再配分するほど、成果が上がる。

サンクコストと関与の泥沼化

厳密に言えば、惰性とは何もしないことだ。しかし時として私たちは、何もしないどころか、悪い行動をとって、それを改めようとせず、ますます深入りする。その結果、資源はどんどん失われていく。このパターンを「エスカレーション・オブ・コミットメント(関与の泥沼化)」と呼ぶ。

その最も悲惨な例は、国が勝ち目のない戦争から抜け出せずにいることだ。1965年7月に国務次官ジョージ・ボールは、リンドン・ジョンソンに宛てた覚書で、ベトナム戦争の泥沼化を予測した。「ひとたび多数の犠牲者を出すと、取り返しのつかないプロセスが始まってしまうでしょう。関与があまりにも大きくなり、わが国は目的を完全に達成するまでこの戦争をやめることができません。いずれにしても屈辱的な結果に終わります」。残念ながら、この不吉な予測は現実となり、1964年から1968年までの間に、ベトナムで戦う米兵は、2万3000人から53万6000人に増えた。

痛ましいことに歴史は繰り返され、避けることのできない「泥沼化」の論理も繰り返される。2006年にジョージ・ブッシュはこう述べた。「みなさんに約束しよう。イラクで亡くなった2527人の兵士の死を無駄にしないためにも、任務を完遂する前に米軍を撤退させることはない」。5年後、「任務」を完遂したと言えるかどうかは別として、米兵の死者数は約4500人にまで増えた。そして、2017年8月に当時のドナルド・トランプ大統領は、新たな部隊をアフガニスタンに送るという自らの決定を正当化するために（最初はこの戦争を続けることに反対していたにもかかわらず）、「これまでの多大な犠牲、特に人命の犠牲に見合う、名誉ある永続的な成果」を出すことが不可欠と考えるようになった。

論理はいつも同じだ。損失が大きいほど、「それは無駄ではなかった」と自分に納得させなければならなくなる。これは経済学者が「埋没費用《サンクコスト》の誤り」と呼ぶものを見事に表している。サンクコストとは、すでに支払ってしまって、取り戻すことのできない費用や労力のことで、サンクコストの誤りとは、それを取り戻そうとする心理効果だ。その影響を受けると、将来の泥沼化《エスカレーション》は、すでに被った損失（サンクコスト）によって「正当化」される。この論理は明らかに誤りだ。新しい資源を投入するかどうかを決める際には、取り戻せない過去の損失や出費、人命を考慮すべきではない。唯一の有効な問いは、将来に関するものであり、具体的には予想される「投資利益率」だ。つまり、期待される結果が追加投入するリソースと見合うか、という問いだ。

しかし、私たちの日々の意思決定を見ればわかるように、その実践はかなり難しい。注文しすぎた料理をすべて食べなければならないと思う、退屈な本を最後まで読み通そうとする、風邪をひいているのにチケットを買ってしまったから映画を観に行く。これらはすべて、サンクコストのせいだ。

ビジネスにおける「関与の泥沼化」は、失敗した計画を必死になって守ろうとする企業に見ることができる。中でも目を引く事例は、1983年にゼネラルモーターズ（GM）が日本車に対抗するためにつくったサターン部門だ。当初は、「異なる種類の車」を製造する「異なる種類の会社」を設立する計画だった。サターンの製品と手法は、巨大企業のルール（とその停滞した官僚主義）の支配は受けないように考えられた。しかし、計画通りには進まなかった。誕生から20年以上経過した2004年までに、サターン事業には150億ドル超の資金が投入されたが、証券アナリストによると1セントの利益もあげなかった。さて、次にGMの経営幹部はどんな手を打ったか。なんと、サターンをGMの「普通」の部門に変えるために、さらに30億ドルを投入したのだ！　それでも業績は一向に改善しなかった。2008年になって、米国政府によるGM救済の一環として、サターン・ブランドはようやく売りに出された。だが買い手はつかず、2010年、ついに部門は廃止された。

サターンは極端なケースであり、27年もの間、ずっと失敗し続けている部門に総額200億ドルを投入できる企業はほとんどない。しかし、GMのように赤字部門を切り捨てようとせず、いつか花開くと期待を持ち続けた例は、ビジネス界では珍しくない。実のところ、大企業が事業の一部を売却する例は、案外少ない。企業2000社の経営を17年間追った研究によると、事業売却は平均で5年に1回で、それらの企業が事業売却で得た金額は、買収に使った資金の20分の1だった。

こうした事例が示す通り、「関与の泥沼化」をもたらすのは、取り戻せない過去の損失だけではない。私たちは進もうとする道の先に、行き止まりではなく輝かしい未来がある、と信じようとする。紛争地域に部隊を追加派遣する指揮官は、必要な兵力を送れば、今度こそ勝利が得られると確信している。株の急落後に再び投資する投資家は、今度こそ再び高騰すると固く信じている。GMのリーダーたちは新たな起死回生策を立てるたびに、次の新しい戦略こそ（あるいは次の新しい経営者、あるいはマーケットの状況の変化）が、サターンの経営を正しい軌道に戻してくれると信じ込んだ。

もうおわかりと思うが、「関与の泥沼化」は前章で見てきた自信過剰と同じだ。「関与の泥沼化」は単なる惰性ではない。そこには非現実的な楽観主義も働いている。サンクコストを惜しむ気持ちと将来の計画に対する自信過剰という奇妙な組み合わせが、戦いを非常に難しくしているのだ。

ディスラプション時の惰性

本章の最初に挙げた1977年のポラロイドの事例は、高収益の有力企業が環境の激変に直面しても惰性を克服できず、資源の再配分に失敗するという、よくありがちなパターンだ。音楽のデジタル化に動揺するレコード会社、ビッグテック企業と動きの速いアプリケーション・プロバイダーの両方から攻められる電話会社、クラウド・コンピューティングに直面するソフトウェア開発者、eコマースに脅かされるリアル店舗——。デジタル革命の衝撃を受けた企業はみな、同じジレンマを抱えている。

これらの企業が迫られている選択は、次の質問に要約できる。「新しいテクノロジーを受け入れて、自社のコアビジネスと戦わせて、他社にやられる前に自社内で倒すべきか?」というものだ。短期的に見れば、新規ビジネスは激しい競争に巻き込まれ、コアビジネスよりも利益は少ないだろう。しかし、長期的に見れば、新しい技術が古い技術に取って代わるのは必然だ。

あとから考えると、答えは明白に思えるが、その時点では先がまったく見えない。どのリーダーも、従来のコアビジネスの縮小に否定的な理由を数多く見つけるだろう。わが社の従来の事業は本当に絶望的なのか。新旧両方の技術を提供する「ハイブリッド型」にできないのか。数ある新技術の中で、どれに賭けるべきか。大企業であるわが社のコスト構造において、どうすれば新技術で収益を出せるだろうか。最終的に新技術に移行するとして、最適なスピードはどのくらいか。

もう一つのネットフリックスの話からは、そうした状況でタイミングがいかに重要かがわかる。前章では、ＤＶＤとインターネットの同時出現に対するブロックバスターの反応が遅すぎたことを見た。この第一の転換期を利用したのがネットフリックスだ。しかし、数年後にブロードバンドのネット接続が広まった時に、第二の転換期（本格的な移行）が起きた。これにより、ＤＶＤだけではなくストリーミングで映画を観られるようになった。

ネットフリックスの共同創業者リード・ヘイスティングスは、ブロックバスターの失敗に学んだ。彼は、事業のコアである郵送方式のビジネスを守るために、新生のストリーミング・ビジネスを無視するという同じ轍《てつ》を踏んではならないと考え、２０１１年に抜本的な解決策を編み出した。ネットフリックスを二つの会社に分け、一方はストリーミングに重点を置き、「クイックスター」と名づけたもう一方の会社で、DVDの郵送という時代遅れの事業を続けることにした。競合する2チームがそれぞれの会社を率いて二つの領域で戦えば、最大の成長と利益を望めるはずだ、と彼は考えた。

しかしこの計画は裏目に出た。サービスが複雑になり使いにくくなったと消費者が不満を感じるようになったからだ（DVDとストリーミングを両方利用したい時、なぜ、アカウントを二つ持たなければならないのか？）。また、消費者は、それが一つのサービスに対して2倍の料金を払わせる仕組みであることをすぐに見抜いた。ヘイスティングスは自分が犯したミスに気づき、ほんの数週間で会社を二つに分けるアイデアを捨てたが、四半期だけで、ネットフリックスは80万人の会員を失った。ヘイスティングスはのちに自らの失敗を認めてこう語った。「私は急ぎすぎた。確かに未来はDVDレンタルではなくストリーミングにあった。だが、その未来はまだ訪れていなかった」。

現時点では高収益をあげているが、いずれ廃れることがわかっているビジネスを、いつまで支えるかの見極めは難しい。ヘイスティングスのように、動きが早すぎた人もいる。だが指針としては、ブロックバスターの惰性が常であり、ネットフリックスのスピーディーさは例外と言える。既存の企業は、クレイトン・クリステンセンが言うところの「ディスラプション（創造的破壊）」に直面しても、なかなか資源を再配分しようとしない。大半の企業は特に大きな対策を採ろうとせず、どうしたものかと迷っているうちに手遅れになってしまう。

ポラロイドではリーダーたちが戦略の先見性を備えていたのに、まさにそれが起きてしまった。ディカミロがCEOに就任した時、ポラロイドの利益はわずかだったが、会社は自信に満ちていた。マーケティング部門が出した報告書では、自社のインスタントカメラの国内市場シェアは100パーセントと断言していた。また、同社の研究室は新しいアイデアであふれていたが、その大半はアナログのインスタントカメラに関するものだった。

ディカミロは自社の企業風土に問題があることにすぐ気づいた。そこで就任早々、研究室を市場に近づけるために、組織を再編成した。彼は部下たちに次のように言った。「私たちは多数の特許を取るため、大量の論文を書くため、自分たちがどれだけ数多く発明できるかを知るために、ビジネスをしているのではない」。それは強烈で新しいメッセージだった。ディカミロは社員の4分の1に当たる2500人を解雇した。明らかに彼は、自分たちが置かれている状況に危機が迫っていることも、方向転換の重要性も十分にわかっていたのだ。

それでも組織の惰性は避けられなかった。この時期、ポラロイドの研究室と優秀な研究者たちは、デジタル製品を開発していた。しかし、その主な目的は、自社のインスタントカメラをベースに、より手頃な価格のモデルを開発することだった。その一部はかなりの成功を収めた。また、同社のビジネスモデルも、惰性を助長した。それは典型的なレイザー&ブレードモデル（訳注＊本体の製品を安価で売り、その消耗品で継続的に利益を得るモデル）であり、カメラを低価格で売ってフィルムの販売で利益を稼いでいたのだが、このモデルは、消耗品のないデジタルの世界では再現できなかった。デジタルに移行するには、ポラロイドはもっと思い切った、もっと（高いリスクを伴う）ドラスティックな事業再編に取り組む必要があった。たとえば、大胆なコスト削減、コアビジネスを食うような新規ビジネスの積極的展開（または、コア事業の一部売却）、デジタル技術への大規模投資などだ。

ポラロイドと同じく、多くの企業は動きが緩慢で、環境変化への対応が遅れ、経営資源を適切に再配分しようとしない。事業撤退の意思決定に関する画期的な論文の著者の言葉を引用すれば、企業は認知バイアスのせいで「危険な兆候を無視し、新しい状況に直面しても目標を修正しようとせず、無駄なことにさらに資金を注ぎ込む」。

現状維持バイアス

企業が不採算事業から撤退できず、惰性に陥りがちな原因は、もう一つある。それは単に、「撤退するかどうか」が問われないことだ。私たちはみな、現状維持バイアスの影響を受けやすい。動くより動かないほうが楽だ。

たとえば、あなたが多額の遺産を相続したとしよう。株や債券など、様々な方法でこの金を投資できる。もちろん、何を選ぶかは好み（特に、リスク選好度）や、金融商品や投資先をあなたがどう評価するかによって決まり、すべての人が同じ選択をするわけではない。しかし、その遺産の一部がもともと何種類かの金融商品などに投資されていた場合はどうだろうか。経済学者のウィリアム・サミュエルソンとリチャード・ゼックハウザーは、現状維持バイアスに関する独創的な実験で、この問題を検証した。被験者の大半は、その投資先や金額を自分の好みに応じて再配分するのではなく、相続時の状態のまま持ち続けることを選んだ。決めないことの快適さが、合理的な好みを上回ったというわけだ。*

「事前の設定（デフォルト）」がある状況では、しばしば現状維持が優先される。車の色を選ぶ、退職金の配分を決める、あるいは臓器提供に同意する時でさえ、私たちは意思決定を避け、デフォルトを選択しがちだ。「現実の世界において、最初に行うべき意思決定は、

＊投資先や投資金額の変更にかかる費用は、惰性にプラスに働く可能性があるので、この実験では、その変更にコストはかからないと被験者に伝えている。

意思決定の必要性を認識することだが、なかなかそうはならない」とサミュエルソンとゼックハウザーは書いている。

人と同じく、企業も現状維持バイアスの影響を受けやすい。一般に、毎年の予算編成では、本部が各部門の予算を個別に審査するのが原則だ。全部門を見渡して再配分を検討するわけではない。このアプローチと「デフォルト選択」のせいで、資源配分は申し訳程度にしか変更されない。部門の売却が少ないのも現状維持バイアスの現れであり、企業にとっての「デフォルト選択」は既存事業の維持であり、売却ではない。

アンカリング、サンクコスト、現状維持バイアスに加えて、再配分の意思決定（あるいは、むしろ無再配分決定）に影響するもう一つのバイアスがある。それは損失回避であり、次章で取り上げる。

30秒でわかる

惰性トラップ

▼**アンカリング**は、目の前の問題とは関係のない数字であっても、それをもとに見積もりや予測をするように促す。
・無関係な数字も意思決定に影響する。ガンジーの没年当てクイズ、サイコロの目の数など。
・そのため、前年の予算など関連性のある数字は、予算検討時に強く影響する。

▼アンカリングは**資源配分の惰性**において、重要な役割を果たす。
・今年の予算計画が昨年の予算と90パーセント同じなら、なぜ長時間にわたる予算編成の会議が必要なのか。

▼**部署間での予算獲得競争**は問題を悪化させる。
・「金持ち部署」は「貧しい部署」に予算を取られたくない。ＣＥＯはロビン・フッドではない。

▼惰性の極端なバージョンは、**関与の泥沼化**(うまくいかないことにのめり込む)だ。
・戦争初期に犠牲となった兵士たちの死を「無駄にしない」という心理。
・ＧＭは27年間、サターン事業を救済し続けた。

▼既存企業を悩ませる**ディスラプションに対して反応が鈍い**のは、惰性によるところが大きい。
・ポラロイドは、デジタル革命の到来に気づいていたのに、迅速に資源を再配分しようとしなかった。

▼一般に、何かを決めるより決めないほうが楽。これが**現状維持バイアス**だ。

第6章

君にはリスクを取ってほしい

安全策を取るな。それは世界で最も危険な策だ。

――ヒュー・ウォルポール（英国の小説家）

リスク認知トラップ

あなたが1億ドルの投資話を持ちかけられたとしよう。成功したら利益は4億ドルだ。しかし、失敗したら利益はゼロで、1億ドルは消える。成功の確率がどのくらいなら、あなたはこの話に乗るだろうか。別の言い方をすれば、失敗する確率をどのくらいまで許容できるか。

これほど単純ではないが、企業は日々、これに近い問題に取り組んでいる。リスクの高い研究開発投資も、同様のリスクを抱えている。うまくいけば莫大な利益につながるが、失敗したらすべてを失う。

では、どのくらいのリスクを許容すべきだろうか。それは、あなた次第だ！　ここで確実に言えるのは、失敗確率（損失率）が75パーセントなら、期待できる利益はゼロになることだ。つまり、損失率が75パーセントの場合、成功率は25パーセント、期待できる利益は1億ドル（4億ドル×0・25）で、投資額とプラス・マイナス・ゼロになる。したがって損失率が75パーセント以上なら、ゴーサインを出すのは合理的ではない。仮に、損失率が95パーセントとしよう。4億ドル儲かる可能性は5パーセント、つまり20回に1回しかないので、投資する気にならないのは当然だ。

一方、損失率が75パーセント未満なら、許容できる損失率は、あなたのリスク選好（あるいはリスク回避）の度合いを反映したものになる。仮に、デイブが「50パーセント」、テリーが「25パーセント」と答えたとしよう。勇敢なデイブは成功する確率が低いのを覚悟のうえでリスクを冒そうとする。対して慎重なテリーは、2人の中では、よりリスク回避型だ。

マッキンゼーの調査チームは、大企業の経営者800人に同じ質問をした。大企業の経営者が許容できる損失率の上限は、平均で約18パーセント。20パーセントを超す損失率を受け入れると答えたのは、わずか3分の1だった。この結果から、大企業はリスクに強い嫌悪感を抱いていることがうかがえる。うまくいけば初期投資の4倍儲かる賭けに、彼らは80パーセント超の成功率を求めたことになる。もし、ギャンブラーがこれほどリスク回避型の人間ばかりだったら、ほとんどの胴元は潰れるだろう。

もちろん、経営者はギャンブラーではなく企業の資産を守る番人なので、慎重でいて当然だ。特に1億ドルも投資する場合はなおさらだ。中規模クラスの企業がそれに失敗したら致命傷になりかねない。この問題の本質を理解するために、同じ質問を、別の経営者たちに尋ねた。ただし、投資額は1億ドルではなく1000万ドル、得られる利益の上限は4000万ドルとした。

このシナリオならリスク回避傾向は低くなる、と思うかもしれない。その程度の金額なら、社運を賭けた一か八かの投資ではなく、研究プロジェクトの一つにすぎない。そうであるなら、より高い損失率を受け入れられるだろう。仮に、損失率が50パーセントの10のプロジェクトに100万ドルずつ投資するとしよう。確率から言うと、五つは成功しそうだ。そうなれば、会社は初期投資を倍増させたことになる。素晴らしい利益率だ。

だが、奇妙なことに、投資額を10分の1にしても、経営者の答えはほとんど変わらなかった。経営者たちの気持ちをそぐのは金額の大きさではなく、損失の可能性なのだ。

もし、あなたが企業内で投資の意思決定をする立場にあれば、この結果を知っても驚かないだろう。失敗する可能性が50パーセントの投資に同意のサインをしたいと思う経営者はいない。一方、前章で見たように、通常、コストは過小評価され、予想される利益とそれが実現する可能性は過大評価されがちだ。それでもなお、経営者たちはリスクを回避しようとする。

しかし、この行動は気になる。同じアンケートで、同じ経営者にリスクを取ることに対する自社の姿勢を尋ねると、45パーセントの人がリスクを回避しすぎていると答えた（その逆だと答えたのは、わずか16パーセントだった）。さらに、そう答えた経営者の50パーセントは、自社は十分な投資を行っていないと回答した（その逆は20パーセント）。この人たちは基本的に、自分たちはもっとリスクを取るべきと考えているのだが、私たちが実施したアンケート結果から察すると、問題解決の適役ではないようだ。

やった通りではなく、言った通りに行動せよ

ここに大きな矛盾がある。どの企業（特に大企業）もリスクに対して健全な欲求を持つべきと考えている。一方で、経営者はリスクを避けようとする。過剰なリスク回避は、不合理な楽観主義と同じくらい有害であり、実際に問題を引き起こす。

リスク回避がもたらす厄介な問題の一つは、大企業が利益の再投資に消極的なことだ。2018年時点で、米国の上場企業はおよそ1・7兆ドルの現金を貯め込んでいた。これは、投資に値する魅力的なプロジェクトを企業が見つけられなかったことを意味している。

斜陽産業の古い会社ならいざ知らず、その現金のほぼ半分はハイテク企業の懐にあった。アップルだけで約2450億ドルのキャッシュを持っていた。その年に米国の全企業が支払った法人税の合計を超える金額だ。そして、イノベーション力を全世界から称賛されているアップルが、その余裕資金で買ったのは自社株だった。2012年以降、アップルは史上最大規模の自社株買い計画を遂行してきた。イノベーターによる大企業ビジネスの破壊（ディスラプション）について研究しているクレイトン・クリステンセンとデレク・バン・ビーバーは、「歴史的な低金利にもかかわらず、企業は大量の現金を抱え込み、成長可能性のあるイノベーションへの投資を怠っている」と分析する。

巨大企業は現金、人材、ブランド、特許権、販売網など、新たなプロジェクトに必要なリソースを豊富に持っているのに、新しいプロジェクトが不足しているのは不思議に思える。一方、そうした資源を持っていない起業家は、どうにかして革新的なビジネスを生み出そうとする。ワッツアップのように、大企業に買収された（フェイスブックが190億ドルで買収）ところもあれば、スポティファイやウーバーなどのように、数十億ドルを調達し、最終的には株式を公開するユニコーン企業（訳注＊起業10年以内で未上場ながら10億ドル以上の市場価値のあるベンチャー企業）もある。これらの変革型イノベーターに共通しているのは、既存の企業の中で生まれたわけではないことだ。

大企業のCEOにこのパラドックスについて尋ねると、次のような答えが戻ってくるだろう。「もっとリスクのあるプロジェクトを喜んで承認したいのに、誰も提案してくれないんだ！」。革新的でリスクの高い提案は下位レベルで却下されるか潰されるので、上層部まで届かない、とCEOは嘆く。本章の冒頭で紹介した投資話の答えを聞かれて「そんなリスクのある提案をあえてしてくれる人はいない！」と戸惑うCEOもいる。

多くのビジネスリーダーは、部下に強い起業家精神を持たせることで、この問題を解決しようとする。「もっとリスクを取れ！」は、大企業でよく聞くスローガンだ。いくつかの企業はそれを実現するために、アイデアコンテストを立ち上げたり、急進的なイノベーションに取り組む部門や、社内ベンチャー向けの投資ファンドを立ち上げたりしている。しかし、そのような働きかけが必要であること自体、成熟した組織にとって、リスクの高いプロジェクトを支援するのがいかに難しいかを表している。

難しい理由は、リスクに対する個人と組織の姿勢にある。それを理解するためには、三つのバイアスを検討する必要がある。その三つが組み合わさると、それらは企業の中でよく見られる不合理なリスク回避を生み出しやすくなる。

損失回避

最初に見るべき最も重要なバイアスは、カーネマンとトベルスキーが損失回避と呼ぶものだ。損失回避とリスク回避は違う。損失回避はもっと基本的な現象で、「同じ大きさなら、利益や利点よりも、損失や不利益のほうを重く受け止める」というものだ。つまり、1ドルを失う痛みは、1ドルを得る喜びより強い。

自分の損失回避の度合いを知る最も簡単な方法は、次の質問に答えることだ。「コインを投げて裏が出たら100ドル失う、というゲームがある。表が出た時にいくらもらえたら、あなたはこのゲームに参加するか？」。合理的に考えれば101ドルで十分なはずだが、ほとんどの人の答えは200ドル前後で、「損失回避係数」は2になる。賭け金が増すと、損失回避係数は増え、場合によっては無限大になる。あなたがギャンブル好きでかつ大富豪でない限り、勝ったらいくらもらえるとしても、負けたら100万ドルを失うコインゲームに賭ける気にはならないはずだ。

損失回避は現実の生活に様々な形で影響している。よく知られるセールスのテクニックはそれを土台にしている。「このチャンスを逃さないで」や「明日では遅すぎる」など、損失回避を訴えるほうが、メリットを説くよりも多くの場合、効果的だ。本書の（原書）タイトル「YOU'RE ABOUT TO MAKE A TERRIBLE MISTAKE!（あなたはとんでもないミスを犯そうとしている）」も同じ原理を適用していることに気づいた人がいるかもしれない。「あなたがとんでもないミス（損失）」を回避するのを助けると約束するほうが、「あなたに利益を提供します」と言うより説得力がある（もし本書のタイトルが『よりよい意思決定を下す方法』だったら、あなたは手に取っただろうか？）。

しかし、損失回避の重要性は、それだけではない。カーネマンは損失回避の発見を、「心理学が行動経済学に果たした最も大きな貢献であるのは間違いない」と考える。たとえば交渉において当事者は、利益を得るためより、それと同等の損失を避けるために進んで譲歩しようとする。また、変化を起こすのが難しいことも、損失回避の結果と見ることができる。ある変化によって勝者と敗者が生まれる時、勝者が利益を喜ぶ以上に、敗者は損失を大いに悔やむ。それは、何かを変更する計画を多数派が支持した時に少数派が阻止しようと行動に出ることが多い理由かもしれない。

不確実性回避

二つ目の要因は、異常なまでのリスク回避をもたらす。本章の冒頭では単純な投資話を提示したが、実際の投資はあれほど単純ではない。ビジネスの世界はカジノとは大違いで、サイコロの目で勝敗がつくわけではない。実際のところ、プロジェクトの成功や失敗の度合いを正確に知ることはできない。さらに言えば、プロジェクトを提案する人が予測する成功率は、他の人には楽観的すぎるように感じられ、その多くは実際にかなり楽観的だ。

投資がどれだけ利益をもたらすかも不確実だ。失敗して全額失えば損失額は確定するが、成功した場合に期待される利益を正確に知ることはできない。たいていの場合、プロジェクトの成否がわかるまでどのくらいかかるかという見積もりさえ難しい。

さらに、リスクの高い投資をするかどうかを決める時には、ほかにも無数の要因が関与する。投資対象に精通しているか。担当チームをどのくらい信頼しているか。プロジェクトの遂行をどのくらいコントロールできるか。プロジェクトを段階に分けて、初期投資を抑えることはできるか。

現実の世界では、単純なギャンブルのような投資はほとんどない。投資を検討する時に直面するのは単なるリスクではない。それは、経済学者のフランク・ナイトが「不確実性」と呼ぶ、定量化できないリスクだ。そして、私たちは、「不確実性」が「損失」と同じくらい嫌いで、それを避けようとする。経済学者はこれを「不確実性回避」あるいは「曖昧さ回避」と呼ぶ。ことわざにもある通り、「正体不明の悪魔より、正体のわかった悪魔のほうがまし」だ。そして、私たちは不確実性を避けるためなら喜んで金を払うことが、多くの実験で確認されている。つまり、未知のリスクよりも定量化されたリスクを取ろうとするわけだ。

後知恵《あとぢえ》バイアス

リスク回避の三つ目の理由を理解するために、最近ニュースになった事件か、あなたの身近で起きた事件を頭に浮かべてほしい。それが起きた時、自分がどれくらい驚いたかを思い出そう。今振り返ると、いくつかの理由からその事件が起きることを予測できたと思えるだろうか。答えはきっと「イエス」だ。何かに驚いた時でさえ、私たちは、それをとても簡単に説明する方法をすぐ見つける。前々回の大統領選挙で、ドナルド・トランプが選ばれることは決してないと断言した評論家が、翌日には数々の理由を挙げて、トランプの当選は理にかなっていて必然的でさえある、と主張した。２０１９年に、サウジアラビアの石油施設がドローン攻撃を受けた時、ほかの国々やメディアなどはなぜ攻撃を予測していなかったのかと問いかけたが、彼ら自身もその可能性を想像していなかったはずだ。

心理学者のバルーク・フィッシュホフは、ある事件が起きる前と起きたあとでの認識のギャップを後知恵バイアスと呼んでいる。フィッシュホフは、被験者に政治的な出来事が起きる確率を推測させる実験をした。たとえば、１９７２年のニクソン大統領による歴史的な中国訪問後に起こり得る政治イベントの確率を訪中前に予測させ、後日、それらが実際に起きた（あるいは起きなかった）あとで、予測した確率を思い出すよう求めた。結果は、自分が予測した確率を正しく覚えていた人はほとんどおらず、みな同じミスを犯した。ある出来事が起きた場合は、予測した確率を実際より高めに報告し、「それが起きると思っていた」と言い、ある出来事が起きなかった場合は、予測確率を実際より低めに報告し、「起こらないと思っていた」と答えたのである。

後知恵バイアスは、歴史の教科書の中にもある。私たちは、「第一次世界大戦の原因」や「ベルサイユ条約の結果」を分析することを授業で学んだ。しかし、歴史学者が論理的に結びつけた原因と結果は、無数にある事実の中から学者たちが選んだものだが、そこで見逃されている「原因」も多いはずだ。

最近、歴史学者と人工知能の専門家からなるチームがこの見方を科学的に裏づけた。このチームは、機械学習アルゴリズムを訓練して、当時の事実だけをもとに、どの出来事がのちに歴史的に重要と見なされるようになるかを予測させた。結論は、歴史的重要性の予測は非常に難しい、というものだった。それを予測するには世界はあまりにランダムで込み入っている。歴史学者が自説にふさわしい事実を選び出し、他のすべての事実を除外できるのは、後知恵が働くからだ。だからこそ、もっともらしい歴史解釈が複数存在したり、常に新たな「修正主義者」の説が登場したりする。

また、あとから考えると偶発的な出来事が必然と思えるのもこのためだ。1940年、ナチスドイツという脅威に直面していた英国は、頑固な軍人を首相に選ぶ「必要があった」と私たちは学んできた。それに該当する首相としてウィンストン・チャーチル以外の誰かを想像するのは難しい。しかし、忘れられがちなのは、国王がチャーチルを首相に任命するほんの数日前まで、庶民院の議員の誰もがチャーチルが首相になるとは少しも思っていなかったことだ。チャーチルが中心となって立案したノルウェー作戦の敗北のせいで、議会ではネヴィル・チェンバレン首相に対する信任が低下し、奇妙な巡り合わせでチャーチルが首相に指名されることになった。チャーチルの伝記を書いたマーティン・ギルバートは、この偉大な人物について書いた3万ページから何を学んだかと尋ねられ、次のように答えた。「成功と失敗は紙一重である」。

これは世界の歴史だけでなく、個人の歴史についても言える。私たちは事故や失敗について説明しようとする時、後知恵バイアスの影響を受けやすい。本章の冒頭で触れた仮想の投資話を思い出してほしい。もし、あの危険な投資で1億ドルを失っていたら、投資前に「リスクテイクは理にかなっている」と判断したことを思い出さないだろう。逆に、失敗を避けられなかった理由がいくつも頭に浮かんでくるはずだ。突発的なアクシデントが原因でも、どうして予期できなかったのかと思う。どんなことにも原因があるのだから、プロジェクトを指揮する人は、あらゆる不測の事態を考慮すべきとされている。要するに、私たちはみな、フィッシュホフの実験の被験者のように、「そうなることはわかっていた」と考えてしまう。

起業家的アイデアを提案する立場にあるマネジャーは、自分たちの取り組みが後知恵によって評価されることを十分わかっている。そうであれば、あえてリスクのあるプロジェクトに挑戦するだろうか。2017年にノーベル経済学賞を受賞したリチャード・セイラーは、マネジャーが後知恵バイアスで評価されることを恐れて及び腰になるという問題の解決は絶望的に難しいと考えている。「CEOにとって最も難しい仕事の一つは、期待できる利益が十分あればリスクを伴うプロジェクトに挑戦すべきだとマネジャーを説得することだ」と、セイラーは書いている。

　損失回避、不確実性回避、後知恵バイアスの相乗効果によって、リスクに対する嫌悪感は増幅される。その結果、リスクを取る余地があり、そのほうが合理的で、経営者がそれを望んでいたとしても、企業はなかなかリスクを取ろうとしない*。

リスクを取らずにすべてを失う方法

　これまで見てきたように、過度のリスク回避によって様々な問題が生じるが、過度の楽観主義も多数のミスを引き起こす。どうすればこの二つを調和させることができるのだろうか。J.C.ペニーやクエーカーの経営者たちがリスクの高い事業に飛び込もうとする際、なぜ、リスク回避の力は働かなかったのか。起業家がリスクの高いプロジェクトに資金や時間を投じようとする時、なぜリスク回避に支配されないのだろうか。言い換えれば、本章で分析した臆病でリスク回避的な行動と、第4章で述べた大胆かつ自信過剰であえてリスクをとる行動が、なぜ共存できるのだろうか。

　このパラドックスは簡単に説明できる。たとえリスクを嫌う人でも、そこにリスクがあることに気づかなければ決定を下せるのだ。企業が大きな賭けに出る時、大半のケースでは、経営陣がそのリスクの大きさに気づいていない。

あなたが会社の意思決定を観察できる立場にあるのなら、最近、目の前で話し合われたリスクの高い計画のことを思い出してほしい。その計画の潜在的なリスクは認識され、議論されただろうか。その計画を提案した人は、失敗（あるいは成功）の確率を定量化しようとしたか（言い換えれば、サイコロを振って決めるのと大きく違っていたか）。

あなたの答えは、おそらく「ノー」の連続で、そう答えるもっともな理由もある。意思決定者は原則として、「将来は不確かで投資はリスクを伴う」ことを受け入れているが、自分を統計的確率に基づいて賭けをするギャンブラーとは見なしていない。また、意思決定者にとって「リスク」は、最小化すべき不都合なものであり、自分が乗り越えなければならない課題だ。リスクに言及する時には、その軽減方法の提案も同時に求められる。そこには、リスクはコントロールが効く、という考えがあり、意思決定の研究者の定義（リスクはコントロールが効かない）とは正反対だ。[**]

これは、自信過剰によるミスがどのように起きるかを説明するのに役立つ。企業がリス

＊　大企業による再投資が歴史的に少ない背景は、どの時代にも通じるこの説明だけでなく、マクロ経済の要素、税制の変化などの理由もある。

＊＊　金融機関はその例外の一つで、リスクをビジネスの変数として扱う。

クの高い選択をする時、大半のケースでは、ハイリスク・ハイリターンのプロジェクトに賭けようと意識的に意思決定したのではなく、過度に楽観的な見通しを鵜呑みにして決めている。

このような錯覚が起きる過程で、第4章で述べたバイアスが直接影響を与えている。プロジェクトのリスクは高いが、それに関する予測は、自信過剰の影響を受ける。したがって、売上高、利益、プロジェクト完了までの期間の予測は、過度に楽観的になる。さらに深刻なのは、オーバー・プレシジョン（過度の正確性）によって、意思決定者たちはその計画に対する自信を深めることになりがちだ。

それがよくわかるのは、「基本シナリオ」と「悲観的シナリオ」がある売上予測だ。悲観的シナリオは、プロジェクトを合理的に見せるための小道具にすぎない。たいていの場合、「基本シナリオ」は楽観的で、「悲観的シナリオ」は「最悪の事態」からはかけ離れている。計画をつくった人たちの目的は、そのプロジェクトを確実に成功するプランとして提示することだ。これは社内政治の観点から見れば、賢明なやり方だ。揺るぎない確信を持って提案され、「安全な賭け」と思わせることができる計画は、承認される確率が高い。

企業が自信過剰でありながらリスク回避的でもあるのは、こうした組織の力学が働くことが理由だ。自信過剰とリスク回避のバイアスは反対の影響を及ぼすが、相殺し合うことはない。カーネマンとダン・ロバロは「臆病な選択と大胆な予測」という論文の中で、このパラドックスについて次のように述べている。「選択する時、人はリスクを避けようとするが、自信過剰と過度に正確な予測に基づいている時は、選択は簡単に思える」。

もちろん、自分の大胆な予測を周りにすぐ信用してもらえるわけではない。ゴーサインが出るまでには、計画の実現性を検証する様々な社内承認プロセスが待ち受けている。大企業の場合、プロジェクトの計画書は、階層的、機能的に各段階で何重にも批判的に分析・精査され、楽観主義によって誇張された部分が排除されていく。

そう考えると、最も大胆でリスクの高いプロジェクトが、最も大きなプロジェクトであることも納得がいく。もし、組織の最上位近くにいる人がプロジェクトの立案者の場合、その人の予測や仮説が精査されることは少ないだろう。極端な例では、大規模買収や抜本的改革などのプロジェクトを提案・推進するのはCEOだ。スナップルやJ.C.ペニーのストーリーも、このカテゴリーに分類される。

逆に、下位の社員が提案した小規模のプロジェクトは、承認されるまでに多数の困難を乗り越え、綿密な調査を何回も耐え抜かなければならない。「高いリスクのあるプロジェクトを誰も提案しようとしない」と嘆くCEOがいると述べたが、こうしたCEOが責めるべきは、自社の方針とプロジェクトの承認手順が厳格すぎることだろう。そうした仕組みの存在によって、プロジェクトには、証明が難しいレベルの信頼性が求められるので、社員は起業家的な提案を断念せざるを得ない。

つまり、今までとはまったく逆のことをするのが合理的だ。たとえ成功した時のメリットが大きくても、大規模でリスクの高いプロジェクトは、会社を危険にさらす。一方、小規模なプロジェクトでのリスクは許容され、奨励されるべきだ。多様なハイリスク・ハイリターンのプロジェクトを含む事業ポートフォリオは、とても合理的な選択だ。しかし残念なことに、大規模なプロジェクトでは楽観主義に陥りがちで、小規模のプロジェクトではリスク回避が優位になる。魅力的な投資先が見つからないと言って大量の資金の上にあぐらをかいている企業が、こうした臆病な選択と大胆な予測の組み合わせによって、時として大きな賭けに出たりする。

「その人たちはそれが不可能だということを知らなかった。だから挑戦し、成功した」というマーク・トウェインの言葉はよく引用される。この言葉は、リスクを取るよう人を励ます時に使われることが多い。しかし、通常、私たちを動かすのは勇気ではなく無知だということも、見事に言い当てている。

不可能なことにチャレンジするのは間違っている。成功することはまれだ。しかし、自分のリスク回避傾向を克服し、困難でリスクのある課題に繰り返し挑戦するのは、自分がそれを自覚している限り賢明なことと言える。絶えずリスクに直面しているプロの投資家やベンチャーキャピタリストは、そのための方法や文化を身につけている。それについては第3部で詳しく説明しよう。

30秒でわかる

リスク認知トラップ

▼企業は**リスクをほとんど取らない**ように見える。キャッシュを貯め込み、経営者はリスキーなプロジェクトを嫌う。この背景には少なくとも、三つのバイアスがある。

▼**損失回避**——利益から得る満足より、同額の損失がもたらす苦痛のほうが大きい。

・コイン投げで勝った時の報酬がいくらなら、負けて100ドル失うリスクを受け入れることができるか。

▼**不確実性回避**

・「正体不明の悪魔より、正体のわかった悪魔のほうがまし」。

▼**後知恵バイアス**――「そうなることはわかっていた」。

・事後的には、それが「必然だった」ように思える。

・……そのため、プロジェクトが失敗すると、提案した人は責められる。

▼企業は、**リスクの存在を否定することでリスク回避を乗り越える**。リスクの高いアイデアが、確実に成功するものとして提案され、高リスクの印象を伴わずに承認されることがある。**「臆病な選択と大胆な予測」**。

▼この組み合わせのせいで、企業は**非常に大きなリスクを取る一方で、小さなリスクを拒む**。これは逆であるべきだ!

・ベンチャーキャピタリストのように、小規模のハイリスク・ハイリターン・プロジェクトのポートフォリオを開発する企業はほとんどない。
・むしろ、企業はリスクを過小評価することによって、大規模プロジェクト（企業買収や大改革など）を正当化する。

第7章

長期的に考えるのはずっと先にしよう

時間軸トラップ

長期的に見れば、私たちはみな死んでいる。

——ジョン・メイナード・ケインズ

「多くの企業が、将来の成長のための投資から遠ざかっている。設備投資を減らし、さらには負債を増やしてまで、株主への配当を引き上げ、自社株を買い増している。（中略）間違った理由で、設備投資を犠牲にしてまでそれ（株主への現金の還元）が行われると、企業が長期的に利益を生み出す能力を危険にさらすおそれがある」。

米国の大企業のCEOたちに向けて、短期思考の危険性を警告するこの文章を書いたのは誰だろうか。政治活動家か、憤慨した労働組合のリーダーか、自州での仕事の減少を悩む知事か。いや、そうではない。2014年5月の日付があるこの手紙には、世界最大の投資ファンドの一つ、ブラックロックのCEO、ラリー・フィンクの署名がある。私に高い報酬を与えてはいけないと、彼は主張し、それよりも今後のビジネス、研究開発、社員のトレーニングに投資してほしいと言っているのだ。

株主、投資会社、年金基金など、金融界のプレーヤーは、株価と短期的成果に焦点を当てるよう経営者を促しているとして、よく非難される。しかし、金融界の巨人フィンクは、企業が長期的視野に立っていないことを憂える。彼の手紙が公表された2、3カ月後、通常は資本主義を批判しないハーバード・ビジネス・レビューが、「投資家はビジネスにとって有害か？」という特集記事を組んだ。明らかに、短期主義は心配の種になっている。もっと具体的に言えば、短期主義は二つの方向から批判されている。

短期主義に対する二つの批判

最も知られている短期主義への批判は、ビジネス・ラウンドテーブル（訳注＊米国の主要企業が名を連ねる財界団体）が2019年に出した「企業の目的に関する声明」であり、米国の200人近くのCEOが署名した。この声明は、企業が株主価値の創造にばかり集中して、ほかのステークホルダー（顧客、従業員、取引先、コミュニティ）の成功を犠牲にしていることを問題視している。

この批判に対して一部に抵抗があったが、少なくとも原理原則としては受け入れられるようになった。現在、多くの経営幹部は、ミルトン・フリードマンの有名な言葉「企業の社会的責任は利益を増やすことにある」に象徴される株主資本主義から距離を置くようになった。この点で米国企業は欧州企業に追いつきつつある。かねてより欧州の多くの国では、企業の目的についてより大きなビジョンと広い利害関係者を定義することが法制化されている。

しかし、この批判が提起するのは、単に短期か長期かという時間軸の問題ではなく、社会における企業の役割とは何かという、より大きな問題だ。ビジネス・ラウンドテーブルの宣言は「すべての米国民に奉仕する経済」を掲げている。利益の追求と企業の社会的役割が対立し、株主の利益と他の利害関係者の成功が対立するのは、驚くようなことではない。実際、それは避けられないことでもある。

さらに驚くべきは、企業の財務目標だけを考えても、短期主義は望ましくない。これが、短期主義に対するもう一つの批判だ。仮に、企業の唯一の目的が株主価値の創造とした場合、将来の利益より目先の利益を優先することで、重大なミスを犯しかねない。２０１４年の手紙でラリー・フィンクはこの問題に焦点を当てた。つまり、企業が今、必要な投資を行わなければ、将来、収益を維持できなくなることを彼は懸念したのだ*。

しかし、長期と短期という異なる時間軸でバランスをとるのは簡単ではない。ある研究によると、経営者の80パーセントは、目先の利益を達成するために、長期的に価値を生み出す投資をあきらめると答えている。別の研究では、世界の企業の取締役と経営幹部およそ1000人に聞き取り調査を行ったところ、その63パーセントは過去5年間で、短期的に利益を出すことへの圧力が高まったと答えた。しかし、およそ10人中9人は、長期的視野に立った意思決定は、企業の業績や革新性にプラスの影響をもたらすと確信していた。

このように長期的利益よりも短期的利益を優先する傾向は、「経営者の近視眼」と呼ばれ、上場企業において特に顕著だ。ハーバード大学とニューヨーク大学の研究者たちは、その程度の大きさを示した。この研究者たちは、上場企業の会計情報を、同じ業界の同規模の非上場企業のデータと比較した。研究者たちは、「株式市場の短期主義的な圧力によって、上場企業は非上場企業よりも投資額が少ない」という仮説を立てた。結果は予想通りで、その差は驚くべきものだった。他の条件が同じなら、非上場企業は、上場企業の2倍の投資を行っていた。さらに、収益が増えたり、州の法人税率が下がったりして、投資

＊フィンクは2019年のビジネス・ラウンドテーブルの声明に署名した。その後、彼は、企業のより広い目的と多様な利害関係者についての懸念を何度も表明してきた。実際、彼が株主への手紙で説明したように、長期的には、この二つの問題は一つになる。社会に積極的に貢献していることを示せない企業は、いずれ社会からの営業許可を失うことになり、それは投資家にとってもよいことではない。

余力や投資チャンスが生まれても、上場企業は非上場企業に比べて、そうした機会を生かすのに時間がかかった。

二つの安易なスケープゴート

この上場企業と非上場企業の比較を見ると、短期主義の責任を投資家に押しつけたくなる。予測がつかず、顔が見えない金融市場は、スケープゴートとしてはうってつけだ。経営者としては、気まぐれなトレーダーのせいで、1時間ごとの株価にも気を配らないといけない、と言い訳しておけばいい。しかし、当然ながら、この株式市場による専制政治には、自発的に協力する共犯者が必要だ。その共犯者とは、ストックオプションなどで株価と連動して報酬を得ているCEOだ。この観点に立つと、短期主義は、近視眼的な市場と貪欲な経営者が出会った時に起きる現象と言える。

この説明には説得力があるように思えるが、十分ではない。というのは、株式市場の基本的な事実を無視しているからだ。一般に言われているのとは逆で、株式市場は短期的な成果に取りつかれているわけではない。それどころか、通常、株価は、企業が遠い将来に生み出すキャッシュフローへの期待を織り込んでいる。多くの企業の時価総額の70パーセントから80パーセントは、5年以上先に予想されるキャッシュフローの現在価値を反映している。つまり、株式市場は決して短期主義ではない。市場は未来を見ており、企業の長期的な価値を重視し、それを大きな範囲で測定している。

この単純な事実が見過ごされやすい原因は、一言でいえば、ボラティリティ（訳注＊株価の変動性）だ。株価は長期的な価値を測定するものだが、その評価は日々変わる。将来の価値に対する期待は、企業とその環境に関する短期的なニュースの影響を受ける。このような調整の連続は、短期的な結果への執着と誤解されやすい。たとえば、私たちは、四半期の業績が悪かった企業の株価が下落すると、市場が「罰した」と解釈する。しかしこの解釈は単純すぎる。四半期の意外な結果を受けて、市場が長期的な予測を修正したと見るべきだ。予想外の悪いニュースのあとで株価が下落した場合も、そのニュースに長期的な業績に影響する根本的な問題が含まれている、と市場が判断したと捉えるべきだ。その問題を市場が深刻に受け止めた（たとえば、経営の信頼性が失われた）場合、市場はそのニュースに「過剰反応」したように見えるだろう。経営者はそれを恐れている。

株主や投資家には、長期的戦略を理解する能力がある。そうでなければ、アマゾンは株主に利益をほとんど（あるいは、ごくわずかしか）出さないまま、長年にわたって成長のための資金を集めることはできなかったはずだ。また、上場時には売上高が低くても飛躍的成長が約束されているユニコーン企業は存在しなかっただろう。つまり、上場企業の株価は、短期の業績ではなく、その業績が示す長期的なストーリーで評価されている。

多くの大企業は、短期的な業績への過剰な注目を避けるため、こうしたストーリーや投資家との対話の内容を変えようとしており、実際、業績予想のやり方を見直している。従来は、特定の四半期におけるEPS（1株当たり利益）目標について、証券アナリストに「会社予想」を提供してきた。だが、一度、EPS目標を設定すると、経営陣は自分が書いたストーリーに束縛される。目標を達成できないと、計画の遂行に失敗した、あるいは、計画が最初から非現実的だったと見なされる。どちらの評価も、マネジメント能力への懸念につながる。それらは、企業の長期目標達成に対する信頼が低下していることを警告するシグナルとなり、経営者は株価の下落によって「罰せられる」おそれがある。この短期的な結果を避けるために、経営者は研究開発や社員教育への支出を削減したくなるのだが、それをやってしまうと長期的な価値創造に悪影響が及ぶ可能性がある。

このような深刻なデメリットを考慮すると、短期目標に注力してもバリュエーションや株価変動率にはあまり影響がなく、会社予想の提供はほとんど意味がないように思えてくる。実際、コカ・コーラ、コストコ、フォード、グーグル、シティグループをはじめとする多くの企業は、会社予想を取りやめた。ユニリーバはさらに先へ進み、現在では四半期決算の公表を取りやめ、欧州の主要な競合企業と同じく、半期決算だけ発表するようになった。

その後、これらの企業に何が起きたか。投資家に見捨てられただろうか。株価は暴落しただろうか。とんでもない。投資家層の変化を経験した企業は多かったが、それは好ましい変化だった。企業の本質的な価値に興味を持つ投資家が増え、手っ取り早く儲けようとする投機家が減った。短期的な話をあまりしないことで、長期的成果を重視する株主が集まってきたわけだ。ユニリーバのCEO、ポール・ポルマンは、2014年に次のように語った。「会社予想をやめると発表した時、当社の株価は8パーセント下落した（中略）。しかし、あまり気にならなかった。長期的に見れば、企業の真の業績はいずれ株価に反映されると考えているからだ」。2018年にウォーレン・バフェットとジェイミー・ダイモン（J・P・モルガン・チェースの会長兼CEO）は、ウォール・ストリート・ジャーナルに共同執筆した論説で、ほかの上場企業も同じ道を選ぶべきだと主張した。「会社による四半期ごとの決算発表の内容を削減、あるいは取りやめても、それだけでは、米国の上場企業が現在直面している短期的業績への圧力がすべてなくなるわけではない。だが、正しい方向への第一歩になるだろう」。

では、もう一つのスケープゴートになりやすい要素、つまりCEOとその報酬体系についてはどうだろうか。経営陣の近視眼に、インセンティブは影響しているのだろうか。その答えは、インセンティブがどんな仕組みかによる。実は、よく批判の的になるストックオプションは、長期的思考を促すために活用できる。株価は長期的な視点で評価されるので、目先の利益のために将来を犠牲にするＣＥＯは、ストックオプションの価値を下げることになる。私たちが思っている以上に株式市場が長期的な視点を持っているのであれば、ストックオプションの保有者もそうあるべきだ。

つまり、短期主義は現実に存在するが、株式市場の圧力や経営陣の私利私欲だけでは、十分に説明できない。そして、危険な短期主義に陥っているのは、上場企業のＣＥＯだけではない。短期的な成功を優先することについて、公営企業のトップは無罪と言えるだろうか。公的機関も長期的なインフラ投資（公共交通機関の維持・管理や高速道路網の整備）を先延ばしにする傾向があるのではないだろうか。また、政治家が世論の反応を気にして根本的な改革を先送りすることもよくあるのではないか。簡単に言うと、長期的に考えすぎると批判された人はかつていただろうか。

これらの問いへの答えが明らかだと思う人は、スケープゴートを探すうちに道に迷いこんでしまっている。確かに経営者は短期的な視点を重視しすぎるが、それに関しては私たちも同じだ。

私たちはみな、短期思考者――現在バイアス

古典的な行動経済学の実験に、「今日100ドル受け取るのと、明日102ドル受け取るのとでは、どちらがいいか」を問うものがある。あなたは今日の100ドルを選ぶ可能性が高い。多くの言語圏に共通することわざから見ても、今日の100ドルを選ぶのが常識的と言える。一つ目のことわざは、「時は金なり」。今日100ドルもらったら、明日までには利子がつくかもしれない。二つ目は、「手中の1羽は藪の中の2羽に値する」。つまり、約束は必ず守られるとは限らないので、待つことにはリスクが伴う。

今日の100ドルか明日の102ドルか、という選択は、経済学入門講座の問いだ。現在の価値を未来の価値と比べるために、経済学では時間とリスクの両方を反映させた利率である割引率を利用する。明日の102ドルより今日の100ドルを選ぶことで、あなたは暗黙のうちに割引率が1日当たり2パーセント以上であることを示している。言い換えれば、待つことを喜んで選ぶようになる条件は、忍耐とリスクがそれより高い率で補償されることだ。102ドルではなく150ドルだったら、待つことを選ぶ可能性は高くなる。

ここまでは順調だ。問題は、適用される割引率に一貫性がないことだ。金額は同じで、

待つ期間を変えてみよう。「1年後に100ドルを受け取る」のと、「1年と1日後に102ドルを受け取る」のとではどちらがいいかと聞かれたら、多くの人は迷うことなく後者を選ぶ。そこまで長く待つのなら、待つ日が1日増えてもたいして変わらないので、2ドル余分にもらったほうがいい！

これはごく自然で、当然の反応と思える。だが、非論理的だ。最初の状況では、100ドルを選んだのに、二番目の状況では102ドルを選択した。なぜ、時間の違いによって割引率が変わってしまったのだろうか。もっと簡単に言うと、1年後に2ドル多くもらうために1日多く待つのなら、なぜ今、待とうとしないのか。このパラドックスをさらにわかりやすくしよう。ちょうど1年後、二番目の状況は一番目の状況（今日を選ぶか明日を選ぶか）と同じになっているはずだ。

この実験が示すように、選択肢に「今すぐ」という要素が入ってくると、私たちの忍耐力は大きく低下する。今日決断すると「手中の1羽の鳥」を選択する可能性が高く、明日以降で決断した場合は、「藪の中の2羽」を選ぶ可能性が高い。この傾向は現在バイアスと呼ばれ、広く実証されている。先述の実験によく似たやり方で、リチャード・セイラーは被験者に、今すぐ15ドルの報酬を受け取るか、将来により多くの報酬を受け取るかを選択するよう求め、さらに、待つ期間とそれに見合う報酬額を尋ねた。答えの中央値は、10

年待つなら100ドル、1カ月なら20ドルだった。まあそんな感じだろうと思えるかもしれないが、経済学者から見ると非常におかしな結果だ。これらの数字が暗黙のうちに示す年間割引率は、10年待つ場合は19パーセントだが、1カ月では345パーセントにもなる。

よく知られている現在バイアスの身近な例は、自制心に関するものだ。デザートを我慢する、タバコをやめる、早起きしてジムに行く——これらは将来、自分のためになることだとわかっていても、実行するのが難しい。しかし、お菓子やタバコの棚を空っぽにする、今年はジムに通うなどと、新年に誓いを立てたり、約束したりするのは簡単だ。これは、明後日以降に利益を得るために、明日努力することを約束する行為だ。その努力は明日、利益が得られるとしても、今日するのは嫌だと感じて、私たちが拒んでいる努力と同じだ。私たちは我慢強い……ただし、今すぐその我慢を求められるのでなければ！

この現在バイアスと、前章で取り上げた損失回避を組み合わせると、短期主義の行動のベース部分を理解することができる。損失は同程度の利益より大きく感じられることを思い出そう。さらに、未来と現在との間で何かがトレードオフ（訳注＊何かを得ると何かを失う）の関係になる場合は、現在のほうがより重視される。この二つのバイアスを考えれば、明日の利益を期待して今日の損失を選ぶというのは、実に魅力のない提案だ。短期目標を達成できないことは、長期的視点では理にかなっていても敗北と見なされる。それに伴う信頼と評判の失墜は、耐えがたいものだ。

また、短期主義は第5章で説明した惰性トラップ（難しい意思決定を先延ばしにしようとする傾向）の原因にもなる。うまくいかない事業への関与をやめるのは、難しい意思決定の一例だ。失敗した事業部門の売却や閉鎖、低調なプロジェクトの中止などを決めると、損失を計上することになる。この損失は、将来の利益（あるいは、より大きな損失を避けること）につながるはずだが、損失回避と現在バイアスによって、この意思決定は理不尽なまでに難しい。

このようにすべてがあまりにも人間的なので、美徳と悪徳、英雄と悪役という観点から、この問題を表現したくなる。メドトロニックの元CEOビル・ジョージは、CEOについて次のように記している。「優れたCEOとは、短期的利益を追えという外からの圧力に屈することなく、長期的利益を目指す勇気ある人だ」。

この「優れた」「勇気ある人」と、「圧力に屈する」ごく普通の人、という対比は実にわかりやすい。だが、この問題に取り組むには、道徳的判断を超えた見方が必要だ。短期主義は単なる資本主義の弊害やCEOの道徳的な欠陥という話では片づけられない。なぜなら、それは人間の本質だからだ。

30秒でわかる

時間軸トラップ

▼短期主義とは、株主の利益をほかの利害関係者の利益より優先させることだけではない。それは、将来の利益を犠牲にして目先の利益を選ぶこと**（経営者の近視眼）**でもある。

・投資家でさえ、短期主義を憂慮している（ブラックロックのＣＥＯ）。

・上場企業は非上場企業よりも短期の実績に焦点を当てがちだ。

▼しかし、株式市場の圧力だけでは、短期主義を十分に説明できない。**なぜなら、株価は長期的利益も反映するからだ**。

・企業の中には、業績予想の公表を廃止するなどして、株主構成を長期的な投資家主体にシフトさせようとしているところもある。

▼時間に対する優先度の不一致は、**現在バイアス**のせいだ。

・今日から明日までの時間は、今から1年後の今日から明日までよりも長く感じられる。私たちの割引率は、時とともに変わる。

▼**短期主義**は、現在バイアスと損失回避が結びついたものだ。

・多くの経営者は、短期の収益目標の未達(失敗と見なされる)を避けるために、長期的に価値を生み出す投資を怠る。

第8章

誰もがそうしている

集団思考トラップ

型破りな成功者よりも、
世間に流されて失敗した人のほうが評価される。

――ジョン・メイナード・ケインズ

1961年、就任まもないケネディ大統領は、CIAで訓練された亡命キューバ人1400人の大隊にキューバ侵攻を許可した。この反カストロ部隊はピッグス湾から上陸したが、数日のうちに全員が殺されるか捕虜にされた。米国史に残る屈辱的な失敗だった。のちに多くの歴史家は、この大失敗が不運のせいではないことを証明した。大統領に提案された計画は、矛盾だらけだった。特に、キューバ人は侵攻者を解放者として歓迎するという根拠のない前提に基づいていた。その世代で最も優秀で有能と見なされていたケネディと側近たちが、なぜこんなずさんな決断を下したのだろうか。あるいは、ケネディが自問したように「どうしてわれわれはこんなにも愚かだったのか」。

これまで見てきた最悪な意思決定のすべてに、同じ質問を投げかけることができる。なぜ誰も警告を発せず、暴走列車を止めようとしなかったのか。企業の取締役会は、なぜ異常に高額な買収を止めようとしなかったのか。あるいは、危険信号に気づかなかったのか。

　それを理解するには、認知科学から少し離れて、社会心理学の世界にも足を踏み入れてみる必要がある。リーダーは最終的な責任を負わなければならないが、組織ではひとりで決めているわけではない。本当に大きな失敗には、チームの力が作用している。

反対意見を無効にする

　ケネディ大統領の特別補佐官アーサー・M・シュレジンジャーは、回顧録で次のように述べている。「ピッグス湾事件後の数カ月間、私は閣議室での重要な議論の間、押し黙っていたことを激しく後悔した。（中略）気弱な質問をいくつかしただけだった。あのばかげた作戦に対して警鐘を鳴らせなかったのは、単に議論の雰囲気のせいだったと言わざるを得ない」（傍点はシュレジンジャーによる）。

　この明快な告白は、集団思考を見事に表している。集団思考という言葉を考案したのは社会学者のウィリアム・ホワイトで、それを普及させたのは、心理学者のアーヴィング・

L・ジャニスだ。ジャニスは、グループ・ダイナミクスの研究を土台として集団思考を研究した。シュレジンジャーはケネディ大統領に最も近い顧問の１人だった。彼は、下された決定が間違っていて、悲惨な結果をもたらす可能性があると考えていた。しかし、聡明なことで知られるこの人物は、「気弱な質問をいくつかする以上のことはできない」と感じた。そして、自らの疑念に蓋をして、グループとそのリーダーの意見に従った。

この現象を理解する鍵は、シュレジンジャーが「議論の環境」と呼ぶものにある。厳密に言えば、集団思考というものは存在しない。集団が考えるのではなく、思考するのはそのメンバーだ。しかも、集団は必ずしも一つの考えにまとまるわけではない。参加者の意見が衝突し、激しく論争し、時には個人的な対立にまで発展することはよくある。しかし、ピッグス湾作戦の意思決定では、集団が自らの考えを持ち、メンバー個人の考えを潰しているように見えた。この同質性はどこから来たのだろうか。いつ、そして、なぜ、メンバー個人は集団の中で支配的だと思える意見を採用するのか。

このテーマについて最初に研究したのは、心理学者ソロモン・E・アッシュだった。１９５０年代のことだ。彼は、少人数のグループに分けた被験者に簡単な作業をさせた。それは、紙に描かれた二本の線のどちらが長いかを声に出して答える、というものだ。それぞれの回で先に答える人々はサクラ（実験者の協力者）で、みな自信たっぷりに間違った答えを述べた。最後に答える人だけが、本物の被験者、つまり「モルモット」だった。選択は簡単だ。自分が見ている真実を述べるか、あるいは、明らかに不正解であるグループの意見に従うか。

この実験の結果には今でも驚かされる。他の人の答えが自分が見ている事実とは違うことを完全に認識していたにもかかわらず、被験者の約4分の3は、少なくとも一度、グループの意見に従った。集団思考の力は、グループのメンバーを集団の意見に従わせるのに十分だった。

この実験の被験者は、まったく知らない人とグループを組み、正しい答えが目の前にあり、思考も決断も必要としない問題に答えるだけだった。そんな状況でも集団思考に影響されるのなら、妥当と思える解決法がいくつもある複雑な問題について意見をまとめようとする時、グループの影響を受けやすくなるのは当然だろう。さらには、尊敬できる同僚や、普段から指示に従っている上司に囲まれていると、影響をより受けやすくなるのは、不思議なことではない。

これまでに取り上げた様々なバイアスと同様に、中には、私はこのようにだまされやすく暗示にかかりやすい被験者と違って、集団思考の影響を受けないはずだ、と反論する人もいるだろう。反論の根拠は、たくさん考えられる。アッシュの実験の被験者は、特に影響されやすい人だった。あるいは、単に集団の意見に従ったほうが簡単で、決まりの悪い思いをしなくてすむと考えてそうしたのかもしれない。また、その実験は現実的には何の代償も伴わないので、見知らぬ人の愚かなミスをあえて訂正する必要はないと考えたのだろう。ピッグス湾作戦の意思決定について言えば、政治的意図のある軍事顧問によって、ケネディ大統領と補佐官が大幅にミスリードされなければ、結果は変わったのではないか――。

もしもこれらの反対意見やその他の異論が、今あなたの心の中を駆け巡っていたら、あるいは、自分は集団思考に動かされたことはないと思うのなら、考え直すきっかけとなる話をこれからしよう。2014年、ザ・コカ・コーラ・カンパニーの取締役会でのことだ。同社の役員は、ストックオプションを軸とする新たな役員報酬計画を取締役会に提案し、承認を求めた。その計画は役員に対してかなり気前がよく、実際、あまりに気前がよすぎたので、1人のアクティビスト投資家（訳注＊会社の経営に積極的に提言する大株主）が、公の場で声高に反対を表明した。彼はこの計画が実行されると株数が大幅に増えて株式の希薄化が起きることを懸念し、株主の利益を強欲な経営者から守ることこそ公開企業の取締役会の役割だと訴えた。このアクティビスト投資家は、他の投資ファンドと組んで、この計画を拒否するよう取締役会に呼びかけた。

自分がその立場にいたら、アクティビスト投資家に同意すべきか否か。当然ながらコカ・コーラの経営陣は同意しない。だが、この問題を解決するのは取締役会の役割だ。偶然にも、同社の取締役会で最も著名な社外取締役は、かねてよりストックオプションを批判し「宝くじ」とさえ呼んでいた。彼は自ら分析したうえで、その役員報酬計画に反対を表明し、CNBCのインタビューでも自らの考えをはっきり述べた。こうした成り行きを考えれば誰でも、この取締役は反対票を投じると思うだろう。しかし、いざ投票となった時、彼は棄権を選んだ。後日、この棄権について聞かれると、いかにも彼らしく率直に答えた。ストックオプションに反対するのは「夕食会の席でげっぷをするようなものだ。そんなことを何度もしてはいけない。もし繰り返すようなら、ひとりだけ台所で食べるはめになるだろう」。

もうみなさんは、この謎の社外取締役が誰なのかおわかりだろう。ウォーレン・バフェットだ。人々が群れをなして知恵を授かろうとする「オマハの賢人」であり、歴史上最も偉大な投資家だ。取締役会で反対意見を述べることができる人は彼をおいてほかにいない。当時、彼はコカ・コーラの約9パーセントの株式を保有しており、彼の利害は役員ではなく株主たちと一致していた。しかし、バフェットは、提起された案が株主にとってマイナスであることを確信していたものの、取締役会の調和を乱すことを拒んだ。彼の次のコメントがすべてを物語っている。「私はコークが大好きだ。同社の役員たちも好きだし、取締役会も好きだ。だから、反対票を投じたくなかった。要するに、コカ・コーラの会議で反対票を投じるのは、米国人らしくないことなんだよ」。

もしあなたが、優れたコーポレート・ガバナンスとは、有能で意志の強い社外取締役を取締役会に置くことだと考えているのなら、この話には首をかしげたくなるだろう。しかし、バフェットの選択の背景には、賢明な戦略的思考があった。公然と非難しないことで、彼は役員たちとの強いつながりを維持し、のちにそれを慎重に利用して、株式と連動した報酬制度をより受け入れやすいものに調整させようと考えたのだ。この特別なケースでは、実際にそうなった。もっとも、これはまれなケースであり、バフェットはこう語る。「私が加わっている19の取締役会のいずれにおいても、（報酬プランの提案に）反対だと言った人を見たことがない」。もしそれが普通なら、株主が取締役会にそうした計画に対する効果的なコントロールを期待するのは間違いだ。

さらに言えば、調和が保たれていて対立がない状況でも、集団思考は私たちに影響する。これは、あるプライベート・エクイティ・ファンド（訳注＊未公開株式を対象にした投資ファンド）が、買収と売却を承認する投資委員会の意思決定プロセスを見直していた時に発見したことだ。このケースでは、投資委員会のメンバーの利害は完全に一致している。誰もがファンドに投資し、業績に連動した成功報酬を受け取っていた。だから、彼らは正しい意思決定をするように動機づけられている。しかも、委員会は安全を期して、投資の承認には12人の委員のうち10人の賛同を必要とする、という規則を採用した。つまり、ほぼ全会一致を求めたわけだ。

しかし、過去の投資を分析した委員会は、結果を見て驚いた。自分たちが時々、かなり楽観的になることに気づいたのだ。むしろ恐れていたのは、ほぼ全会一致の承認を求めるというルールによって慎重になりすぎ、魅力的な投資を逃してしまうことだった。かなり用心深いルールを採用したのに、なぜファンドは危険な投資に走ったのだろうか。

委員会の力学を考えれば、このパラドックスは簡単に理解できる。どのチームにとっても集団の勝利は重要だが、どのメンバーも自分がヒーローになりたいと考えている。このファンドの場合、ヒーローになるのは、投資を提案し、承認された委員だ。今日、同僚の提案について投票する人々は、明日には自分の投資案を出して承認を求めるかもしれない。同僚の提案に異議を唱えたら、自分が提案した時に報復されるのではないかと心配する。こうして委員会メンバーは、集団思考トラップにかかる。

それだけではない。この例で明らかになったのは、ほぼ全会一致という条件は、集団思考の影響を防げなかっただけでなく、むしろ悪化させたことだ。

そのわけを理解するために、提案に懐疑的な委員になったつもりで考えてみよう。あなたが厳しい質問の口火を切ったら、ほかの委員もそれに続くだろう（特に、あなたの質問が的を射ていた場合）。沈黙と、それが示す暗黙の同意を破ることで、あなたは自分の思いを率直に話す許可をほかの委員に与えることになった。自分の疑問を共有する人があと2人いれば、その提案を却下できる。その一方で、この提案をした同僚が、数週間かけて準備に取り組み、同僚に対する評価がこの提案の成否にかかっていることも知っている。そうであれば、あなたは批判的な議論を始めた人として記憶されたいだろうか。

このグループに限らず多くの同様のグループでも、ソロモン・アッシュの実験で被験者が線の長さについて自らの疑念を打ち消したように、提案に対する自らの疑念を否定したくなることがある。利害が完全に一致する経験豊かな人であっても、根拠のある批判をするより、グループの調和を保つことを選択する可能性が高い。

集団思考についての二つの見方

集団思考を説明するのに用いる語彙《ごい》は、しばしば道徳的判断を反映している。私たちは集団思考に屈する人を、自分の意見を表明する勇気がない者と見なしがちだ。

集団思考は、社会的圧力といくらか関係がある。人は報復を恐れて、多数意見に屈する。実際、投資委員会の例のように、誰かの提案に反対すると、自分が提案した際に報復として反対されることがある。しかし、より頻繁に起きるのは、目に見えにくい形での報復だ。もしあなたがグループの合意に反対したら、まず理解されず、次に迷惑がられ、最終的には排斥されるだろう。ウォーレン・バフェットの「ひとりだけ台所で食べるはめになる」という皮肉はそれを見事に表現している。報復がどんな形をとったとしても、報復を恐れる人は沈黙を守る。そして、あなたがその沈黙を、臆病で姑息な計算と見るか、（ウォーレン・バフェットのように）賢明な作戦を練るリアリストの特徴と見るかは別にして、根本的なメカニズムは、ある種の社会的圧力だ。

しかし、グループ内で自分の疑問を押し殺すのには、もっと立派な理由もある。私たちは多数意見に対して合理的に適応した結果、考えを変えることがある。多くのメンバーが同じ意見を持っている場合、そこには相応の理由があるはずなのでその見方は正しい、と考えるのは非常に論理的だ。この常識的な推論を数学的に証明したのが、フランスの数学者にして政治思想家のコンドルセだ。１７８５年に「陪審定理」を発表し、投票者がおのおの独立して意見を持ち、それぞれの意見が正しい確率が5割を超える場合、多数派が正しい確率は投票数に応じて増加することを示した。つまり、常識的な状況の中では、多数派の人数が多ければ多いほど、正しい可能性が高くなる。

あなたが経営陣の1人である場合、「同僚のそれぞれの意見が、間違っているより正しい可能性のほうが高い」と考えるのは理にかなっている（そうでなければ、別の会社に移ったほうがいい）。これは全体的な印象だけでなく、個別の疑問にも当てはまる。検討している問題に対して、「同僚は有能で豊かな知識と情報を持っている」とあなたが信じている場合、その人の意見を重視するのはとても賢明な選択だ。ピッグス湾侵攻作戦を検討した軍事会議においてシュレジンジャーが、作戦を承認した人々（と、それを提案した将軍たち）は自分の知らない情報や分析に通じている、と考えたとしても不思議はない。同様に、危険な投資を避けるために圧倒的多数の賛同を必要条件にしたプライベート・エクイティ・ファンドの投資委員会の場合、各委員は、投資を提案した委員がその業界の専門家で、投資対象に対して徹底的なデューデリジェンスを行ったことを知っている。その提案内容をその時初めて読んだゼネラリストの委員は、立案者の判断に従うのはとても理にかなっていると思うはずだ。

こうした状況で、1人の疑問より集団の熱意のほうが重視されるのは非常に合理的だ。*

あなたが少数意見をもって会議に臨んだが口をつぐむことを選んだのは、単に自分の見方が間違いだと気づいたせいかもしれない。多数派の意見を採用することは、必ずしも弱さの表れではなく、合理的な選択である場合もある。

この二つの動機のどちらが強力なのか。個人が多数派の意見を受け入れるのは、社会的圧力のせいなのか、それとも合理的な調整のためか。集団思考の力は、この二つのメカニズムが表裏一体になっている。疑いや質問を胸にしまっておくことを意識的に選ぶ人は少数かもしれない。多数派の意見を受け入れた人の大半は、本当に気が変わってしまったのである。集団のコンセンサスが明らかになり、それに応じて社会的圧力が高まるにつれて、少数意見を持つ人は多数派の主張に心の底から納得するようになる。最終的に、自分の疑いを打ち消したのではなく、それらを克服したわけだ。心変わりしたのは、その人が臆病だったからではなく、知的に誠実だったからだ。

情報カスケードと集団極性化

典型的な集団思考は、意見の相違を封じ込め、既存の意見へと収束させていく。しかし、場合によっては、集団思考はさらに先へ進み、多数派の意見を強化することもある。

これを理解するために、経営会議の一場面を思い浮かべてほしい。出席者がある問題について、自分の立場（投資プランに賛成するかどうかなど）を順番に説明している。そこでは参加者全員が、先に説明した「合理的な調整」をするだろう。最初に話す人が投資に賛成なら、二番目の人はそれを考慮に入れる。もし二番目の人が最初に話していたら、疑問点をいくつか述べていたかもしれない。だが、同僚が賛成するのを聞いて、自分も投資に賛成する気持ちが強くなった。この人がその計画を躊躇なく承認する可能性は少し高くなった。続いて三番目の人は、先の2人が投資に好意的な意見を述べるのを聞いて、やはり賛成する可能性が高くなった。その後も同様だ。完全に合理的な方法で、それぞれの出席者は先に述べられた意見を考慮して、自分の判断を調整していく。これが情報カスケードだ（訳注＊カスケードとは、数珠つなぎになったものを意味する）。

情報カスケードは二つの重要な結果をもたらす。会議の議長をした経験があれば、一つ目の結果はよく知っているはずだ。それは、発言する順番によって、議論の結果が変わることだ。情報カスケードでは、最初に発言した人が過大に重視される。この現象については第14章で取り上げ、質の高い議論をするための実践的方法を検討する。

二つ目の結果は見えにくい。それは、集団が完全に合理的に行動していても、多くのメ

＊他人の意見に照らして自分の意見をどこまで変えるべきかを、定量的に判断することができる。これについては第15章で説明する。

ンバーが単独で行動していたら避けられたはずのミスを、集団になると犯してしまう可能性があることだ。これを理解するために、単純化した投資判断の例に戻ろう。参加者は、先に発言した人の結論を考慮に入れる。最初に発言する人は、かなり有利だ。後続の発言者は、先の発言者が述べた賛成の理由を、自分の疑問より重要と判断するだろう。最終的にその提案は全会一致で承認される。

だが、「全会一致」というのは違うかもしれない。情報カスケードの悲劇は、個々の論理的な意思決定が、グループにとって悲惨な結果をもたらすことだ。カスケードの各段階でいくつかの情報が失われる。それぞれの発言者は、集団としての意見や方向性を変えたかもしれない懸念や疑問を表明しようとしない。また、グループの一部のメンバーだけが握っている機密情報は、共有されないか、部分的な共有にとどまるため、議論では重視されない。結果として、議論は共有された情報と見方だけに集中し、集団のコンセンサスを支持する結果になる。結局、グループが得る知識は、各メンバーが持つ知識の総計より少なくなってしまう。

情報カスケードによって、グループが多数派の意見を承認するだけでなく、より過激な意見になっていく状況は、容易に想像がつく。多くの研究によると、グループの討議は同時に二つの効果をもたらす。グループでの議論は、メンバーの平均的な意見より極端な結論に至りやすい。それと同時に、議論をしなかった場合よりも、メンバーは結論に自信を持つようになることだ。この二重の強化（結論の強化と、結論に対する自信の強化）は集団極性化と呼ばれる。

最近の研究では、取締役会の報酬委員会がCEOの報酬について検討する時、集団極性化が起きることが示唆されている。よくも悪くも、多くの企業はCEOの報酬を決める際にベンチマークを用いている。その目的は、同じ業界にあってほぼ同じ規模の企業のCEOの平均報酬額という基準を設定することだ。* 報酬委員会は、自社のCEOの報酬がこの基準より上か下かを判断する。集団極性化が起きているかどうかを調べるために、研究者らは、報酬委員会のメンバーの意思決定パターンを分析した。すると、何人かはCEOの報酬を平均より高く見積もりがちで、何人かは平均より少なく見積もる傾向があることがわかった。この傾向は、その後の取締役会での決定に影響しただろうか。もちろん影響した。しかも、取締役会での審議によって影響はさらに大きくなった。報酬委員会

＊　業界標準との比較によってCEOへの処遇を決める慣行には、議論の余地が大きい。集団極性化の影響を受けやすいだけでなく、たいていのCEOは業界標準よりは上と考えていて、多くの取締役会はそれに同意する。おそらく、この慣行がここ数十年、役員報酬が上昇を続けている重要な要因になっている。

のメンバーが過去に、基準よりも高い報酬を支払うことを決議していた場合、取締役会はさらに高い報酬をCEOに支払うことを決めた。逆に、基準以下の報酬を決議した経験がある場合、取締役会は低めの報酬額を設定した。委員会での審議ではメンバーのもともとの傾向が強化され、集団はより偏ってしまった。

集団極性化が起きやすいもう一つの現象は、第5章で述べた関与の泥沼化だ。一般に、関与をどんどん強めていくのは個人ではなく、チームか組織全体だ。関与の泥沼化は、グループの意思決定においてより多く見られ、より強力に働く。

集団思考と企業文化

当然、このような集団力学は、組織文化の同質性によって強化される。同質性が高いほど、同僚の判断を尊重する傾向が強くなる。また、多数派の意見に従わなければならないという社会的圧力も、強い価値観の共有によって大きくなる。このように同質性は、集団思考の両方のエンジンを強化する。多くの実証的研究によって、グループのメンバーが共通の組織文化に共感すると、湧いた疑念を胸にしまったり、極端な意見に偏ったり、行き止まりの道にとどまろうと固執したりする傾向があることが確認された。

集団のアイデンティティの強い働きは、組織内の個人の集団が、単独ではやらないはずの危険な意思決定をする時に見られる。しばしば「有害な文化」と呼ばれる問題だ。その一例は、米国最大の銀行の一つであるウェルズ・ファーゴで2016年から数年間続いた不正に端を発した経営危機だ。当時、行員は、できるだけ多くの金融商品と金融サービスを「抱き合わせ販売」して売り上げを増やすよう奨励されていた。しかし、販売は簡単ではない。それよりも、預金口座やクレジットカード、保険商品などを、顧客に無断で追加するほうがはるかに簡単だった。ウェルズ・ファーゴの行員は、にせの電子メールアドレスや暗証番号、住所などを駆使して、不正な口座を数百万口も開いた。一部の行員は顧客のサインの偽造までした。

銀行員でなくても、このような行為が許されないことは誰でも知っている。しかし、ウェルズ・ファーゴでは不正が広まり、350万のにせ口座が開設され、少なくとも5300人の行員が解雇された。2018年後半の時点で、同行は罰金や賠償金として30億ドルを支払い、その額はさらに数十億ドル増える見込みだ。この規模になると、問題となるのは数個の腐ったリンゴ（個人）ではなく、リンゴを保管する箱（組織文化）だ。実際、ウェルズ・ファーゴに関する報告では、「有害な営業文化」「激烈な文化」「文化上の問題」と表現する行員のコメントが多くある。

しかし、「文化」とはいったい何を意味するのだろうか。もちろん事の起こりは、銀行が行員に販売ノルマや売り上げに応じたインセンティブを用意したことだ。だが幸いなことに、販売目標を課せられた行員のすべてが法を犯したわけではなかった。「有害な文化」が浸透するには、動機だけでは不十分だ。問題が深刻化するのは、各行員が違反行為を身近で見かけるようになる場合だ。尊敬する同僚の多くが違反行為を始め、特に上司が始めた（もしくは見て見ぬふりをした）場合、異常が正常になる。集団思考は異常な行動を正常な行動に変え、「みんながやっているのに、なぜ自分がやってはいけないのか？」という筋違いの理屈が生まれる。つまり、規則を破ることがルールになるわけだ。

同じ企業文化に属する人が、周囲のよくない行動を見て、自らも集団思考に染まっていく。これは、企業が堕落していく負のスパイラルだ。集団思考が一つの企業だけではなく業界全体で発生した時、あるいは市場経済のプレーヤー全員が同じように考え始めた時、負のスパイラルは投機的バブルや金融危機を招く原因になる。

集団思考の害について、ここで述べた例は、リストのほんの一部にすぎないが、大規模なミスには社会的側面があることを、それらは示している。

また、これらの失敗のもう一つの重要な要素として、組織の目標とは乖離した個人的動機があることに、あなたは気づいているかもしれない。それを次章で取り上げる。

30秒でわかる

集団思考トラップ

▼**集団思考**のせいで、最もよくわかっている人でも、自らの疑念を胸にしまう。
・ケネディ大統領とピッグス湾侵攻作戦――「どうしてわれわれはこんなにも愚かだったのか」。
・ウォーレン・バフェット――社外取締役として反対票を投じるのは、「夕食会の席でげっぷをするようなものだ」。

▼集団思考は**個人にとっては合理的だ**。一つは社会的圧力のため、もう一つは、他人の意見を考慮に入れるのは理にかなっているからだ。

▼しかし、**集団にとっては**、各メンバーが持っている重要な情報が報告されなくなるので**有害だ**。

▼グループでの意思決定は、多数派の意見を強化することもある――**集団極性化現象**。

・極性化は、関与の泥沼化をさらに進める。

▼**文化の同質性**や**共有された文化**は、集団思考を悪化させる。

・これは、倫理的な負のスパイラルをもたらす。「みんながやっているのに、なぜ自分がやってはいけないのか?」。

第9章

私利私欲のためではない

それを人に理解させるのは難しい。なぜなら、
人の生活はそれを理解しないことで成り立っているからだ。
――アプトン・シンクレア（米国の小説家）

利《り》益《えき》相《そう》反《はん》トラップ

個人の利益が意思決定に影響するという考えは新しいものではない。誰かがミスを犯したことを聞いて、私たちの頭にまず浮かぶ疑問は個人的な利益のためかどうかだ。2008年の金融危機を引き起こした銀行の経営幹部たちは、報酬体系の影響を受けていたのではないか。リスクの大きい企業買収を実行したCEOは、自らの帝国を拡大してメディアの注目を集めたかったのではないか。困難な改革を先延ばしにする政治家は再選のことしか考えていないのではないか――。

これらの問いの答えは、明らかなように思える。アダム・スミスは、1776年に当時「ジョイント・ストック・カンパニー」と呼ばれていた株式会社の前身について、こう記

した。「こうした企業の経営者が（中略）管理しているのは、自分たちの資金ではなく他人の資金だ。したがって、彼らがその資金を、合名会社の経営者が自社の資金に向けるほどの細心の注意を払って管理するとは思えない」。

アダム・スミスの考えは、現在のエージェンシー理論（あるいは、プリンシパル・エージェント・モデル）と呼ばれる理論と共鳴する。このモデルは、CEOは株主のエージェント、社員は社長のエージェント、選挙で選ばれた議員はわれわれ国民のエージェントというように、「プリンシパル（委託者）」が権限を「エージェント（代理人）」に委任する状況を説明している。プリンシパルとエージェントの動機は完全には一致せず、また、両者が得る情報は同一ではないため、エージェントはプリンシパルにとって最善でない意思決定をする可能性があることを、エージェンシー理論は示唆している。

この洞察は、プリンシパルとエージェントがどのような契約を結ぶべきかについて、重要な発見をもたらした。また、「経営者の業績（と報酬）は、生み出した株主価値だけに基づいて評価されるべきだ」という考えを広めるのに役立った。

人間の行動を理解しようとする時、私たちはたいていエージェント理論の視点から見ている。「人間は利己的で欲深く、自らが所属する組織を犠牲にしても、あらゆる機会を利用して自分の利益を追求する」という見方を、私たちはしばしば当然のこととして受け入れる。マルクスの印象的な言葉を借りれば、人間は「利己的な打算という氷の海の中」で公益を溺れさせている。しかし、この広く受け入れられた説明は、パラドックスを抱えている。一般的には真実なのだが、これから見ていくように、かなり不十分な説明である。

天使はいない

多くの研究が、ビジネス界におけるプリンシパル・エージェント・モデルを裏づける証拠を提供してきた。経営者は天使ではない。企業リーダーとしての経営者の戦略的選択は、個人的利益とつながっている。たとえ株主価値を損なうことになっても、自分が率いる企業の規模を拡大することに、経済的にも感情的にも動機づけられている。この現象はしばしば帝国建設と呼ばれ、クエーカーがスナップルを買収した時のように、不当な高値での買収の原因になる。

同様の個人的利益とのつながりは、経営チームの内部にも見られる。通常、上級管理職は、企業全体の成果ではなく、自分が指揮する部やチームの成果に基づいて報酬を得ている。しかし、直接の経済的動機がない場合でも、マネジャーは自分の部やチームの利益拡大を図ろうとする。多くの企業でマネジャーに対してこの姿勢が期待され、奨励されている。なぜなら、それは自分が立てた予算に対する自信、会社への献身、究極的には信頼できるリーダーシップの表れと見なされているからだ。この種の社内政治は、組織の病理ではなく、どうしても生じる現実である。

これまで調べてきた意思決定の失敗の中で、特に損失回避が絡む場合には、個人的利益が重要な役割を果たしている。第6章では、経営陣がリスクを伴う投資を選ぶことがほとんどなく、合理的ではないレベルのリスク回避が行われていることを見てきた。この行動の説明の一つは、個人が回避しようとする損失は企業にとっての損失とは異なる、というものだ。企業が失うかもしれないお金は二次的なもので、経営者が最も恐れているのは、計画が失敗して自分の面子が潰れることだ。この失敗が、経営者の信用や威信やキャリアにどんな影響をもたらすのか。計画が失敗しても、企業は存続してほかのところで戦いを続けるが、経営者の名声には傷がつく。

最後に、プリンシパル・エージェント理論は、不正行為の説明にも役立つ。ウェルズ・ファーゴでは、行員に課された販売ノルマが、スキャンダルの重要な要素だった。また、ストックオプションのバックデート（日付操作）から反競争的な談合、エンジンの排出ガス試験における不正まで、他の大規模な不正行為では、常に個人の金銭的な動機が大きな役割を果たしている。

シニシズムの限界

これらの観察に驚く読者はほとんどいないだろう。経営者が自社の利益より自分の利益を優先しがちだという考えは、あまりにも明白だと思われ、一般的な経営慣行に影響している。たとえば、個人の金銭的な動機と企業の成功を一致させることは、効率的な組織をつくるための必須条件と考えられており、確かにその通りだ。

一方、あまり知られていないが、プリンシパル・エージェント・モデルを採用すると、他者の提案や意見に対する経営者の姿勢に影響が及ぶ。経営者はみな、他の経営幹部たちがある程度、利己的に振る舞うことを想定している。また、経営者は、目の前にいる人が何を求めているかを、常に自分に問うべきだと心得ている。しかも、自分は自分勝手な主張や自己宣伝にだまされない、という自信を持っている。大規模な組織で経験を積んだ経営者なら、そのような予防措置は当然のように身につけている。

こうしたシニシズム（訳注＊他者の言動を利己的な利益追求という視点で解釈しようとする態度）的な姿勢は、逆に安心感をもたらす。私たちは、ある人にとっての利益がどこにあるかがわかれば、その人の利己心は簡単に管理できると考えている。経営者はたいてい経営幹部の動機をよく理解している（少なくともそう思っている）ため、経営幹部による政治的な駆け引きも自分なら完全に見抜ける、と思い込んでいる。

しかし、このように経営者を「合理的で懐疑的なエージェント」と見なすことについては、いくつか強い異論がある。体感的にも、綿密な実証研究の結果においても、人が自分の利益のためだけに動くわけではないことが裏づけられている。人間は個人的な利益追求だけを動機として行動しているホモ・エコノミクス（行動経済学者リチャード・セイラーは「イーコン（訳注＊伝統的な経済学で想定する、常に合理的で最適な選択をする架空の人）」と呼ぶ）ではない。

ホモ・エコノミクスへの反証として有名なのは、「最後通牒ゲーム」の研究だ。この実験では、2人の被験者（提案者か被提案者の役割が無作為に与えられる）がお金を分け合う。提案者がある分け方を提案し、被提案者が受け入れると、提案通りにお金が配分される。しかし、被提案者が拒否した場合は、2人ともお金を受け取れない。

提案者が、個人的利益を最大化しようとするイーコンなら、自分の取り分を最大化しようとし、被提案者がイーコンなら、提案された取り分が少なくても、何もないよりはましなので、それでよしとするだろう。しかし、実際の結果は、それとは大違いだった。たいていの場合、提案者は比較的公平にお金を分けようとする。しかし、提案者がイーコンのように振る舞い、非常に不公平な分け方を提案すると、被提案者の多くは受け取りを拒否する。強欲な提案者を「罰する」ためなら、自分の利益がゼロになることをいとわないのだ。この実験は再現性が確認され、特に2人が分ける金額が被験者の3カ月分の収入に相当するような低所得の国々では、顕著な結果が出ている。

最後通牒ゲーム（や私たちの日々の観察）は、人間は必ずしも目先の損得だけで動くわけではない、という心強いメッセージを示している。公正さや、名誉を保ちたい気持ちなど、いくつもの考慮すべき事柄が行動に影響する。これらの要因は、二度と会うことのない見知らぬ人と参加するゲームよりも、組織という文脈においてのほうが、明らかに重要な意味を持つ。したがって、すべての経営者や経営幹部が、どんな状況でも常に自分の利益のために行動すると考えるのは、あまりにも単純すぎると言える。

限定された倫理性と自己奉仕バイアス

だからと言って、金銭的動機の影響を無視していいのだろうか。とんでもない。確かに金銭的動機はモチベーションの唯一の源というわけではないが、最近の研究では、予想外の影響力があることがわかった。金銭的動機がすべての行動を決めるわけではないが、私たちはその影響を受けずにはいられない。だが、それが意思決定に影響する方法は、私たちの想像とはかけ離れたものだ。私たちは、エージェントが個人的な利益を優先させるのに気づくと、たいていは、エージェントが動機に「反応」して、自分にとって何がベストな行動かを意識的に計算している、と考えがちだ。しかし、現在の多くの研究者は、これとはまったく異なる見方をする。それは、人は金銭的動機の影響に抵抗しようと必死に努力しても屈してしまう、というものだ。

これは、顧客の利益を自身の利益より優先させる義務があり、意図的にそれを実践できていると信じ切っている専門職の行動に見ることができる。立派な信念に反して、実際には、自分たちの利益が専門職の人々の意思決定に影響していることを示す証拠は多い。たとえば弁護士は、依頼人に最善のアドバイスをする義務を負う。だが、成功報酬で働く弁護士は、早く和解をするように勧める傾向があり、時間給の弁護士は裁判に持ち込む傾向が強い。同様に、医師はみな、自分は患者に最も適切な治療を勧めていると思っているが、手術数によって収入が決まる外科医は、内科的な治療より手術を推奨する傾向がある。会計監査人は、同じ決算書を見ても、それがクライアントのものかそうでないかによって、承認するかどうかに差が出る。もちろん、クライアントのものなら承認する可能性は高くなる。

企業幹部も、この種のバイアスの影響を受けずにはいられない。戦略的意思決定の会議に参加する時、部門のトップは、自分の部門が十分な資金を得る資格があると確信してそれに臨む。信じているふりをしているのではなく、実際にそう信じているのだ。金銭的動機があってもなくても、感情的な愛着（仲間、ブランド、職場など）もまた、意思決定に影響を与えることがある。

これらは、意図的かつ利己的に、自らの利益を最大化しようとするイーコンの行動とは違う。原則として、会計監査人がクライアントを喜ばせるために意図的に報告書を改ざんしたり、医師が意図的に患者をだますことはない。ほとんどの場合、監査人や医師は非常に誠実なのだが、そこに問題がある。このように「尊敬に値する人を、自覚のないまま非倫理的な行動に導く認知バイアス」を、マックス・ベイザーマンとドン・ムーアは、経済学用語の限定合理性になぞらえて、限定倫理性と名づけた。これはしばしば自己奉仕バイアスと呼ばれる。

この分析を、単純な誤解として却下するのは簡単だ。誠実に行動したが、その結果が個人の利益と偶然一致したという可能性はないだろうか。また、専門家たちが善意で動いていることは、どうやったらわかるのか。

その答えは、バイアスがどのように働くかを調べれば、見つけ出せる。まず、第1章で取り上げた確証バイアスから始めよう。自分が望むシナリオがどのように強化されるかは簡単に想像がつく。人は意識しないまま、自分の仮説に反するデータを批判的に捉え、裏づけてくれるデータを自動的に受け入れる。私たちはこのねじれに気づかないので、公平な方法で事実を調べていると信じ込んでしまう。

倫理的判断に影響するもう一つのバイアスは、作為（何かを行う）と不作為（何もしない）の違いに関するものだ。非難されるような行動を誰かに取らせることは、それによって自分たちが利益を得たとしても、自分が直接その行動を取った場合に比べれば罪が軽いように思える。ある研究は、人々に次のように尋ねることでこの違いを明らかにした。「製薬会社が独占的地位を利用して薬の価格を大幅に引き上げることをどう思うか？」。予想通り、人々は「それは許せない」と答えた。しかし、「この製薬会社は、その特許を売却したら、買い手側が買収価格を正当化するために、その薬をさらに値上げするとわかっていたのに、他社に売却した。それについて、どう思うか？」と尋ねると、「その行為は許容できる」と人々は答えた。

このメカニズムは、集団思考の事例で見てきたように、経営チームがそのリーダーに悪い意思決定をさせてしまう理由を理解するのに役立つ。メンバーはその決定を下したくないが、不作為によって加担することにはそれほど良心が痛まない。経営チームのメンバーが、戦略上の意見の相違を理由に辞任することがめったにないのは、これで説明がつく。

事実の解釈を自分の都合のいいようにゆがめる例は、いくらでも見つけることができる。意思決定が曖昧さを伴う時は（判断が難しい時はいつも）、自分にとって利益があり、なおかつ、意図的に事実をゆがめているわけではないことを、他者と自分に納得させられるやり方で意思決定を進めがちだ。ダン・アリエリーがこの行動を印象的な一文にまとめている。「私たちは、誠実な人間としての自己イメージをぎりぎり保てるところまで、ごまかそうとする」。

自己奉仕バイアスの「誠実さ」は、他の実験によっても証明されている。2010年、神経科学者たちは、被験者に現代絵画を評価してもらった（被験者たちは参加報酬を得た）。一部の絵は、企業のロゴの横に掛けられていた。この実験はその企業から資金提供されていて、被験者への報酬もそこから出ていると伝えた場合は、企業ロゴの横の絵に対する評価が高かった。被験者はその企業と何の関係もなく、企業は実験を支援しているだけで、被験者に報酬を直接支払っているわけではなかったが、被験者の判断にはバイアスがかかった。

この実験の興味深いところは、単に被験者に絵画を評価させただけでなく、被験者をfMRI（機能的磁気共鳴映像装置）にかけて評価させたことだ。企業ロゴの横に掛けられた絵が示されると、芸術などの美的感覚に関与する脳領域が実際に活性化しているのを確認できた。第2章で取り上げたハロー効果と同様に、スポンサー企業に対する好印象が絵画の評価に反映されたわけだ。被験者は、礼節をわきまえている（あるいは偽善的な）だけでなく、これらの絵画を実際に質が高いと思ったようだ。

診断ミス、治療ミス

人は誠実であっても、自分の利益になる意思決定をすること、そして、無意識の自己奉仕バイアスと意識的な私利私欲による打算とはまったく異なるものだと理解することが、なぜ重要なのだろうか。それには二つの理由がある。一つ目の理由は、自己奉仕バイアスを誤解すると、そのバイアスの影響を受けた人を誤解してしまうことにつながること。もう一つの理由は、自己奉仕バイアスを誤解すると、その影響を防ごうとして効果のない方法を選択してしまうことだ。

まず、利益相反の状態（訳注＊立場上追求すべき利益と個人的な利益が競合・相反する状態）にある人の行動について判断する時、その人の意思決定を意識的なものと捉えるかどうかで評価が大きく変わってくる。先に挙げた弁護士や医師、会計監査人は嘘をついていて、クライアントや患者を犠牲にして自分の利益を最大化するための決定を意識的に下していると捉えるのであれば、その人たちは非難に値すると思うはずだ。しかも、自分がそのように堕落する可能性については一瞬たりとも考えず、もし同じ立場にいたら誘惑には屈しないと確信する。

この推論の例として、最高裁判事の故アントニン・スカリアが挙げられる。スカリア判事は、時の副大統領ディック・チェイニーに関する裁判から自分を外すかどうかを決めなければならなかった。判事はチェイニーと親交が深く、3週間前にはチェイニーの所有地で一緒にカモ狩りを楽しんだほどだった。結局、スカリアは自分を外すことを拒み、その判断を正当化する21ページにおよぶ意見書を書いた。私たちの多くがそうであるように、スカリアは、自分が意思決定を行う際には、友情や私利私欲を切り離せると確信していた。よって、彼は次のように記している。「もし、最高裁判事がそんなにやすやすと買収されたとしたら、この国は私が想像していた以上に、深刻な状況に陥っている」。

人は、自分が利益相反の状態にあることに気づくと、しばしば同じ異議を唱える。「私はそんなに簡単には買収されない！」。多くの医師は、製薬会社の営業担当者がデスクに置いていく贈り物に心を動かされるような人間ではなく、そう思われることに憤慨している。多くの研究者は、自らの研究結果は、資金を提供してくれた企業の影響をまったく受けていないと思っている。ベイザーマンとムーアが言うように「専門職に就く人の多くは、利益相反が存在することは認めるだろう。（中略）しかし彼らは、自分はその影響を受けないと思い込んでいる」。

自己奉仕バイアスを理解すれば、それは間違いだとわかる。自分の利益を排除できない場合は、どんなに努力しても、その利益が判断を偏らせることから逃れられない。スカリア判事は結局、チェイニーに有利な投票をして多数派に加わった。訴訟がほかの誰かに関するものだったら、判事の結論は違うものになったかもしれない。断言はできないが、そう考える根拠は十分ある。当初、彼はこの裁判から降りようとしたが、それが意味するのは、やすやすと買収されることではなく、判断は変わるということだ。彼は意図的に罪を犯したのではなく、非自発的なミスの潜在的な犠牲者と言える。彼が最初に望んだのは、この状況から逃れることだった。

自己奉仕バイアスの力を過小評価することは、もう一つの結果をもたらす。それは、利益相反を防ぐための透明性の確保が、無益、または逆効果になることだ。様々な国で、多くの専門職に情報開示義務が課されている。たとえば、証券アナリストは、自分がカバーしている株式のポジションを明らかにしなければならない。医師は製薬業界とのつながりを、政治家は選挙活動への寄付者の一覧を、研究者は資金源リストを、それぞれ開示しなければならない。

しかし、こうした透明性の基準は、諸刃の剣だ。少数の悪意ある人が自己の利益のために嘘をつくのを防ぐ効果はあるかもしれないが、自分は根っから誠実で、私利私欲の誘惑に屈するはずがないと確信する人の行動を変えることはできない。

さらに悪いことに、情報開示は利益相反を減らすどころかむしろ悪化させるという研究結果もある。当の本人は、情報開示によって利益相反が明らかになることで「解放された」と感じ、客観性を維持することにあまり注意を払わなくなるようだ。

集団思考と同様に、自己奉仕バイアスは、道徳心の欠如や意図的な犯罪と誤解されやすい。しかし、自己奉仕バイアスが有害なのは、たいていの場合、それが無意識のうちに働くからだ。集団思考が、多数派に従うという臆病さによって引き起こされるわけではない(少なくとも、いつもではない)のと同様に、自己奉仕バイアスも、計算に裏打ちされた嘘や不正の試みではない(少なくとも、いつもそうではない)。したがって、自己奉仕バイアスが引き起こす問題を解決するには、そのバイアスに気づくだけでは不十分だ。

30秒でわかる

利益相反トラップ

▼「エージェント」は、プリンシパル（委託者）の利益を犠牲にして、**自己利益を満たそうとする**（プリンシパル・エージェント・モデル）。

・CEOは株主のエージェントで、選挙で選ばれた人は有権者のエージェントだが、エージェントは、プリンシパルにとって最善でない意思決定をする可能性がある。

▼社内の**政治工作**は非常に目立つため、利己的な人間の助言は簡単に排除できると思い込みやすい。

▼意識的で意図的だと思われるこれらの影響**以外**に、私たちはそうと**気づかないまま**、自己利益の影響を受ける。

・弁護士、医師、会計監査人は、報酬に影響される。

▼**自己奉仕バイアス**は限定された倫理性を生み出し、それは私たちの倫理的判断に影響する。

・「非倫理的な行動の大半は、それが非倫理的だという意図や自覚がない」（ベイザーマンとムーア）。

・「私たちは、誠実な人間としての自己イメージをぎりぎり保てるところまで、ごまかそうとする」（アリエリー）。

▼そのため、自分は利己心の影響を受けないと思っていても、**利益相反の状態を回避しなければならない。**

・スカリア判事は、自分は「そんなにやすやすと買収されるはずはない」と考えたが、それは間違いだった。

▼**情報開示義務**によって自己奉仕バイアスを消すことはできない。むしろ、悪化させる場合がある。

第 2 部

意思決定の方法を決める

第10章

あまりに人間らしい

認知バイアスは諸悪の根源か？

私たちは敵に出会った。その敵とは私たちだ。

――ウォルト・ケリー（米国のイラストレーター）

第1部では、ビジネスリーダーや組織が繰り返し陥る九つの「トラップ」を紹介し、こうした失敗に認知バイアスが関与していることを指摘した。結論はシンプルだが悩ましい。ビジネス上の重要な意思決定を含め、私たちが実際に意思決定をする方法は、学校で習った合理的で理想的な意思決定モデルとはかけ離れている、ということだ。

第2部では、これらのバイアスを考慮に入れた意思決定へのアプローチを紹介する。その前に、第1部で述べたバイアスを振り返り、覚えやすいようにいくつかに分類して整理しておこう。

バイアスの実用地図

バイアスの分類は、楽しい作業だ。専門家の手による分類は際限なく増える一方なので、それを整理したくなる。チップ&ダン・ハース兄弟は著書『決定力』(千葉敏生訳、早川書房)の中で、バイアスを「意思決定の四つの悪者」と呼ぶグループに分類した。シドニー・フィンケルシュタイン、ジョー・ホワイトヘッド、アンドリュー・キャンベルも、バイアスを四つのカテゴリーに分類した(ハース兄弟とは異なる)。カーネマンとトベルスキーは1974年に発表した画期的な論文で、12のバイアスについて述べている。ベイザーマンとムーアは、意思決定に関する権威ある教科書の中で、それとは異なる12のカテゴリーを挙げた。一方、バイアスの網羅性を重視する研究者もいる。スイスの作家ロルフ・ドベリは99のバイアスを挙げているが、その中には、あらゆる種類の「推論の誤り」が含まれている。ウィキペディアの認知バイアスの項目には、約200のバイアスを輪状に並べた図が掲載されている。見た目には美しいが、読むのは難しい。これは一例にすぎない*。

もちろん唯一の「正しい」分類法があるわけではない。どの分類も、それぞれの目的の範囲内では役に立つ。ここで私が挙げる分類は、三つの目的に沿って意図的に簡略化した

バイアスの五つのグループ

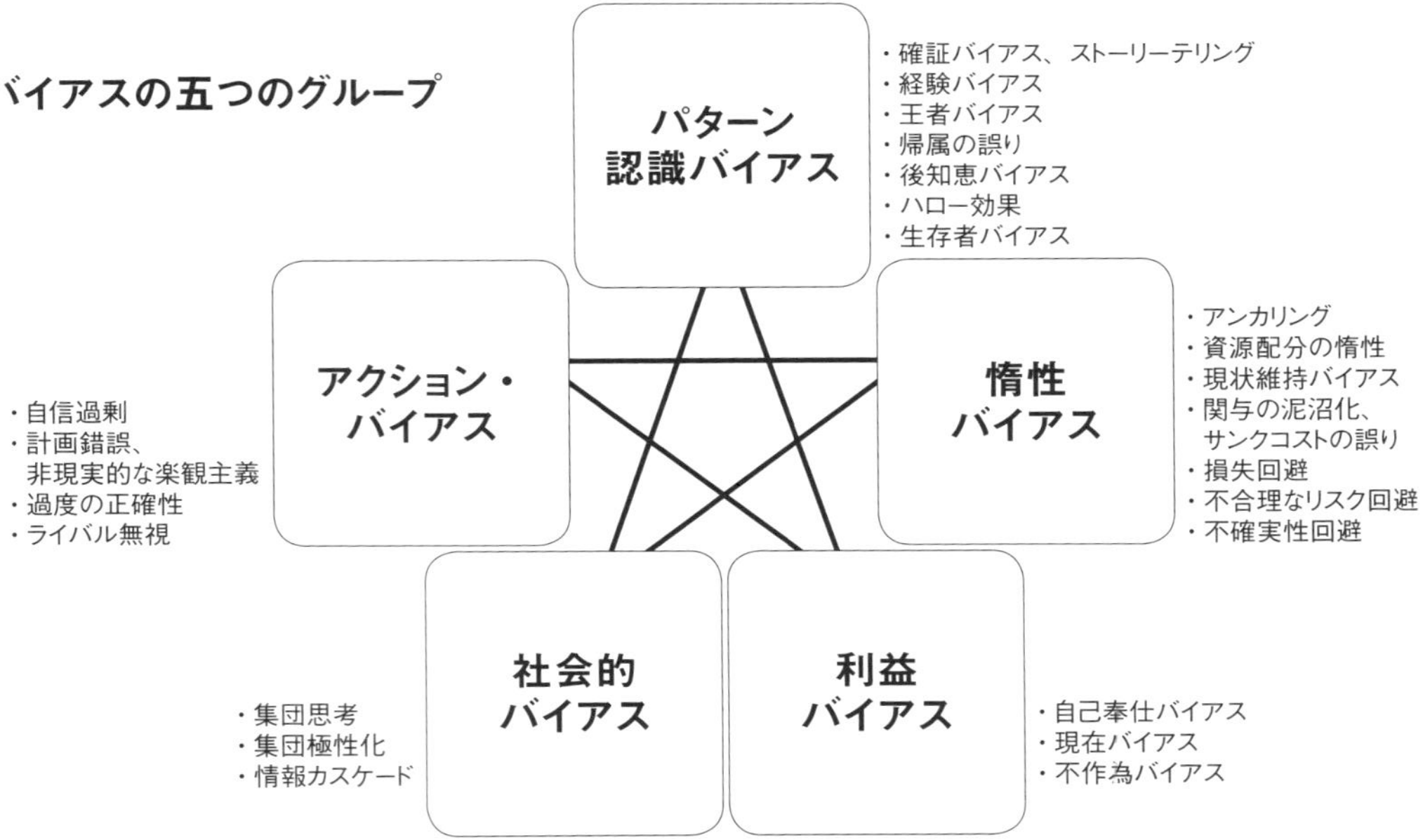
パターン認識バイアス
・確証バイアス、ストーリーテリング
・経験バイアス
・王者バイアス
・帰属の誤り
・後知恵バイアス
・ハロー効果
・生存者バイアス
惰性バイアス
・アンカリング
・資源配分の惰性
・現状維持バイアス
・関与の泥沼化、サンクコストの誤り
・損失回避
・不合理なリスク回避
・不確実性回避
利益バイアス
・自己奉仕バイアス
・現在バイアス
・不作為バイアス
社会的バイアス
・集団思考
・集団極性化
・情報カスケード
アクション・バイアス
・自信過剰
・計画錯誤、非現実的な楽観主義
・過度の正確性
・ライバル無視

ものだ。第一の目的は、覚えやすく、読者が実際のバイアスを認識する助けになること（非常に長いリストでは、それは不可能だ）。そのために、観察者にはほぼ見えない（または無関係な）心理学的要因によってではなく、それが及ぼす影響によってバイアスを五つのグループに分類した。第二の目的は、ビジネス上の意思決定、特に戦略上の意思決定に影響するバイアスに焦点を当てることで、経営や組織にあまり関係のないバイアスは省略した。第三の目的は、バイアス間の相互作用を可視化することで、これについては、のちほど詳述する。

図は、五つの分類を示したものだ。各バイアスの定義は、取り上げた章やページ数とともに、巻末の付録1に記載した。

図の一番上の「パターン認識バイアス」から始めよう。その中で最も重要なのは、確証バイアスで、ストーリーテリング、経験バイアス、帰属の誤りなどもここに含まれる。

これらのバイアスはいずれも、過去に経験したパターンを用いて、複雑な現実に対する理解を形成するという仕組みになっている。自分が思い描く仮説や物語の大筋、重要人物

＊ これらとは別に、バイアス自体ではなく、バイアスを利用して行動に影響を与える方法を分類したものもある。英国行動洞察チーム（通称ナッジ・ユニット）が開発したＭＩＮＤＳＰＡＣＥとＥＡＳＴが有名だ。

の性格など、私たちが認識しているつもりのパターンは様々だ。しかし、現実が実際よりも単純で一貫性があり、扱いやすいように見えるというパターン認識バイアスの影響は同じだ。

　パターン認識バイアスは、私たちの思い込みや仮説の源であるため、すべての推論の土台になっている。一例を挙げると、Ｐ＆Ｇがクロロックスに勝ち目のない攻撃を仕掛けた時、優位に働いたバイアスは、間違いなく自信過剰の一種だった。この計画を提案したＰ＆Ｇのマネジャーは、過去に成功した新規市場参入の事例との類似点を思い浮かべ、今回もそれでいこうと考えたと想像できる。パターン認識のレンズを通すと、漂白剤市場は過去の事例と十分似ているように見えたのだろう。しかし、その計画では最も重要な点、つまり、大規模で、市場を支配し、高度なスキルを持つクロロックスというライバルの存在が、すっぽり抜け落ちていた。こうした誤った類推《アナロジー》をしなければ、Ｐ＆Ｇはミスを避けられただろう。

　次の二つのグループは、アクション・バイアスと惰性バイアスだ。図の中央両側にあるこの二つは、相反する力として機能する。アクション・バイアスは、様々な形の自信過剰を含む。一般にこのバイアスは私たちに、するべきではない行動をさせ、取るべきでないリスクを取らせる。反対側の惰性バイアスは、行動すべき時に行動を躊躇させ、取るべきリスクを取らせない。惰性バイアスには、アンカリング、資源配分の惰性、現状維持バイアスなどが含まれる。

このように反対の作用があるにもかかわらず、時として、アクション・バイアスと惰性バイアスは一つの誤った行動の中に共存する。これについては第6章で「臆病な選択と大胆な予測」のパラドックスを用いて検討した。ほかにも例はある。致命的な脅威に対応しようとしなかったブロックバスターやポラロイドは、明らかに惰性バイアスに陥っていた。しかし、既存のコア事業にテコ入れする計画に経営陣が簡単に納得するなど、過度の楽観主義も見られた。さらに、パターン認識バイアスも、影響しているかもしれない。たとえば、ブロックバスターのCEOジョン・アンティオコは、ネットフリックスを見た途端に、それまでに楽々と打ち負かした（あるいは当然のごとく無視した）数多くの小規模な競合他社を頭に思い浮かべた可能性が高い。こうした例では、いくつものバイアスが複雑に作用するので、バイアスを克服するのはますます難しくなる。

図の一番下の二つのグループ、社会的バイアスと利益バイアスも、大きな失敗のすべてに関係している。「石油を探知する飛行機」の話にだまされたフランス国営企業の話を取り上げた時には、ストーリーテリングの力を強調した。しかし、意思決定者は、巨大な収益を生み出すかもしれない新技術に出会ったことに強く動機づけされ、さらに、導入が秘密裏に検討されたため、集団思考のリスクが高まったのは明らかだ。組織のリーダーが間違った情報を採用する時、それが自分たちの信じたい情報である可能性が高い。しかも、リーダーがそれらの誤った情報に基づいて行動するのは、グループのみんながそれらを信じたからであることが多い。

認知バイアスにつきものの三つの誤解

バイアスについて知ることは重要であり、それについて語るための共通言語を持つことは非常に価値がある。ダニエル・カーネマンは著書『ファスト&スロー』において、それを自らの主な教育目的の一つに挙げている。彼の目標は、「他人の意思決定や選択について議論する時に用いる語彙を豊かにすること」だ。しかし結論を急いではならない。少なくとも三つの一般的な誤解が、バイアスについての会話を誤った方向に導いてしまう。

第一の誤解は、あらゆることにバイアスを見ようとすることだ。認知バイアスを知ると、その影響をいろいろなところに見つけたくなる（おそらくそれは確証バイアスの影響だ！）。しかし、失敗のすべてがバイアスによって引き起こされるわけではない。意思決定者が無能、あるいは愚かだったために判断を誤ることもある。意思決定の失敗の多くは、性急さと不注意の産物だ。パターン認識とは無関係の推論の間違いや、自信過剰とはほぼ無関係のリスク計算のミスも起きる。同様に、不正行為を働く人間の意思決定と、自己奉仕バイアスの影響を受けた善意の意思決定とは、まったく異なる。無意識のうちに働くバイアスの存在は、意識的な不正行為の言い訳にはならない。要するに、バイアスの数は非常に多いが、間違う要因は、バイアスのほかにいくらでもある。

第二の誤解は、望ましくない結果を、後知恵でバイアスのせいにしてしまうことだ。間違った意思決定を、事後に自信過剰のせいにするのが、その典型例と言える。フィル・ローゼンツワイグが著書『Left Brain, Right Stuff』で雄弁に指摘しているように、人々が失敗について語る場合、リーダーの自信過剰や傲慢さのせいにすることが多い。しかし、その同じ人たちが、成功した意思決定に対して、リーダーに先見の明があったからだと称賛する。明らかにそうした分析は、リーダーの意思決定が引き起こした結果に大きな影響を受けている。しかも、意思決定の時点では、それがリスクの高いものであっても、私たちの評価はそれほど厳しくない。しかし、それが失敗に終わると、私たちは後知恵バイアスに陥りやすく、厳しい目で原因を探ろうとする。

では、自分がそのトラップに陥っているかどうかを確認するにはどうしたらいいか。J.C.ペニーのロン・ジョンソンや、クエーカーによるスナップル買収の事例を検討する時、みんなその結末を知っている。本書で紹介したこれらの事例の解釈は、後知恵バイアスの産物なのだろうか。P&Gについても、もし、漂白剤ヴィブラントの発売が大成功を収めていたら、同じ評価を下しただろうか。あるいは、同社の経営陣の大胆さと技量に拍手喝采しただろうか。また、破壊的変化に直面しながら動こうとしなかったポラロイドやブロックバスターの惰性に気づいたとしても、仮にこの2社の業績が今も好調だったらどう評価しただろうか。

この異議には、シンプルな答えがある。これらの話はただのエピソードではなく、典型的な例であるというものだ。第1部の九つのトラップで説明した事例は、例外的なものではなく(ただし、規模については例外的なものもある)、それらは頻繁に起こり、明らかにそうと認識できる症候群《シンドローム》の代表例だ。そのようなしばしば生じやすい状況の中で、リーダーたちは、予想通りに同じ失敗を犯す。

スナップルの例は、印象的な話であるだけではない。長年にわたる調査研究により、企業が他社を買収する際、相乗効果を過剰に期待して、高すぎる買収金を支払う傾向があることがわかった。また、ヴィブラントの失敗は、P&Gに限った話ではない。市場への新規参入時に、競合他社の反応を予測し損なうことは、まれではなく、よくあることだ。GMが赤字続きのサターン事業をいつまでも見捨てなかったのも例外ではない。GMが投じた金額と年月は桁違いだが、ほかにも何百という多国籍企業が、失敗した新規事業からの撤退を頑なに拒んでいる。

　過去の意思決定についてバイアスを探す時には、それが単独のエピソードなのか、それとも典型例なのかを見極める必要がある。たとえば、新製品が売上目標を達成できなかった理由をあなたが分析しているとしよう。新製品開発チームは、目標設定の際に自信過剰バイアスの影響を受けたのだろうか。それとも、この失敗はバイアスとは無縁のアクシデントだったのか。あるいは、新製品の発売にリスクはつきものであり、一定の割合で失敗するものだと結論づけるべきなのだろうか。

　これらの説明は、すべて筋が通っている。明らかなミスが判明していない限り、どれが正しいかわからない。自信過剰などのバイアスが新製品の売り上げに影響するかどうかを知るには、単独のストーリーではなく統計学的なアプローチが必要だ。新製品の発売事例をいくつも分析することによって、たとえば、目標設定時の予測がいつも同じように楽観的になっているかどうかがわかるだろう。しかし、そうしたデータがない場合は、特定の状況から一般論を引き出そうとしないほうがいい。

　第三の誤解は「唯一の」バイアスを探すことだ。心理学の実験では、ほかの要因をすべてコントロールすることで、原因になった唯一のバイアスを特定できる。しかし、現実には、失敗の原因がたった一つのバイアスであることはまれだ。唯一の「根本原因」を探したくなるが、第1部で取り上げたようなトラップに陥った時には、通常、複数のバイアスが相互に作用している。

たとえば、ロン・ジョンソンは、アップルストアを成功に導いた経験をJ.C.ペニーで再現しようとして失敗した（経験バイアス）。しかし、ほかのバイアスも働いたかもしれない。J.C.ペニーの取締役会、もっと広く言えば、ロン・ジョンソンの天賦の才能こそがアップルストアの成功の主要因と考えていた人は、帰属の誤りに陥った可能性がある。楽観バイアスも強力に働いた（ジョンソンが自己資金5000万ドルをJ.C.ペニーに投資したのは、自信過剰のサインだった）。ジョンソンは、若くて流行に敏感な新たな層を「新生jcp」の顧客にするまでにかかる時間を、明らかに過小評価していた。懐疑主義者を解雇し、アップルの元幹部を自分の周囲に置くことで、集団思考が強力になる環境も整えてしまった。さらに言えば、関与の泥沼化の一例でもある。失敗した結果が目の前にあり、それが継続しているのに、経営陣も取締役会も自分たちの急進的な改革戦略や、それを進めるスピードを見直そうとしなかった。

スナップル買収や、そのほかの法外な金額の企業買収例では、五つのグループに属するバイアスのいくつかが複合的に影響していると考えられる。クエーカーが、ゲータレードとスナップルを同一視したのはパターン認識バイアスのせいで、シナジー効果を過大に期待したのにはアクション・バイアスが働いた。また、クエーカーが非常に高い買収金額を支払ったことには、惰性バイアスが関与している。ありがちなことだが、買収交渉は最初の提示価格に「アンカリング」していたと考えられる。クエーカーの経営陣や取締役会のメンバーの中には、その金額に疑問を持ちながらも沈黙していた人がいたかもしれない。これは集団思考の一形態だ。そして、経営トップが自らの帝国を拡大しようとしている時や、経営陣に助言する投資銀行の幹部の報酬が企業買収の金額で決まる場合には、自己奉仕バイアスの存在を疑うべきだ。このように企業のM＆A（合併と買収）は、バイアスの地雷原なのだ！

結局のところ、すべての失敗が認知バイアスによって起きるわけではない。意思決定の失敗の原因がバイアスにあるように思えても、十分な証拠をつかめるまでは結論を出さないようにすべきだ。ただし、そうした証拠は、たった一つの事例からは通常、得られない。また、最も影響したバイアスだけでなく、すべてのバイアスを特定する必要がある。

バイアス探し

では、認知バイアスについて学び、誤認を避ける方法を知った今、それらをどのように実践に移したらよいだろうか。本書の序文で述べたように、他者のバイアスを利用するのは魅力的で、多くの場合、非常に役に立つ。行動マーケティングや行動ファイナンスや（動機は異なるが）「ナッジ」は、バイアスを上手に利用することを目的としている。しかし他人のバイアスを利用するのと、自分のバイアスにうまく対処して自らの意思決定を改善するのは、まったく別の話だ。本書の残りの部分では、それについて取り上げよう。

30秒でわかる

認知バイアスの分類

▼実践的に活用しやすくするため、五つのグループに**認知バイアスを分類した。**

・**パターン認識バイアス**（確証バイアスなど）は最初に考える仮説に影響する。

・**アクション・バイアス**（自信過剰など）は、するべきでないことを私たちにさせる。

・**惰性バイアス**（アンカリング、現状維持など）は、私たちの動きを止めて失敗させる。

・**社会的バイアス**は、組織のミスを導く。

・**利益バイアス**は、意思決定者の判断をゆがめる。

▼**すべてをバイアスのせいにすべきではない**。当事者の能力不足、不注意、不誠実などが失敗の誘因となることは珍しくない。

▼特に、望ましくない結果を知ってから、**後知恵でバイアスを「見つける」のは危険だ。**

・本書の失敗例は、繰り返し起きる戦略的ミスの代表として載せたものであり、単独のエピソードではない。

▼**バイアスは互いに増強し合う。**重大なミスの大半は、複数のバイアスの影響を受けている。

・ロン・ジョンソンの失敗や、高額すぎる企業買収では、五つのバイアス・グループのすべてが作用したと考えられる。

▼他者のバイアスを**利用する**ことと、自分のバイアスに対処することはまったく別の話だ。

第11章

戦闘に負け、戦争に勝つ

自らのバイアスを克服できるか？

あなたは、兄弟の目にあるおがくずは見えるのに、なぜ自分の目の中の丸太に気づかないのか？

——ルカによる福音書6章41節

意思決定者が陥るトラップを知り、その原因になるバイアスを理解した今、あなたはもうそれらを避けられると思っているかもしれない。事例からも大いに学ぶことができ、失敗《ミス》について知ったのだから、あとはそれを繰り返さないよう気をつければいい、もう大丈夫だ、と思っているのではないだろうか。

バイアスに関する本のある著者は、「訓練を積めば、自分のバイアスの影響を防御できる」と請け合う。また、ある著者は、「トラップについて知ることが、それを避ける秘訣だ。備えあれば憂いなし」と言う。別の著者は、「バイアスを示す危険信号を知ることが大切だ」と主張し、また別の著者は独自の「失敗しない方法」を紹介する。「起こり得る結果が重大な場合（ビジネスでも、個人的なことでも）、できるだけ合理的で理性的な選択をするように心がける。その方法は、飛行機のパイロットがするように、間違いやすいことを羅列したリストを取り出して、一つひとつチェックすることだ」。彼のリストには避けるべきミスが100個近くも並んでいるので、これを習慣にしたら、意思決定はかなり遅れるだろう。

だが実際には、バイアスはダイエットと同じで、なくそうと決心しただけではなくならない。なぜなら、バイアスを自力で修正しようとすると、三つの問題にぶつかるからだ。

自分のバイアスに気づくことができるか？

最初の問題は、聖書の一節にあるように、人のバイアス（おがくず）を見つけるのは簡単だが、自分のバイアス（丸太）は見えない、ということだ。つまり、自分のバイアスには、気づくことができないのだ。

これがバイアスと単純なミスとの重要な違いだ。誰でも、ミスがどういうものかを知っている。ミスを犯した時にはそれに気づき、再び同じミスをしないように行動できる。しかし、自分のバイアスに気づくことはほとんどない。それどころか、自分の仮説や推論には自信を持っていて、疑おうとしない。たとえば、確証バイアスに陥っていると、自分の仮説を否定するデータより、それを裏づけるデータを優先して探すようになっていることに気づかない。そして全力を挙げて、自分の見方を裏づける証拠を見つけようとする。このように、障害の存在に気づかなければ、それを乗り越えることはできない。

この問題を顕著に表しているのが、自信過剰（簡単に測定できるバイアス）だ。インタビューを受けた人の90パーセントが、「自分の安全運転スコアは上位50パーセント以内に入っている」と答えた実験を覚えているだろうか。もし機会があれば、運転免許を持っている10人以上の大人を集めて実験してみてほしい。先の質問に挙手で答えてもらうと、回答者が自分の運転能力を過大評価していることが、誰の目にも明らかになる。自分が上位50パーセント以内に入っていると考える人の数は、50パーセントをはるかに超えるからだ。困惑した笑い声が消えるのを待ってから、こう尋ねよう。「この数分間で、ご自分の運転能力についての見方が変わった人はいますか？　この結果を知って、自分は思っていたほど優良ドライバーではないと考えるようになりましたか？」。イエスと答える人はほとんどいないはずだ、誰もがおかしな状況に気づいているが、それを自分のこととして受け止めようとはしない。「ここにいる誰かが自分の運転能力を過大評価しているが、それは私ではない」と誰もが考えているのだ。

「統計学的に見ておかしい」というフィードバックがあっても、自分のバイアスをなくすことができないとしたら、もっと強力で、明確で、わかりやすいフィードバックを1人ひとりにしてみたらどうなるだろうか。ある研究では、交通違反歴が多く、自分の不注意が原因で事故を起こして入院したことのあるドライバーたちを調べた。優良な運転歴を持つグループと比較したところ、交通事故で入院歴のあるドライバーは優良ドライバーと同じくらい、自分の運転技術に大きな自信を持っていることがわかった。つまり、運転が下手なせいで事故を起こして入院したドライバー（一部は聞き取りの時点でまだ入院中だった）の多くが、自分の運転技術は平均レベルより上と思い込んでいたのだ。

これらの例が示すように、「自分のバイアスに注意せよ」という教えを覚えていても、現実には効果がない。私たちは、バイアスが存在することを理解していても、自分への影響は過小評価しがちだ。これはバイアスの盲点（バイアス・ブラインドスポット）と呼ばれる。カーネマンが指摘するように「人は、明白なものが見えない時があり、自分がそうなっていることに気づかない」。

バイアスの自覚が難しいことは、個人の意思決定からバイアスを取り除こうとする介入策がほとんど成功しない理由の説明にもなる。「つまらない映画の最中に映画館から出ようとしてあなたの足を踏む無礼な人間は、おそらく埋没費用《サンクコスト》・バイアスを認識できるようになった経済学者だ」という古いジョークがある。しかし、この経済学者が認識できるようになったのは、つまらない映画を最後まで我慢して見たという過去の失敗である可能性が高く、バイアスを認識したとは限らない。同じ経済学者が、違う状況でも自分にサンクコスト・バイアスがかかっていることに気づくという保証はない。つまり、平均より早く、取れそうにない博士号を断念したり、不幸な結婚に終止符を打ったりするとは限らないのだ。

この例は、バイアス克服に関する研究から得られた一般的な結論を反映している。それは、十分な訓練を積めば、特定の領域で、自分にかかるバイアスを認識して阻止できる、というものだ。ただし、ほぼ例外なく、この訓練は、ほかの領域では、効果を発揮しない。「バイアスを認識せよ」と促されない限り、自分が学んだ知識を応用する必要性に気づかないからだ。

このように、普通のミスと認知バイアスの間には根本的な違いがある。もし、カーネマンが、セネカの２０００年後に「人間は間違いを犯す」ことを再発見しただけなら、ノーベル経済学賞を受賞していないだろう（訳注＊セネカはローマ帝国の政治家、哲学者で、「間違いを犯すことは人間の本性」と述べたとされている）。

バイアスに対処する、でも、どのバイアスに?

前章では、バイアスへの対処が難しい二つ目の理由として、研究室での実験と違って、現実の生活では、バイアスはたった一つではないことを挙げた。通常、いくつかのバイアスが互いに増強し合い、時には打ち消し合って、ミスを導く。したがって、バイアスの一つに対処しても、最終的な意思決定の質が改善するとは限らない。

たとえば、あなたは「自信過剰になりやすい」と自覚していたとしよう。日々の生活でそうならないように、それを自分に言い聞かせる何か簡単な方法はないだろうか。自分にはもっと謙虚さが必要だということを教えてくれるいい方法があったら、きっと役に立つだろう。

実際にそれを試した人が何人かいる。広告マンのビル・バーンバックはその1人だ。1959年に彼が主導したフォルクスワーゲンの広告キャンペーン「Think Small(小さく考えよう)」は大成功を収めた。バーンバックはいつもジャケットのポケットに「たぶん彼は正しい(Maybe he's right)」と書かれたラミネートカードを入れていたそうだ。彼は認知バイアスの意味を知らなかったが、自分もほかの人と同じように間違っている可能性があることを肝に銘じていた。彼は広告業界で天才と呼ばれ、自分への反論を余裕で潰せる立場にあったので、自信過剰に陥る危険性を意識するようになった。

しかしそうだとしても、彼はあらゆる認知バイアスから逃れることができたのだろうか。同僚の意見をもっと聞き入れようとすると、ある種の集団思考に陥る危険性がある。同僚の意見を聞いて「たぶん彼は正しい」カードを出し、別の同僚の意見に対してそのカードを出さなかった時、王者バイアスに陥るおそれもある。興味深いことに、そのカードに書かれている謙虚になるべき相手は「彼」であり、女性からの反論は想定していなかったことを示唆している。

バーンバックは自らの自信過剰に気づき、時々は抑制することができたかもしれない。しかし、自分の意思決定に干渉するバイアスを特定できていたわけではなく、ましてやコントロールなどできなかった。おそらく、もっと正確に自分に警告するなら「たぶん私は間違っている（Maybe I'm wrong）」とすべきだろう。だが残念ながら、そのメッセージはあまり役に立たない。きっと誰でもこう思う。「たぶん私は間違っている。でも、どこが？」。

バイアスの是正にはどんなコストが伴うか

三つ目の問題はさらに重要だ。仮に自らのバイアスを抑制できて、完全に合理的で冷静な意思決定者になれたとしても、それは決してよいことではない。第3章で直観を取り上げた時に見たように、私たちのバイアスは、ヒューリスティクスの副産物だ。ヒューリスティクスとは、私たちが日々の意思決定の際に、強力で、迅速な方法として用いる「直観的近道」のことだ。たいていの場合、それはよい結果をもたらす。

パターン認識バイアスについて考えてみよう。私たちは、過去の経験と共通するパターンを認識した時、ヒューリスティクスによって意思決定する。過去の経験を生かし、類推に頼り、直観を育てることは必ずしも間違いではない。同様に、自信過剰や楽観主義をもたらすアクション・バイアスは、生産的なヒューリスティクスと表裏一体であり、通常、楽観的でいることは有利だ。社会的バイアスもまた、他人の判断はおおむね正しいという健全なヒューリスティクスの結果として生じる。私たちが自分の利益を守る時（自己奉仕バイアスのリスクがある）や、急な方向転換より安定を優先する時（惰性バイアスのリスクがある）についても、同じことが言える。

バイアスの悪い影響ばかり見ていると忘れがちになるが、ヒューリスティクスは人を迷わせることがある一方、必要不可欠な貢献もしてくれる。カーネマンとトベルスキーは1974年の画期的な論文『ヒューリスティクスとバイアス』の冒頭で、それを明言している。「ヒューリスティクスは通常非常に役に立つが、時々深刻な系統的エラー（訳注＊一定の傾向を持つ誤り）を引き起こす」（傍点は著者による）。通常、必要性の高い道具を、時々ミスを起こすという理由で捨ててしまうのは、愚かな選択だ。

個人のバイアス、組織の意思決定

要するに、自身のバイアスを把握するのは非常に難しく、どのバイアスを是正すべきかを事前に知るのは不可能だ。また、仮にバイアスのない意思決定を下せたとしても、それがメリットよりデメリットをもたらすおそれがある。バイアスは取り除こうとしても取り除けるものではない。バイアスと戦おうとする時、自助努力では太刀打ちできない。

先に述べた通り、脱バイアスには難しい問題がいくつも絡んでくるため、専門家の多くは非常に悲観的だ。かつてダニエル・カーネマンは、個人が脱バイアスを実現できる可能性について尋ねられて、次のように答えた。「それについては、まったく楽観していない。

多くの意思決定者は自分の直観を信じる。それは、自分には状況がはっきり見えていると思っているからだ」。不合理な意思決定に関するベストセラー書の著者ダン・アリエリーは、読者にバイアスを避ける「レシピ」を教えるのは無理だと明かし、次のように記した。「私は自分の意思決定のバイアスをある程度理解し、分析もできるようになったが、それでもバイアスを経験する。バイアスの影響が完全になくなることはない（優れた意思決定者になりたいと思う人は、この言葉を心に留めておくべきだ）」。さらに言うと、バイアスについての知識が十分あれば意思決定を改善できるのなら、カーネマンとトベルスキーの最初の論文から半世紀近くが過ぎた今、あらゆる意思決定が大きく改善されているはずだ。しかし、そうはなっていない。

だが、少し待ってほしい。もしもバイアスを克服する方法がなく、バイアスが必ずミスを引き起こすのなら、なぜ、そうしたミスはもっと頻繁に起きないのだろうか。論理的に考えれば、バイアスが常にではなく、時々ミスの原因になるのであれば、そこにはミスを減らす何らかの要因が働いているはずだ。それは何だろうか。

これから見ていくように、この問いの答えは、私たちをよりよい意思決定へと導いてくれる。なぜならそれは、これまであまり目を向けてこなかった個人と組織の本質的な違いに光を当て、二つの違いを分析することにつながるからだ。

これまで論じてきたバイアスは、大半が個人に関するものだった。自信過剰、損失回避、ハロー効果、自己奉仕バイアス、そのほかすべてが、個人の判断と意思決定に影響する。集団思考でさえ、影響するのは、経営チームのように小さな集団だけだ。しかし、私たちが分析してきた戦略のミスは、個人だけが引き起こしたものではない。過剰に高額での企業買収、プロジェクトの予算超過、赤字を垂れ流す子会社への投資拡大などはしばしば起きており、私たちはそれらに組織が犯すミスのパターンを見い出すことができる。

日常の会話でも、個人と組織のレベルを混同することがよくある。評論家はよく、組織のミスをリーダー個人のせいにする。しかし、そのような簡略化は危険だ。リーダー個人の特質や強み、弱みによって、組織の行動が決まるわけではない。誰もが知っているように、組織が賢明な選択をするかどうかを、リーダーのＩＱの平均値から予測できるわけではない。また、進取の気性と創造性に富む人々を採用しても、成功するイノベーションを市場に投入できるとは限らない。

したがって、企業や政府のミスを個人のバイアスのせいにする前に、よく考えてみる必要がある。個人が頻繁に他人と同じような判断ミス（系統的エラー）を犯すことはわかっているが、組織のミスを説明するには、個人の意思決定が組織の意思決定に変換されるメカニズムを調べなければならない。

逆に言えば、組織レベルでのミスを防ぐには、個人のバイアスを許容したり、増幅させたりせず、打ち消すために、組織レベルでの意思決定メカニズムを模索する必要がある。前述のように、バイアスの克服に関する多くの研究は、意思決定者のバイアスを取り除くのが非常に難しいことを明らかにした。しかし、意思決定者の思考方法ではなく、その人の環境を変えると、よい結果がもたらされることが多い。

つまり、個人のバイアスやそれを打ち消すことに執着するのは時間の無駄だ。組織の意思決定を改善するには、組織の意思決定方法を改善しなければならない。

同語反復《トートロジー》のようなこの言葉には深い意味がある。意思決定が、リーダーのものではなく組織全体のものだとしたら、リーダーはそれをひとりで決めてはならない。その意思決定のプロセスには、集団的な側面が必要だ。戦略的選択に直面した賢明なリーダーは、チームを信頼し、専門家や取締役会に相談し、アドバイザーと対話する。リーダーは、自分のバイアスからは逃れられないとわかっているので、ほかのメンバーがそのバイアスに気づき、自分がミスしないよう手助けしてくれることを確信している。最終的な意思決定はリーダーに委ねられていても、リーダーはそのプロセスをひとりでこなすわけではない。リーダーは、バイアスとの個人戦での敗北を認めることによって、間違った意思決定を避けるための集団戦で勝つチャンスを広げることができる。

しかし、複数の人の協力を得るのは不可欠だが、それだけでは不十分だ。もし、集団が常に正しい意思決定をするのであれば、本書の前半で述べた失敗は起きなかっただろう。チーム戦による意思決定は、大勝にも大敗にもなり得る。

ケネディvsケネディ

集団による意思決定の両極を示す歴史上の出来事がある。第8章では、ケネディ大統領のチームが、ピッグス湾侵攻に関して愚かな意思決定をしたことについて述べた。しかし、その18カ月後に起きたキューバ・ミサイル危機では、ケネディ大統領は非常に冷静に対処し、解決に導いた。この一件は現在でも、国際関係学や交渉学の授業で、チームワークの成功例としてしばしば取り上げられている。ピッグス湾侵攻とキューバ危機に対する意思決定が異なったのは、チーム構成が違ったからではなく（基本的には同じだった）、ケネディ大統領が別の手法を採用したからだ。

ピッグス湾の攻撃を受けたあと、キューバはソビエト連邦との関係を強化した。米国はソ連がキューバに核ミサイルを配備したのではないかと疑い、1962年10月14日にそれが事実であることを確認した。ミサイルは、米国の東海岸の全都市を核攻撃の射程内に収めていた。米国にとってそれは容認できない脅威だった。

ケネディ大統領は急いで14人で構成される委員会「エクスコム（国家安全保障会議執行委員会）」を発足させた。エクスコムは、危機を脱するための方法を検討したほか、ケネディ大統領が米国民や同盟国、ソ連の指導者ニキータ・フルシチョフと対話をする際にも、大統領の大きな助けとなった。

ピッグス湾の危機が始まった時、ケネディは軍部から、「何もしない」か「キューバに侵攻するか」の二者択一を迫られた。アドバイザーの多くは「侵攻」を支持した。しかし、キューバ・ミサイル危機では、ケネディは弟のロバートが提案した別のアプローチを採った。ロバートの回想録をもとに製作された映画『13デイズ』の中で、ロバートは次のように語る。「頭のいい奴らを集めて部屋に閉じ込め、尻をたたいて解決策を考えさせよう」。エクスコムは、「何もしない」と「侵攻」の間に、中間的な選択肢をいくつか見つけた。

エクスコムの委員はチームを編成して、これらの選択肢の評価に全力を注いだ。キューバ危機を研究する歴史家によると、ミサイルの発見直後、エクスコムは「強硬路線」に傾いていた。しかし、そこから徐々に離れ、国防長官ロバート・マクナマラが提案していた海上封鎖案を採用した。一部のメンバーが公然と反対したにもかかわらず、大統領は次第にこの案の価値を確信するようになった。

議論は白熱し、時には予想外の展開を見せた。空爆が有力な選択肢になったこともあったが、国務次官ジョージ・ボールは、20年前に米国が経験した真珠湾への奇襲攻撃を例に挙げて、それを阻止した。真珠湾攻撃にたとえたことで、同僚たちは、敵国や国際世論の視点から、空爆がどんな結果を招くかを否が応でも想像した。

強い影響力を持つロバート・ケネディを始めとするエクスコムの委員の多くは、途中で何度も見解を変えた。それは、（ソ連外交官との秘密裏の接触などで）新しい事実がわかったからというだけでなく、様々な選択肢の成功可能性や結果についての判断が洗練されていったからだった。大統領補佐官のうち2人は、検討中の計画の弱点を暴露する「知的な監視役」（「悪魔の代弁者」の別名）の任務を背負っていた。このように、それぞれの計画について白熱した議論を続けたことこそが、解決策を見い出すための鍵だった。

キューバ・ミサイル危機への対応は、チームワークの成功の典型と見なされている。このチームは、ピッグス湾侵攻を決めたチームとほぼ同じメンバーで構成されていたが、行動は根本的に異なっていた。このチームは、性急な決断を避けた。二者択一ではなく、様々な代替案を創出して検討するように自分たちを追い込んだ。それらの選択肢と可能な組み合わせについて、どんな意見や反論でも口に出すことを奨励し、メンバーが意見を変えることも認めた。さらに、それぞれの選択肢がもたらす反応や結果を評価するために、積極的に情報を探した。

つまり、エクスコムは、効果的な意思決定を下すための作業プロセスを採用していたのだ。ケネディ大統領は、単に優秀な人間を集めるだけでは不十分だとわかっていた。チームが正しい方法を選択し、正しいプロセスを踏むことが必要だ。

幸いなことに、企業経営者の意思決定のメニューに核攻撃は含まれていない。しかし、会議で戦略的意思決定を行う時が来たら、ケネディが1962年に自身に発したのと同じ質問をしてみると、非常に役立つはずだ。「どんなチームをつくるべきか?」「このチームの力を最大限に発揮させるには、どんなプロセスを構築するべきか?」。最初にチームとプロセスにフォーカスすることが、よりよい意思決定につながる。

次章で見ていくように、リスクが大きくて失敗が許されない場合には、まさにそれを実行するべきだ。

30秒でわかる

自分自身のバイアス克服が不可能な理由

▼バイアスを**自分の力で避けよう**としても、以下の理由により、たいていはうまくいかない。

▼バイアスは**通常のミスとは違う。存在に気づくだけでは**、バイアスを正すことは**できない**。

・集団の自信過剰を示すテストに参加したあとに自信過剰を改める人は、ほとんどいない。

・バイアスの盲点は、カーネマンが指摘するように、「人は、明白なものが見えない時があり、自分がそうなっていることに気づかない」ところにある。

▼どんな状況でも、バイアスは複数存在する。**対処すべきバイアス**の特定は簡

単なことではない。

▼バイアスと表裏一体の関係である**ヒューリスティクス**は、私たちにとって必要不可欠だ。

▼個人とは違い、**組織は意思決定のやり方を変えることで判断の質を改善できる。**

・「意思決定者を変える」のではなく、「その環境を変える」。

▼やり方を変えるには、**二つの条件**を満たす必要がある。他者のバイアスを是正するための**「協働」**と、グループを集団思考に陥らせないための**「プロセス」**だ。

・キューバ・ミサイル危機での優れた意思決定と、ピッグス湾侵攻作戦でのひどい意思決定との違いをもたらしたのは、意思決定のプロセスだった。

第12章

失敗が許されない時

協働とプロセス

失敗という選択肢はない。
——映画『アポロ13』での主席飛行管制官ジーン・クランツの台詞

ある雨の日の午後、あなたは初めて訪れた小さな町の滑りやすい通りを、ぼんやりと歩いている。仕事の打ち合わせが、直前になってキャンセルされてしまった。運が悪い。この町でフライトまでの時間を潰すしかない。雨足が強くなってきた。ブリーフケースを抱えて、ある建物のアーチ型の屋根の下で雨宿りしていると、その建物に人が次々と入っていく。そこは裁判所で、これから裁判が始まろうとしていた。ほかに用事もないので、裁判を傍聴することにした。同僚への土産話になるかもしれない。

傍聴席に座ると、裁判が始まった。被告は強盗の容疑者で、押し入ったのちに家の主人が抵抗したので銃で撃った。被害者は救急隊員の到着後、まもなく死亡した。暗い街での暗い話だ。しかし、少なくとも暇つぶしになり、激しくなってきた雨をやりすごすことができる。

裁判は意外な展開を見せた。テレビの犯罪ドラマでよく見る裁判とは違って、検察官はプロジェクターに近づき、ノートパソコンを開いて、スライドを映し始めた。パワーポイントを巧みに使って、事件当夜の出来事を時系列で説明し、被告が最後にその姿を目撃されてから殺人が起きるまでの間に、現場へ行く時間の余裕は十分あったとして、被告が主張するアリバイに異議を唱えた。検察官は落ちつき払った様子で証拠のスライドを1枚ずつ映し出す。犯罪現場の写真、凶器、鑑識班の鑑定結果、被告が残した指紋、殺人者の逃亡ルートを示したグーグルマップ……。ワンクリックごとに法廷の注意を引く。検察官は陳述を終えると、それまでのスライドをわかりやすく箇条書きにした1ページの要約を映し出す。そして最後に、「被告は有罪であり、20年以上の禁固刑に処すべきだ」と述べた。

傍聴席の後ろのほうに座るあなたは、今朝の不運をすっかり忘れて、この厳粛な瞬間に心を奪われている。特に、検察官のプレゼンテーションのやり方に感銘を受けた。「裁判でのやり取りは、思っていたよりはるかにプロの仕事だ!」。もちろん、このあと被告側弁護士が同じような手法を用いて、被告が無罪であることを立証するか、少なくとも、有罪にするには証拠が不十分と主張するだろうと思った。

しかし、そうはならない! 今になってあなたは、法廷に陪審員がいないことに気づく。

この事件は、たった1人の判事が担当している。それだけでも奇妙だが……判事は弁護側に発言権を与える代わりに検察官とやり取りを始め、いくつかの点に疑義を唱える。「3枚目のスライドに戻ってください。そこで挙げた証拠の一つは、検察側の主張と矛盾しませんか？」。検察官は指摘された点を説明する。「凶器は、弾道の専門家によって鑑定されていますか？」「はい、鑑定済みです」と検察官は確信を持って答える。さらにいくつか質問のやり取りがあったあとに、判事は検察官による説明に謝意を伝える。最後に、判事は、被告を有罪とし禁固刑20年を宣告した。

法廷と取締役会

夢から覚めた時、あなたは飛行機の座席に座っていた。機体はすでに雨雲の上にあり、初めて訪れた小さな町ははるか遠くだ。伸びをしながら、「おかしな夢だったな」と振返る。確かに、あのような奇妙な裁判はあり得ない。世界最悪の独裁者でさえ、政敵を強制収容所に送る時には、外見上は適正なプロセスを経たように取り繕うだろう。見せかけでも、公正な裁判という体裁をとれば、人を納得させることができる。テロリスト集団でさえ、人質を処刑する前には、形ばかりの恐ろしい裁判を開く。

では、私たちはなぜ、この夢に登場した法廷が、投資やリストラ計画、新製品の発売計画を検討する際の取締役会の光景とよく似ていることに、ショックを受けないのだろうか。経営陣に囲まれたCEOは判事として「陳述」を聞いている。CEOは最終的な意思決定を下さなければならない。プロジェクトを念入りに調べた役員は、プロジェクトに賛意を示し、擁護する。この「検察官」が証拠を列挙している間、ほかの役員は質問や意見を述べてもよいが、義務ではない。発言するのに、何らかの手続きやルールに従う必要はない。プレゼンテーションが終わると、CEOは同時に二つの役割を果たす。一つは、プレゼンの内容に異議を唱える被告側弁護士、もう一つは、最終的な意思決定を行う判事だ。

もちろん、経営上の意思決定と裁判とはまったく違うという反論もあるだろう。判決が出るまで時間がかかる裁判制度と異なり、経営上の意思決定は迅速でなければならない。また、意思決定と判決では、結果がもたらす影響も大きく違う。加えて、多くの場合、役員たちは有能で正しく動機づけられているので、その判断には信頼を置くことができる。

しかし、こうした違いがあっても、経営と裁判の意思決定の方法に、それほど大きな相違はない。法廷で裁かれる人が可能な限り厳正な判決を求める権利を持つのと同様に、企業の株主は、経営陣に質の高い意思決定を期待する。スピードについても、法廷でも企業でも案件によって緊急性の度合いは異なる（裁判が長期化しやすいのは、双方の主張を聞くのに時間がかかるからではない)。また、討議事項の重要性にも差はない。裁判では、大きな事件だけでなく小さな違法行為も、法に基づいてしっかりと審理が進められる。企業の意思決定の一部には、大事件の判決と同様に重大な結果をもたらすものもある。さらに、意思決定者の能力に対する信頼性にも大きな差があるわけではない(私たちが判事に裁判のルールの遵守を求めるのは、判事の知性や公正さを疑うからではない)。

企業の選択と司法判断のアプローチの違いを理解するには、それがどのようにして生まれたかを知っておく必要がある。歴史をさかのぼると、フランス国王ルイ9世(死後、カトリック教会から列聖され、聖ルイと呼ばれた)は、樫の木の下に座って、民に正義の裁きを下したそうだ。王の意思決定システムは、先の夢に出てきた裁判とよく似ている。もちろん、13世紀の原告側はパワーポイントを使わないが、意見を述べる機会があり、聡明な全知の王が、原告に質問したあと判決を下した。現代の司法制度がそれと異なるのは、中世の意思決定モデルの明らかな限界が、人々に受け入れられなくなったからだ。裁判官は、たとえ王や領主であったとしても、感情とバイアスの影響を受ける。当事者の誰かと個人的につながっている可能性や、虚偽の報告に心を動かされるおそれもある。個人の資質にかかわらず、裁判官も人間なので、様々な要因によって、不当な決定を下す可能性がある。こうしたリスクを完全になくすことはできないが、民主的な司法制度はそれを減らすために進化した。「適正手続の保障（デュー・プロセス・オブ・ロー）」と一般に呼ばれる手続き上の要件は、恣意性と人為的ミスを防ぐセーフガードとして機能している。

一方、企業の意思決定の進化は、特定のプロセス（利益相反を防ぐルールなど）は別として、司法制度と同じような形で進化してきたわけではない。市民は司法制度に厳しい監視の目を向けるが、企業の株主や経営幹部が、意思決定が正しく下されることを重視しているとは思えない。だからこそ、CEOは今でも、樫の木の下で聖ルイがやっていたのとほぼ同じ方法で意思決定をしている。

もちろん、経営者の能力や、高潔さを疑っているわけではない（聖ルイの審判についても、疑う人はいなかった）。また、リーダーの中には、バイアスを避けるのが上手な人もいる。パターン認識バイアスに惑わされない明晰さや、アクション・バイアスに陥るのを防ぐ謙虚さや注意深さを持ち合わせている人もいるだろう。さらに、組織の惰性バイアスを排除する勇気のあるリーダーや、集団思考に流されない十分な主体性を備えたリーダー、高潔で自己奉仕バイアスに影響されないリーダーもいるだろう。

しかし、私たちがビジネスリーダーに期待するこれらの美徳のリストは、かなり長い。もちろん、バイアスが存在するからといって、すべての意思決定者が常に間違うわけではない。しかし、逆に、すべてのリーダーがこれらの美徳を全部備え、すべての意思決定において、あらゆるバイアスを克服するとはとても思えない。法廷と同じく、取締役会でも、意思決定者が美徳を備えているだけでは不十分だ。意思決定は、ひとりではなく、他の人と協力して行わなければならない。そして様々な知恵が、個人の美徳からではなく、プロセスから生まれるようにしていく必要がある。協働とプロセスは、健全な意思決定を支える2本の柱だ。

失敗が許されない時

失敗が許されない多くの状況で、協働とプロセスが見られるのは、特筆すべきことだ。アポロ13号の宇宙飛行士のように「失敗が許されない」状況の時、もちろん、私たちは有能な人を頼りにするが、チームワークと綿密に設計された方法も欠かせない。

スペースシャトル・アトランティス号とディスカバリー号で通算3回のミッションを遂行したフランス人のベテラン宇宙飛行士ジャン＝フランソワ・クレルボワは、「失敗は許されない」という言葉の意味を理解している。宇宙飛行はハイリスクだ。「歴史的データに基づくと、200分の1から100分の1の確率で帰還できないことを宇宙飛行士はよくわかっている」。宇宙探索が始まって以来、米国の宇宙船に搭乗した宇宙飛行士14人と、ロシアの宇宙飛行士4人が命を落とした。

しかし、これらの事故が起きたのは、地球を周回している時ではない。1971年に3人のロシア人宇宙飛行士が犠牲になった事故は大気圏外（再突入前）で起きたが、それ以外はすべて離陸時か、大気圏再突入時に起きていて、事故原因は宇宙飛行士の行動とは無関係だ。

もちろん、それ以外のミッションがすべて平穏無事だったわけではない。アポロ13号の事故も含め、宇宙飛行士は深刻な危機に数え切れないほど直面し、乗り越えてきた。宇宙船に雷が落ちたり、モジュール分離に失敗したり、有毒ガスの漏れ、船内での火事、宇宙空間での衝突、エンジンの故障も起きた。信じられないほど過酷な環境で重大な事故に直面しながら、なぜ宇宙飛行士たちは無事だったのだろうか。

第一に、リスクを最小限にするよう機材が設計されている。クレルボワが述べた通り、「発生する可能性が高い、あるいは深刻な結果をもたらす障害を設計段階ですべて特定し、対処している」。第二に、宇宙飛行士は、最も困難で予測不能な状況の中で、正しい意思決定が下せるように訓練を受けている。「訓練時間の70パーセントは、現実にかなり近いフライト・シミュレーターでのトレーニングに費やされ、私たちは、想定されるあらゆる状況に対応できるように訓練している。たとえば、インストラクターは、複数の機器の故障を発生させ、その組み合わせは次第に複雑になっていった」。

しかし、なんと言っても宇宙飛行士は、厳密に標準化されたプロセスに忠実に従う。クレルボワが説明するように、「火災、空気漏れ、有毒物質への暴露などの緊急事態の種類ごとに、また、それほど深刻でない事故についても、必ず従わなくてはならないチェックリストがある。スペースシャトルでは、紙に印刷されたリストがあり、分厚い冊子になっていた。そこに即興の余地はない」。

宇宙飛行士は、数千人の候補から選ばれたエリートであり、極限の状況下での広範な訓練により、「宇宙船についての知識を完璧に習得し、未知の部分を排除する」とクレルボワは言う。しかし、事故が発生すると、宇宙飛行士は何よりも事前に決められたプロセスに頼る。自らの直観を過信しがちな私たちは、宇宙飛行士の謙虚さに学ぶべきだ。

これがプロセスの重要性だ。では、協働についてはどうか。クレルボワが述べるように、すべての宇宙飛行士が徹底的に訓練を受けるだけでなく、他のメンバーと疑問を共有し、互いを完全に信頼して話せるようにならなければならない。ミスや迷いがあれば、それを認める。映画『ライト・スタッフ』にあったような、ミスを恥じて隠そうとする「カウボーイ文化」は、とっくに過去のものになった。宇宙飛行士は、あらゆる疑問や事故を報告することを奨励され、実行すると感謝される。なぜなら、次の乗組員の訓練やチェックリストの改良につながるからだ。無事帰還した宇宙飛行士たちが健全な意思決定を下せたのは、即興ではなくプロセスのおかげであり、個人の才覚ではなく協働の賜物《たまもの》だ。

航空業界にも、「回避可能な」事故がある。その一つは、民間航空の歴史を変えた。1978年、ユナイテッド航空173便の乗組員は、オレゴン州ポートランド空港への着陸準備中に、着陸装置の異常を発見した。機長は空港の上空を旋回しながら原因を調査し、胴体着陸の手順などを検討した。30分後、飛行機は空港から数キロ離れた地点に墜落し、乗客8人と乗員2人が死亡した。

信じがたいことに、燃料切れによる墜落だった。機長は着陸装置のことで頭がいっぱいで、燃料計のチェックを怠った。コックピットの音声記録によると、副操縦士と航空機関士は燃料が切れそうだと何度か警告したが、機長はそれを無視した。また、機長への警告が控えめかつ不明瞭で、この状況で必要とされる緊急性のニュアンスが欠けていたことも、音声記録によって判明した。この種のヒューマンエラーに表れる典型的な特徴は、最上位の人間が指揮を執る時に起きるということだ。自分に遠慮して逆らえない乗組員に囲まれた機長は、自信満々で操縦桿《かん》を握り、破滅へと突き進んだ。

ユナイテッド航空173便の墜落は少なくとも、この問題への意識を高めた。この事故に触発されて、1970年代末にクルー・リソース・マネジメント（CRM、コックピット情報管理）が国家運輸安全委員会（NTSB）とNASAの主導で開発された。目的は、乗組員間のコミュニケーションを改善し、予期しない問題が発生した時に協力して対処するためのツールを提供することだった。では、CRMはどうやってヒューマンエラーによる事故の発生を減らすのだろうか。簡単に言えば、協働とプロセスに頼ることだ。その後、CRMの手法は、消防士や航空管制官、医療チームなど、様々なプロフェッショナル・サービスで採用された。

もっとも、CRMは民間航空会社が頼りにするプロセスの一つにすぎない。そのプロセスの最も基本的な要素はチェックリストだ。私たちがどれだけチェックリストに価値を置いているかを実感するため、離陸直前の飛行機内の様子を思い浮かべてほしい。あなたがくつろいで座っていると、コックピットからアナウンスが入る。「みなさま、こちらは機長です。ご搭乗ありがとうございます。本機の出発は定刻より遅れていますが、目的地には定刻に到着したいと考えております。そのため、離陸前のチェックリストによる確認は時間を無駄にするので省略します。私は本機を知り尽くしているので心配しないでくださ い。では、シートベルトをお締めください」。おそらくあなたは、心配しないではいられないだろう。

この思考実験は重要なポイントを教えてくれる。すなわち、優れた意思決定の恩恵を受けている時の私たちは、協働とプロセスとそれらの原則を具現化するツールの価値を認めているが、自分が意思決定者の立場になると、その価値を認めようとせず、規律を押しつけられるのを嫌う。

アトゥール・ガワンデは、注目すべき著書『アナタはなぜチェックリストを使わないのか？』（吉田竜訳、晋遊舎）の中で、この点を強調する。ガワンデは世界保健機関のために、安全な手術のためのチェックリストの開発を主導した。チェックリストは、航空機と同じように、手術室というハイリスクな環境下で、医療チームにプロセスと協働を課すのが目的だ。安全な手術のためのチェックリストは、患者の身元、手術が正しい手順で行われているかの確認、医療チーム全員の名前と役割をはっきりさせることなどを求めている。こうしたシンプルなチェックリストは絶大な効果を発揮し、その活用によって合併症は3分の1に、術後の死亡率は半分に減る。ガワンデが指摘するように、もし、ある薬がこれと同じ効果を出せたとしたら、たちまち大ヒットするだろう。

しかし、チェックリストの導入は簡単ではない。それを試して効果を確認したあとでも、外科医の約20パーセントは、チェックに時間をかけるだけの価値がないとして導入を拒む。ガワンデが説明するように、経験豊富な外科医は、標準化された手順のリストに頼る必要はない、と考えがちだ。そこでガワンデは、同じ外科医たちに別の質問をした。「もし、あなたが患者で、これから手術を受けるとしたら、執刀する医師にチェックリストを使ってもらいたいですか?」。すると、93パーセントの外科医が、それを望んだ。自分が患者の場合には、失敗は許さない（チェックリストを使って万全を期せ）ということだ。

意思決定における「総合的品質」

司法、宇宙飛行、民間航空、外科手術。これらの分野で、協働とプロセスによって意思決定が改善されることが明らかになっている。しかし、企業や大学や官庁などの「普通の組織」においてはどうだろうか。

幸いなことに、それらの組織でも、協働とプロセスの要素を利用している。最も普及しているのは、製造業における「総合的品質管理（TQM、トータル・クオリティ・マネジメント）」だ。TQMは、最終製品の品質を向上させながら、組織的に無駄を減らすことを目的としている。トヨタの「5回のなぜ」はその一つだ。「なぜ」を1回でなく5回問いかけることで、表面的な説明ではなく、問題の根本的な原因を追求できる。また、協働は、ほとんどの品質管理アプローチにおいて中核的な要素であり、作業者と管理者の積極的な関与によって問題を発見し、解決策を見つけることを目的とする。

他の例を考えてみよう。たとえば、問題を解決するために協働する作業チームを構築したり、そのチームに規定のプロセスを提供したりするのは、目新しいことではない。だが不思議なことに、組織が協働とプロセスを利用する度合いは、抱えている問題の重大性と反比例している。多くの組織は、戦略的な意思決定よりも日常的な意思決定のために、規定の方法を使おうとする。ほぼすべての企業に、オフィス用品を購入するための手続きがあるが、企業を買収、合併するための決まったプロセスを持つ企業はごくわずかだ！

言い換えれば、ほとんどの企業は、製品の品質を確保するための厳格なプロセスを持っているが、戦略的意思決定をする際に、同様の厳密な基準を用いる企業はほとんどない。何を製造していたとしても、どんな組織も意思決定の工場である。しかし、このバーチャルな工場は、現実の工場のような品質管理の基準を持ち合わせていない。

理屈から言えば、企業統治《コーポレート・ガバナンス》は、意思決定の品質を確保する役目を担っている。取締役会や監査委員会が、ある種の提案（高額な投資など）に対する承諾を求められるのは「プロセス」であり、取締役会は合議制なので、理論的には何らかの「協働」が行われる。しかし、取締役会のメンバーが協働し、効果的に運営され、ガバナンスがよくても、それだけでは不十分だ。工場のたとえに戻ると、ガバナンスとは品質管理であり、取締役会に提出された提案という「製品」が一定の基準を満たしているかどうかを調べることだ。しかし、品質管理でよい製品はつくれない。優れた製造プロセスがあって、よい製品が生まれる。同様に、効果的なガバナンスは、リーダーに意思決定のための優れた「製造プロセス」の確立を促すが、意思決定の質を向上させるのに、それだけでは十分ではない。

実際のところ、失敗が許されない状況では、ガバナンスを担う監督機関があれば質の高い意思決定が下せるというわけではない。判事が法の適正手続の原則を遵守するのは、そうしないと任を解かれるからではない。NASAの宇宙飛行士がチェックリストを使うのは、宇宙管制センターがヒューストンから監視していることとは関係ない。どちらの場合も、意思決定者は最善の決断を下そうと努めており、それには協働とプロセスの活用が最善の方法だと確信している。

ここから重要な問いが生まれる。戦略上の意思決定に関しても、私たちは協働とプロセスに大きな価値があると確信しているだろうか。ほかのアプローチよりも、よい結果を生むことをどうやったら確認できるのか。この問いについては次章で見ていこう。

30秒でわかる

協働とプロセス

▼私たちは司法において**「適正手続の保障」**は必須と考える。なぜなら、意思決定のミスを避けるには、判事が優秀なだけでは不十分だとわかっているからだ。しかし、**組織は通常、そのような基準を持たない**。市民が司法の正しさを気にかけるほどには、組織は自らの選択の正しさを気にかけていないのだろうか。

▼一般に組織は、**失敗が許されない**場合、協働とプロセスを実施する。

・宇宙飛行士は、直観に従うのではなく、決められた手順を適用するよう訓練されている。

・航空機のパイロットは、乗組員と決められた手順に頼るように指導されている。

・外科医が手術でチェックリストを用いると、合併症の発生率が下がる。
▼**下位のレベルでの意思決定**において。
・企業買収ではなく、オフィス用品購入のための正式な手続きがある。
▼しかし、**戦略的な意思決定**の際には、そうした手順はない。
・優れたガバナンスだけでは不十分だ。
・なぜ、私たちは「意思決定工場」に「総合的品質」を求めないのか。

第13章

よい判断とは、正しい方法で下された判断

「予言ダコ」のパウルは優れた意思決定者か？

勝敗は意のままになるわけではないが、
われわれにはそれができる。
センプロニウスよ、われわれにはその力がある。
――ジョセフ・アディソン、戯曲『カトー』より

2010年、南アフリカでFIFAワールドカップが開催されていた時、サッカーファンとスポーツ記者は、ドイツ・オーバーハウゼンの水族館で静かに暮らすマダコに注目していた。「パウル」という名のこのタコは、ドイツ代表チームの試合の勝敗を予想してすべて的中させ、並外れた予知能力を持っているとされた。

この予言の儀式は次の手順で行われた。試合前に水族館のスタッフは、パウルの水槽の両端にドイツと対戦国の旗がついた二つの箱を設置し、同量の餌を入れる。占いダコのパウルは、そのどちらかを選ぶ。この方法で、パウルは何度も未来の勝者を当てた（ドイツ

がオーストラリア、ガーナ、イングランド、アルゼンチンに勝つことを予言した）。誤解してはならないが、パウルはドイツ代表の熱烈なサポーターを喜ばせようとして、ドイツの勝利を予言したわけではない。その証拠に、ドイツがグループリーグでセルビアに負け、準決勝でスペインに負けることを、パウルは予言した。さらに、3位決定戦でドイツがウルグアイに勝つことも、おまけに、決勝戦でスペインがオランダに勝つことまで予言した。つまり、パウルは8試合すべての結果を正しく予言したわけだ。パウルは完璧な予言者として、世界中に知られるようになった。

ほとんどの専門家やコメンテーターの予測は、パウルには及ばなかった。もし、あなたがギャンブラーか、オンラインのブックメーカー（賭け屋）なら、この千里眼のタコに投資すべきだろうか。少なくとも、ロシアのオンライン賭博の起業家オレグ・ズラブスキーはそう考えた。彼は10万ユーロという法外な金額でパウルを買いたいと申し出た。パウルの所有者が断ると、彼は買い値を3倍にしたが、再び断られた。

幸運とスキル

ズラブスキーの目的は、自社の宣伝にあったのだろう。まともな神経の持ち主なら、タコに予知能力があると考えるはずがない。広い視野でパウルの偉業を捉えるため、予想的中が単なる偶然だった可能性を考えてみよう。8回続けて勝者を選ぶ確率は、8回続けてコインの裏（または表）を出し続ける確率と同じで、約0・4パーセントだ。可能性は低いが、不可能ではない*。ワールドカップの世界的人気を考えれば、何千もの動物が勝敗を予想する「訓練」を受けたと推測できる。オンラインでざっと検索しただけで、牛、ハムスター、亀、象までもがチャレンジしていたことがわかる。これは、生存者バイアスの単純なケースだ。もし、中国のニワトリやスロベニアのガチョウが、勝者を予測しようとして、負けたチームを8回続けて選んだとしても、私たちがそのニュースを聞くことはない。しかし、統計的に見れば、その結果は、パウルの快挙と同じくらい起こりにくいことだ。いずれにせよ、パウルが優れた「意思決定者」になれたのは、単なる偶然のおかげだ。

カジノは別として、意思決定を左右する要因は、偶然だけではない。スキルも重要だ。しかし正確なところ、スキルはどのくらい重要なのだろうか。それに関して最も広く研究されているのは、ファンドマネジャーの実績であり、それは毎年、測定・分析・比較されている。「過去の成績は、将来の結果を示すものではない」という注意書きがあるにもかかわらず、投資家がファンドを選ぶ際には、過去の成績を詳細に調べる。私たちは、効率的市場を信じるかどうかは別として、あるファンドマネジャーの実績が数年連続でベンチマーク（運用指標）を上回ったことを知れば、このファンドマネジャーは明らかに優れたスキルを持っている、と思うはずだ。さらに、その成功がかなり長期にわたって続いた場合、卓越して優秀なファンドマネジャーだと確信するだろう。

米資産運用会社レッグ・メイソンの旗艦ファンドを運用していたビル・ミラーは、2000年代初めに、まさにこうした名声を得た。ミラーは数年ではなく15年という長期にわたって、運用実績がS&P500指数を上回った。この印象的な連勝により、ミラーはマネー誌から「1990年代で最も偉大な資産運用者」と評され、モーニングスターの「過去10年を代表するファンドマネジャー」に何度も選出された。ライバルの投資銀行が出したレターには、敬意を込めて次のように書かれている。「この40年間、12年連続で市場に勝ったファンドはほかにない」（だから、15年連続が前代未聞なのは確かだ）。

このように社会が熱狂したのも当然だ。15連勝が偶然の産物である確率は、限りなく小さいように思える。少なくとも一見したところでは。しかし、よくよく考えてみると、タコのパウルの快挙を説明したのと同じ論理が、ミラーの成績にも当てはまる。「1人のマネジャー」（ミラー）が「かなりの長期間」（1991年から2005年まで）、ずっと市場に勝

＊引き分けを除外して計算し、三つのグループリーグ戦について少し単純化している。

ち続ける確率は、非常に低い。しかし、問うべきはそこではない。この結果が観察される期間の中では、何千人ものマネジャーが存在し、その人たちの何人かは、時期は違っても、15年にわたって市場を打ち負かす結果を出していた可能性がある。市場が完全に効率的で、マネジャーがやっているのは運任せの仕事にすぎないとしたら、私たちがこの結果を少なくとも「1回」、「1人」のマネジャーに観察する確率はどれくらいだろうか。物理学者レナード・ムロディナウが著書『たまたま——日常に潜む「偶然」を科学する』（田中三彦訳、ダイヤモンド社）で計算したところ、約75パーセントだ。それを知ると、ミラーへの称賛が大げさすぎることがよくわかる。

「そうかもしれないが、ビル・ミラーはそれを成し遂げ、ほかの人はできなかった！　ミラーが称賛に値しないと考えるのは、心が狭すぎるのでは？」とあなたは言うかもしれない。そう思うなら、もう一つ考慮すべき要素がある。実を言えば、ミラーの「連勝」が続いた15年間には、運用成績が「連続12カ月にわたって市場平均を下回った期間が30回以上」あった。しかし、その12カ月は年をまたいでいたため、1月から12月というカレンダー通りの1年で区切れば、運用成績は毎年、市場平均を超えていた。仮に2月から翌年1月まで、あるいは9月から翌年8月までで評価されていたら、彼の並外れた業績は消えていた。ミラー自身、正直にこう認めている。「あれはカレンダーによる偶然だ。（中略）私たちは幸運だった。100パーセント幸運のおかげとは言わないが、95パーセントは運だ」。少なくともそれを認めたことに関して、ミラーは称賛に値する。自分が評価されるのは、生存者バイアスの恩恵だと認める人は、めったにいないからだ。

予言ダコのパウルとビル・ミラーはとても重要な教訓を与えてくれる。意思決定者を評価する時、特にそれが企業幹部である場合、私たちは、その人の過去の業績をもとに評価しようとする。よい意思決定者はよい意思決定をする人であり、よい意思決定はよい結果を生む、と考えるのは自然な流れだ。だが、これは危険な仮定だ。なぜなら、結果のよし悪しで意思決定を評価しようとすると、偶然の影響を過小評価しがちだからだ。

それだけではない。偶然の影響が避けられないうえに、多くの意思決定にはある程度のリスクが伴う。意思決定のよし悪しをあとから評価する際には、そのリスクを考慮しなければならない。第6章で紹介したリスクの高い投資のことを思い出してほしい。ハイリスク、ハイリターンの賭けが、合理的な選択だったとしても損失は生じる。会社の資産をルーレットに賭けて偶然勝った経営者、あるいはもっと現実的な例として、自分の権限を越えて不正な取引をして結果的に利益をあげた銀行のトレーダーについて考えてみよう。どちらも、自社に負わせたリスクの大きさを考えると、結果的に利益が出たとしてもよい意思決定をしたとは言えない。

さらに複雑な問題がある。私たちが目にする結果は、意思決定だけがもたらしたものではない。正しい意思決定を下してもうまく実行されず失敗することや、逆に質の低い意思決定が巧みに実行されてよい結果を生むことがある。ビジネスでは、決断そのものよりも実行の質が重要だとよく言われる。言いすぎのようだが、それは核心を突いている（第1部で述べた戦略的意思決定について考えてみよう）。

要するに、意思決定が導いた結果は、最初の意思決定だけがもたらしたものではないということだ。それは、運・不運、リスクの取り方や実行のよし悪しの結果でもある。本書で述べる成功や失敗の極端な例を除けば、結果のよし悪しが最初の意思決定のよし悪しだけで決まると考えるのは危険だ。確率論の創始者の1人であるヤコブ・ベルヌーイは、1681年にずばりこう述べている。「人間の行動を、その結果から評価してはならない」。

もちろん問題は、私たちが人の行動や意思決定の価値を結果から判断していることにある――だが今後も、そうし続けるだろう。なぜなら、「重要なのは結果だ！」というのは、鉄板となっている経営原則の一つだからだ。これまで見てきたように、私たちは、後知恵バイアスによって、予期できない失敗であっても責任を意思決定者に負わせがちだ。逆に、帰属の誤りによって、その成功をもたらした大半の要因は時の運だったとしても、意思決定者の手柄と考える。確かに、多くの状況において、結果に焦点を合わせたほうがわかりやすく、責任の所在を明らかにしやすい。しかし、このわかりやすさの代償は高くつく。結果だけから意思決定者とその意思決定の質を評価する時、私たちは、30万ユーロを出してタコのパウルを予言者として「雇う」と申し出た、ロシアの起業家と同じミスを犯している。

これらの観察から、多くの疑問が生まれる。結果に基づかずにどうやって意思決定を評価すればよいのか。もっと具体的に言うと、協働とプロセスに頼ることが業績向上につながるとなぜ言えるのか。

結局のところ、それには多くの反証がある。リーダーの中には協力者がどう考えているかを気にとめない専制的な人や、直観に頼る思考形式が染みついていて、プロセスと聞いただけでじんましんが出そうになる人もいる。しかも、その人たちはしばしば成功する！ スティーブ・ジョブズに私たちが抱いているイメージは（正しいか間違っているかは別として）、「協働やプロセスには無頓着なカリスマ的リーダー」だが、彼が大成功を収めたのは確かだ。また、ソフトバンク創業者の孫正義は1999年に、アリババに2000万ドルの投資を決めた理由を次のように述べている。「彼（アリババの創業者、ジャック・マー）にビジネスプランはなかった。（中略）しかし、彼の目の力はとても強かった。強い目、強く輝く目。（中略）私には彼のカリスマが見えた」。孫は、誰かとの協働で意思決定したわけでも、プロセスを重視したわけでもない。だが、これは、かつて誰も成し遂げたことがない最も成功した投資だったことがのちに判明した。20年後、ソフトバンクが保有するアリババ株の評価額は、約1300億ドルになった。

逆に、同じ人が失敗を犯すこともある。スティーブ・ジョブズの壮大な失敗は、彼の伝説の一部になっている。孫正義も、アリババへの投資よりはるかに問題のある投資の決断を下す際に、同じような直観的アプローチに頼った。犬の散歩代行サービス、ワグへの3億ドルの投資もその一つだ。さらに大きな失敗は、WeWork（ウィワーク）の親会社への100億ドルの投資で、その共同創業者アダム・ニューマンは、やはり強く輝く目の持ち主だった（孫は彼をジャック・マーに匹敵するとした）。しかし、ニューマンは奇行を繰り返し、会計処理もずさんだったため、同社の新規株式公開は取りやめになり、ニューマンは辞職に追い込まれた。ソフトバンクはウィワークの倒産を食い止めるために、80億ドルを追加投資しなくてはならなかった。

このような印象的な（そして矛盾する）話は、ビジネスパーソンの飲み会での格好の話題になる。「直観がいつも当たるとは限らない。でも、時々うまくいく……」。問題の本質は、この不確実な世界では、成功を保証するアプローチはないということだ。しかし、私たちが取り組むべき問いは、もっと込み入った部分に関するものだ。それは、ある意思決定のアプローチと別のアプローチに違いがあるとすれば、それは何か。もっとはっきり言うと、「協働とプロセス」というアプローチは、意思決定の質にどんな影響を及ぼすのか。

1000件超の投資判断事例からわかったこと

単独の事例を検討するだけでは、この問いに答えることはできない。直観による意思決定が大成功を収めることもあれば、みじめな失敗に終わることもあるように、協働とプロセスについても、成否の逸話がそれぞれ数多くある。特に、リスクの有無、実行のよし悪し、運が、結果に大きく影響する場合、単独の事例から結論を導くことはできない。

しかし、この問題を統計的アプローチを用いて考えることはできる。その場合、数多くのサンプルについて検討し、協働とプロセスを用いたものと、そうでないものを比較しなければならない。当然、これらの意思決定の結果も偶然の要素の影響を受けるが、偶然がどちらか一方に有利に働くわけではない。つまり、多くのサンプルを検討することで、偶然の要素が相殺されて、意思決定の方法の違いが結果に与える影響（もし、それがあれば）を可視化できるはずだ。

この考えに基づいて行われた、あらゆる産業における1048件の意思決定を対象にした2010年の研究がある。意思決定はすべて投資に関するもので（投資リターンは、成功の度合いがはっきりわかる）、戦略的投資（M＆A、新製品の発売など）が大半だった。協働とプロセスが意思決定の質に与える影響を測るため、意思決定者に対して、その人が下した判断の一つひとつについて、どのように意思決定をしたのか質問した。

質問の半分は、使用した分析ツールに関するものだった。たとえば、「詳細な財務モデルを構築しましたか？」「このモデルの主要パラメータの感度分析をしましたか？」など。要は、意思決定者がしっかり調べたかどうか、「What（何）」によって投資を決めたのかを尋ねた。

質問の残り半分は、「How（どのように）」に関するもので、どのような協働とプロセスによって意思決定したかを尋ねた。「意思決定チームのメンバーは、地位だけでなくスキルに基づいて選ばれましたか？」「意思決定に伴うリスクについて率直に議論しましたか？」「意思決定会議には、投資に反対する人も参加させましたか？」。

結果は次の通りだ。「What」の要素（分析の質）は、その投資リターンのわずか8パーセントにしか影響しなかったが、「How」の要素（協働とプロセスの質）は53パーセントに影響した。残りの39パーセントは、意思決定者にはほぼコントロールできない、部門や企業に関連する変数によるものだった。

これは非常に驚くべき結果であり、大事なポイントだ。コントロールできない要素を除外して計算し直すと、「協働とプロセスの質」は「分析の質」の6倍も投資リターンに影響する。つまり、意思決定に関して、「How」は「What」より6倍も重要なのだ。

分析を減らし、議論を増やす

これらの結果がどれくらい直観に反しているかを理解するために、あなたが最近した（あるいはこれからする）投資判断について考えてみよう。もし、あなたの会社の手法が一般的な大企業と同じなら、売上予測、コスト予想、キャッシュフロー予測、期待される投資収益率（ROI）や回収期間など、様々な計算をしているはずだ。専門家チームは、標準化された方法を用いて、これらの分析を行い、精査する。それをもとに財務部門が議論を重ねる。「投資の評価に用いるハードル・レート（最低限必要な収益率）を変えるべきか？」「楽観的ケースと悲観的ケースで複数のシナリオを検討すべきか？」。こうした問いに答えるための調査を念入りにすれば、膨大な時間がかかる。

さて、あなたは、これらの分析や仮説についての議論に、どのくらいの時間を費やしているだろうか。また、この議論をする際の「協働とプロセス」について考えたことはあるだろうか。たとえば、その議論はどの会議で行うべきか、誰を参加させるか、その会議はプロジェクト開発のどの段階で開けばよいか……。多くの組織において、こうした質問がされることはない。代わりに、意思決定者や意思決定委員会が定例会を開き、議題の一つとしてその投資を検討する。会議には、その計画を支持する一連の分析結果が提出される。その分析は、慎重な手続きに従って実施されたとして受理され、(場合によっては、投資提案者によるプレゼンのあとで)、それらの分析を検討し、投資の可否を決める。

このように、私たちはほとんどの労力を情報の分析である「What」に費やしている。「How」が重要であるにもかかわらず、そこに時間と労力を注ぐことはほとんどない。何かを決める際には、プロジェクトの合理的、定量的、客観的側面にフォーカスしてしまうため、協働とプロセスの重要性に気づかない。

この影響の大きさを理解するには、「How」がどのように違いを生み出すかに注目するといい。「1048件の意思決定に関する研究」において、投資の成功と最も密接につながっていた行動は、協働とプロセスを取り入れて、投資決定にありがちなバイアスを回避することだった。特に、次の四つの質問の答えによって、最高の意思決定と最悪の意思決定が二分された。

最初の問いは、「その投資計画に付随するリスクと不確実性について、率直に議論したか?」。この議論を行えば、自信過剰を避けられるはずだが、多くの場合、そのような議論は行われない。なぜなら、その投資に前向きなムードが高まっている時に、水を差したり、失敗を予言したりしたくないからだ。

二つ目の問いは、「投資計画を検討する会議において、経営幹部の意見と相反する視点が含まれているか?」。これを聞くことで集団思考を避けられる。会議の参加者が、意識的かどうかにかかわらず、上司の意見に合わせる傾向があれば、率直な反対意見が出てくる可能性は低い。

三つ目の問いは、「投資の成功を裏づけるデータだけでなく、反するデータをあえて探したか?」。前述のように、これは、提案への同意に自然に導く確証バイアスを避けるための直接的な方策だ。

最後の問いは、「承認基準は事前に定められていて、議論に参加する全員にとって透明性の高いものだったか?」。この問いは、意思決定グループをストーリーテリング・バイアスから守るのに役立つ。これまで見てきたように、有利なデータだけを選んで都合のよいストーリーを組み立てれば、どんな決定も簡単に正当化できる。決められた明確な基準がなければ、意思決定者の推論とデータの選択は、その人が出したいと思っている結論によって決まる。その投資が本当は財務面での基準を満たしていなくても、「戦略的な理由から実行すべきだ……」とか、あるいは逆に、投資基準を満たしていても、意思決定者が気に入らない場合は、「提案書ではよさそうに書いているが、うまくいくとは思えない。なぜなら……」といった具合だ。

本書の第3部では、投資委員会などでの議論を活性化させるためのテクニックを紹介するが、この投資決定の研究から得た重要な教訓はシンプルだ。もし、大きな意思決定を行う前に1時間の猶予があれば、それを分析や追加情報の検索、財務モデルの再度の分析などに費やしてはならない。代わりにその1時間を、質の高い議論に使うべきだ。分析を減らし、議論を増やそう！

プロセスvs情報

「1048件の意思決定に関する研究」の結果を知ると、分析が与える影響が小さすぎるように思えるが、それはなぜだろうか。議論するだけで、質の高い意思決定ができるのだろうか。ビールを2、3杯やりながら打ち解けて話し合えば、大量の数字の計算をしなくて済むのだろうか。もちろん、そうではない。現実はもっと複雑だ。

実のところ、私たちの大半は、提案された投資について優れた財務分析を行うことができる。ほとんどの人（企業）は、同じような数式とソフトウェアを使って、同じ手順で同じような分析をする。そのため現在では、財務分析は、意思決定の質を決める要因ではなく、意思決定前に必ず実行する前提条件になっている。

確かに、分析の土台になっている情報とデータの質が、大きな違いを生むことも時々ある。しかし、投資の意思決定の場合、それはめったにない。投資を考えている人なら誰でも、その財務モデルを支えるデータ（売上目標、コスト予測、事業計画など）を、標準化された方法で同じように集める。探究心に富む上司や、こだわりのあるアナリストが投資の提案者に挑戦しようとする場合は別として、通常の投資分析は、それほど独創的なデータに基づくものではない。

別の言い方をすれば、変化をもたらす分析は自然には起こらない。それを起きやすくするのは、よいプロセスだ。先に挙げた、よい意思決定を導く四つの問いの一つに戻ると、投資を支持するデータだけでなく、支持しないデータをあえて探すのは、「標準的」ではないが、優れた意思決定プロセスの証しであるのは確かだ。

結局、どんなに詳しく調査し、洞察に満ちた分析をしても、それらが議論されなければ意味がない。この問題は、失敗を事後に検討する時によく見かける。以前、私が一緒に仕事をした投資ファンドは、完全な失敗に終わった投資のあと、その意思決定プロセスを再検証するという分別《ふんべつ》を備えていた。そのファンドのリーダーたちは、あとから考えれば大問題を抱えていた企業買収を、デューデリジェンス・チームと投資委員会がどんな経緯で承認したのかを知ろうとした。投資委員会に提出された討議資料を精査したところ、奇妙な現象に気づいた。最初のプレゼンでは、ディール・ブレーカー（訳注＊取引を中止せざるを得ない重大な障害）が三つ提起されていた。数名の主要幹部のスキル不足、製品の需要減少、特許の強さへの懸念だ。しかし、二回目のプレゼンテーションでは、これらの問題のうちの二つが消え、残り一つは、軽く説明されただけだった。そして最終プレゼンテーションでは、三つのディール・ブレーカーはすべて消えていた。これらの問題をどう解決するかの説明はなく、質問もなかった。当然ながら、プレゼンテーションが回を重ね、決断の日が近づくにつれて、デューデリジェンス・チームと投資委員会の雰囲気は楽観的になっていった。

興味深いことに、このファンドの緻密な分析はそこで終わらなかった。買収後、その企業に対応したチームの報告書についても調べた。買収契約が交わされたのち、真っ先に浮上した問題は何だったのか。それは、数カ月前に、最初の討議資料で提起された三つの問題だった。しかも、そのうちの一つが、この買収が失敗に終わった主原因だと判明した。検討段階で三つの問題は一つも解決されておらず、集団思考と集団の自信過剰（M＆A経験者にはおなじみの「ディール・フィーバー」）の圧力によって蓋をされ、隠蔽されていただけだった。ほかの多くの事例と同様に、このケースでも、事実はしっかり調査され、必要な情報が正しく分析されていた。しかし、問題のある意思決定プロセスがそれを台なしにしたわけだ。

この例が示すように、事実とプロセスのどちらがより重要かという質問にはあまり意味がない。プロセスが統計分析より重要であることを統計が示しているとしても、それは分析が無意味だからではない。分析は欠かせないが、それを活用するには優れたプロセスが必須だからだ。

ここでの教訓は、もし、意思決定の質を改善したいのなら、プロセスの改善から始めるべき、ということだ。結局、よい意思決定の手順に従う優秀なチームは、重要な情報が欠落していればそれに気づき、必要な分析を迅速かつ確実に行える。よい意思決定会議は、分析の一部が欠けていたらそれを補完できるが、分析が会議の欠点を補完することはできない。

手続きから意思決定アーキテクチャーへ

これまで見てきたように、よい意思決定をするには、あらかじめ決められたプロセスに従うことが重要だ。しかし、「プロセス」という言葉に、嫌なイメージを持つ人も多く、特にリーダー層はアレルギー反応を示す。意思決定を「プロセス」に委ねることは、意思決定こそ自分の役割と自負しているリーダーにとっては、権限を奪われたように感じられる。「プロセス」と聞いて、官僚主義のお役所仕事を連想する人もいる。つまり、手続きだらけで、チェック待ちの書類が山積みになっている状態だ。また、協働をしている時に、手続きの話が出てくると、別の不安が生まれる。それは「分析麻痺」（分析ばかりして意思決定が麻痺する状態）に陥るリスクと、長々と議論した末にどっちつかずの無難な合意に着地するという不安だ。よく言われることだが、「委員会によるマネジメント」は責任の希釈化を招き、戦略的ビジョンや勇気ある決断を損なうおそれがある。

そうした懸念が出てくるのはよくわかる。特に、官僚制度を経験済みの人は、「まさにその通り」とうなずくだろう。だが、そう考える人は、協働とプロセスの意味を誤解している。確かに、協働には2人以上の人が参加する。しかし、キューバのミサイル危機や、航空機のコックピットでの反対意見の奨励や、裁判の例などで見てきたように、この種の協働は、合意を求めることとは正反対だ。それは相対する視点から出される意見を聞き、討論する場である。「協働」とは、最終決定が民主的に、あるいは多数決によって決定されるという意味ではない。内閣でもコックピットでも手術室でも、最終的な責任を誰が負うかは、はっきりしている。

ではプロセスについてはどうだろうか。確かに、組織における手続きやプロセスの多くは、意思決定の前に、あらかじめ決められたタスクや分析の実施を義務づけている。こうした手続きは、月日の経過とともに、心がこもっていないお役所仕事のようなルーティーンになっていく。投資ファンドの例で見たように、このようなルーティーンワークは、それが生み出した成果物をきちんと取り上げて議論しなければ、まったく意味がない。だからこそ、よいプロセスが欠かせない。よいプロセスとは、一歩引いて批判的に物事を見ることができるオープンマインドを持つ経営幹部のリーダーシップのもと、意思決定会議が組織され、効果的に運用されることだ。

普通にすれば簡単にできることを、あえて手の込んだやり方でしようと言っているのではない。もし、協働とプロセスという言葉がしっくりこないなら別の言葉、たとえば、意思決定におけるベストプラクティス（最善の行動）を使ってみたらどうだろうか（ただ、第

2章で述べたように、「ベストプラクティス」という考え方にはリスクが伴う）。また、経営者の中には、協働とプロセスによる意思決定のやり方を「自分の経営スタイル」、あるいは「意思決定のシステム」と表現する人もいる。協働とプロセスを仕組みとして取り入れている企業は、それを「ガバナンス基本方針」「儀式」「脚本」など、様々な呼び方をしている。

本書の第3部では、「意思決定設計《アーキテクチャー》」という言葉を用いる。リチャード・セイラーとキャス・サンスティーンは共著書『実践　行動経済学』（日経BP）の中で、「選択設計者《アーキテクト》」の役割の重要性を強調している。「選択アーキテクト」は、意図的かどうかにかかわらず、市民や消費者に選択肢を提示する方法をデザインする。これを企業に当てはめれば、自社の意思決定の手続きを設計する経営幹部は「意思決定アーキテクト」だ。意思決定アーキテクチャーが、バイアスに対処するために協働とプロセスに基づいたものであれば、そのアーキテクチャーの中にいる人々（まず、アーキテクト自身）は、最善の決定にたどり着ける可能性が高くなる。

アーキテクチャーという用語は、次のことが連想されるので便利だ。第一に、アーキテクチャーは科学（サイエンス）ではなく芸術（アート）である。意思決定アーキテクトになったつもりで考えれば、意思決定の技術が単なる定量分析ではないことがわかるだろう。第二に、あなたは道具小屋を建てる際、建築家に頼んだりしないはずだ。同様に、意思決定アーキテクチャーが必要になるのは、意思決定が企業の未来に関わるような重要な場合だ。事業多角化や他社との合併の決定のようにめったにないものもあれば、製薬会社の新薬の研究開発対象に関わる決定や、鉱山会社の投資決定のように、企業全体の戦略を決めるために繰り返し行われるものもある。しかし、重要ではない選択について、意思決定アーキテクチャーをどう適用すべきかを考えるのは無意味だ。それは意思決定アーキテクチャーではなく官僚主義であり、実際、非常に多くの企業が従業員に煩雑な手続きを押しつけている。

最後に、アーキテクチャー（設計）という発想は、仕事を始める前に計画が立てられることを意味する。意思決定のプロセスが始まる前に、意思決定のアーキテクチャーを定義し、どのように意思決定するかを選択するのは、理にかなっている。この順番は常に守られるわけではなく、危機的状況では守られないこともあるが、通常はこの順番で進められることを想定している。

本書の残りの部分では、意思決定アーキテクチャーについて説明する。目的は、あなたがどんな方法で意思決定するかを決めるのを支援することだ。第3部は、よい意思決定アーキテクチャーの三本の柱を中心に構成されている。第一の柱は、「対話」だ。対話は効果的な協働を実現するための前提条件であり、互いに納得し合うだけでなく、相手の言葉に誠実に耳を傾け、メンバー間で真摯に視点を交換することを指す。第二の柱は「多様性」。対話が単なる先入観の衝突に終わらないようにするため、議論のテーマに関連する、事実に基づいたオリジナルな内容を対話の場に提供することを指す。最後の柱は、対話と多様性を促進する「組織における意思決定の力学（ダイナミクス）」。多くの組織は対話と多様性を抑圧しがちだ。

もちろん、こうした一般原則だけでは不十分だ。意思決定アーキテクトは、それらを実現するための実用的ツールを必要とする。それは儀式、バイアスへの対抗策、バイアス・バスターなどと呼ばれる。本書では、単純に意思決定テクニックと呼ぶことにする。これらのテクニックは、いくつかのバイアスの解毒剤になる。これから見ていく意思決定テクニックの大半は、組織のためのもので、個人向けではない。バイアスは個人に起きるが、それへの対策は、ほとんどの場合、集団に向けたものだ。

第3部では、40のテクニックを紹介する（巻末の付録2に一覧を載せた）。第14章では真の対話を育む意思決定アーキテクチャーを生み出すための14の実用的テクニックを、第15章では多様性を促すための14のテクニックを、第16章では意思決定プロセスの全段階で生産的なダイナミクスを促進するための12のテクニックをそれぞれ紹介する。これらのテクニックは、金融投資、プロフェッショナル・サービス、公共セクターなどの領域における、様々な規模の企業（スタートアップから多国籍企業まで）の意思決定プロセスの観察と、各社の経営幹部との対話などから得られたものだ。

これから見ていくように、これらのテクニックを説明するために用いる事例のほとんどは匿名だ。そうしたのは、自分の手法や失敗、そこから学んだ教訓を語ってくれた企業経営者や幹部について、情報源を秘匿するためだ。また、「ベストプラクティス」を模倣するというトラップを避けるためにも、事例は匿名にしたほうがいい。特定の企業があるツールを採用したことを知ると、その企業の評判が、採用したツールの評価に影響する。しかし、どの企業が使ったのかがわからなければ、自分たちに当てはめた場合のメリットを、そうしたバイアスとは関係なく判断できる。

もちろん、リストに挙げたテクニック以外にもやり方はあるかもしれないが、リストの目的はあなたを刺激して、自身の意思決定アーキテクチャーについて考えてもらうことだ。企業には、それぞれの実情に合った独自のテクニックが必要だ。組織のリーダーは、本書が提案するテクニックを取り入れてもいいし、そこから新たなテクニックを創出してもいい。優れた建築家たちはみな、共通の原則に従って設計するが、建物の設計がまったく同じになることはない。

30秒でわかる

正しい方法による意思決定

▼**成功しても、意思決定がよかったとは限らない**。成功には、偶然、リスク、実行のよし悪しが作用する。

・「予言ダコ」パウルの占いがあらゆる専門家の予測に優ったのは、完全に幸運のおかげだ。

・自らの権限を越える高リスクの取引で利益をあげたトレーダーは、よいトレーダーではない。

・「悪い実行」は「よい意思決定」を悪く見せてしまう。

▼**生存者バイアス**によって、人はそのことをしばしば忘れがちだ。

・ビル・ミラーはカレンダーの偶然のおかげで、15年間にわたって、市場平均を上回る利益をあげた。

・「人間の行動を、その結果から評価してはならない」(ベルヌーイ)。

▼多くの状況で、決断の際にどんな方法が使われているかを調べることで、**どれが優れた意思決定の方法かを判断できる**。データは、「協働」と「プロセス」に効果があることを示している。

・1048件の投資決定に関する研究によると、プロセスには分析の6倍の影響力がある。

・それは分析が重要でないからではなく、分析は意思決定会議で活用しないと意味がないからだ。よい意思決定会議は、分析の一部が欠けていたらそれを補完できるが、分析が会議の欠点を補完することはない。

▼したがって、リーダーの重要な任務は、**「どのように意思決定するかを決める」意思決定アーキテクト**になり、組織の意思決定に協働とプロセスを取り入れることだ。

第3部

意思決定アーキテクト

第14章

対話——多様な視点を持つ

この場で決定することについて全員同意しているようですね。
では、これ以上の議論をやめて、
次回の会議で続きをすることを提案します。
この決定の意味をみなさんがより深く理解し、
異なった意見がぶつかり合う会議にしたいので。

——アルフレッド・P・スローン

2000年代初頭、あなたは、シリコンバレーの中心地であるカリフォルニア州マウンテンビューにいる。グーグル本社で新しい1日が始まろうとしている。「グーグラー（訳注*グーグルの従業員）」は駐車場に車を停めると、さっさとオフィスに向かい、世界征服の準備に取りかかり始めるだろうと、あなたは想像するかもしれない。しかし、そうではない。駐車場では、ローラーホッケーの激しい試合が繰り広げられている。プレーヤーたちは遠慮なくスティックをぶつけ合い、怒鳴り声を上げる。疲れ果てたのか誰かに押し倒されたのか、何人かが地面にうずくまっている。アグレッシブなプレーには、見物している従業員から声援が送られる。グーグル共同創業者のラリー・ペイジとセルゲイ・ブリンがグラウンドに立つ。「2人とも本気でやるつもりだ、真剣勝負だ！」と同僚の1人が言う。ゲームが終わると、汗だくの従業員たちは、医務室で治療が必要な人を除いて、自分のオフィスに向かう。

1日の始まりとしては変わっている。きっとグーグルの経営陣は、スポーツを利用して従業員のアグレッシブさをガス抜きしようとしている、とあなたは思うかもしれない。しかし、ローラースケートやホッケーのスティックを片づけたあとも、オフィスでは激しい「ゲーム」が続く。会議では、同僚にどう思われようが構わず発言する。出てきたアイデアに「くだらない」、同僚に「浅はか」と平気で言う。罵詈雑言が飛び交うのは日常茶飯事だ。

この経営スタイルは、私たちが見習うべき「ベストプラクティス」とは言えない。実際、現在のグーグルはかつてほど荒々しくはない。だが、極端ではあっても、この例からは教訓が得られる。それは、よい決断を下すには、多少の衝突や不快感が必要ということだ。しかし、多くの企業は、不快感を恐れて、対立を避けようとしている。

したがって問題は、どうすれば必要以上の不快感を生み出すことなく（もちろん、ホッケーのスティックを使うことなく)、適度な対立状態をつくることができるかだ。これが、優れた意思決定のための第一の柱だ。つまり、人と人の衝突に発展させずに、意見の相違という緊張感を維持することであり、そのためには、意思決定の際に、本音で語り合う対話を重ねることが欠かせない。

対話は即興ではできない

投資案件を検討する取締役会など、あなたが最近出席した意思決定の会議を思い起こしてほしい。マネジャーが、大量のパワーポイントのスライドを駆使してプロジェクトを提案する。出席者のうち何人かは、その提案をすぐに支持する。多くの企業と同じように、このマネジャーは、自分の提案への支援を得るため、あるいは少なくとも中立でいてもらうために、会議の主要メンバーに「事前に根回ししていた」。マネジャーは出席者に意見を求め、速やかに同意を得ようとする。メンバーは経営者の真意を察知し、非生産的な懸念を口に出そうとしない。今さら疑問を投げかけても遅すぎることを、全員がわかっている。予想通り提案は承認される。無事、提案を通すことができたマネジャーは、自分の部署に戻り、気をもんでいる仲間に、「上々だよ。議論の余地はなかった!」と会議の結果を報告する。

多くの組織において、「順調な会議」とは、議論がない会議のことを指す。意見の相違が引き起こす不快感は非常に強いので、それを避けるために、人は議論を避けようとする。会議で反対意見が出そうな時、賢い提案者は会議の前に、主要メンバーと個別に会って問題を解決しておく。その結果、会議は、すでに決定済みのことを追認する儀式になる。この流れが様々なバイアスの下地をつくる。大半の人がすでに提案を支持しているので、集団思考に陥りやすい。それだけでなく、提案者のプレゼンのストーリーを信じ込む確証バイアス、過度に楽観的な計画なのに誰も疑おうとしない自信過剰、委員会メンバーが暗に（時には露骨に）互いの提案を支持し合おうとする利益バイアスなど、意思決定会議は、これらすべてのバイアスが、沸騰した泡のように沸き上がってくる大鍋のようなものだ。

ここで、すべての会議がそうというわけではないという、興味深いパラドックスを紹介しよう。あなたは創造性を培うセミナーに参加したことがあるだろうか。通常、そうしたセミナーでは、参加者は最初に「ブレインストーミングのルール」を教わる。批判しない、自己検閲しない、悪い考えは存在しない、他人の提案はまず受け入れる、といったルールだ。このような手法に効果があるかどうか（効果がないという証拠は多い）は別として、参加者はルールを押しつけられても文句を言わない。「創造性」はあまりにミステリアスなので、「普通」の会議には任せられないと思うからだ。これに対して典型的な意思決定会議には何のルールもなく、メンバーは、特別なツールやテクニックがなくても普通に聞いているだけで意思決定できると思ってしまう。

そう思うのは、意思決定会議ではバイアスに気づきにくいからだ。創造性セミナーでは、創造的なアイデアを生み出すために集まったのに何も生み出せなかったら、自分たちが失敗したことがすぐわかる。そのため、そうならないための会議テクニックをどんどん取り入れる。しかし、意思決定会議では、自分たちを狂わせるバイアスに気づかない。そのため、正式な手順を踏まなくてもいいと思ってしまう。

しかし、対話は即興ではできない。異なる考え方の表明を認めたり、ましてや支持したりするのは簡単なことではない。意見が異なる人たちを対立させることなく緊張感を保ち続けるのは難しい。また、自分の提案を何としても会議で通したいと思っているマネジャーにとって、対話をし、率直に意見を交換して、異なる意見にも積極的に耳を傾けるというのは、なかなかできることではない。しかし、真の対話を促すために利用できる方法はある。その技術をこれから紹介しよう。

対話の準備をする

▼テクニック①　認知的多様性を十分に確保する

対話を成功させるための一つ目の条件は、多様な視点を持つことであり、これは対話の目的そのものと言っていい。

一般に使われている多様性という言葉が意味する、多様な背景は重要だが、異なる性別、年齢、国籍、人種の人を集めるだけでは十分ではない。同じ組織やチームで長く働く人々は、同じ教育や経験、成功、失敗を共有する。そのため、同じ仮説を立て、同じストーリーを信じ、その結果、同じバイアスの影響を受ける可能性が高い。集団内での問題解決に関するいくつかの研究によると、問題がうまく解決されるかどうかは、認知的多様性（情報の捉え方・扱い方の多様性）とは相関があるが、性別や国籍といった人口統計学的な多様性とは必ずしも関連していないことが示されている。つまり、多様な視点やスキルの多様性は、多様なアイデンティティよりも重要なのだ。

たとえば、ある銀行の頭取は取締役会のメンバーに、危機管理の専門家、法律の専門家、マクロ経済学者、銀行が投資する主要な国やセクターの専門家など、それぞれの分野で高い専門性を持つ人を選んだ。こうした背景があるので、各取締役が自分の専門知識と経験を生かした大きな貢献が期待できる。また、多様な視点をもたらす点でも貢献するだろう。各取締役は、自らの経験や感性に基づいて、意思決定について検討し、テーマに対して専門知識がない場合でも、他の人と異なる視点でそれを見ている。2008年の金融危機以前、いくつかの銀行の取締役会では、こうした視点の多様性が欠けていた。

▼テクニック② 時間をかける

対話を成功させるための二つ目の条件は、十分に時間をかけることだ。これは一つ目の条件と同じく、明らかに重要なのに無視されがちだ。対話は、表面的な同意とは違って時間がかかる。

先述の銀行の頭取は、取締役会のメンバーに年間25日を取締役会に充てることを求める。1回の会議は丸2日続く。これは特別なケースであり、一般的なルールではない。しかし頭取は、それが取締役会が有効に機能する鍵だと主張する。背景と専門分野が非常に異なる人々が、効果的に協力して、真に意味のある対話をするには、長い時間をともに過ごさなければならない。多様性の度合いと、対話に必要な時間の長さは比例する。会議メンバーの考え方が似ているほど、(間違った合意だったとしても)早く合意に達するが、メンバーが多様であればあるほど、互いの意見に耳を傾け、それを受け入れて自分の考えを変えるのには時間がかかる。

テクニック③　対話を議題にする

対話を成功させる三つ目の条件は、会議の議題に関することだ。おそらく、無駄に時間がかかり疲弊するだけの会議があまりにも多いという問題意識から、多くの経営者は、すべての会議は結論を出し、「決定事項」「次のステップ」「今後の実施事項」が議事録にきちんと記録されなければならない、と考えている。裏を返せば、決定なしに終わる会議は失敗だ、という考えが見えてくる。つまり、会議で解決できそうにない事項は議題に載せるべきではない、ということだ。

この考えは善意に基づくものだが、間違いだ。対話には、議論の時間と、意思決定の時間がある。対話を成功させるための必須となる前提条件は、今がどちらの時間なのかをはっきりさせることだ。1度の会議で、議論と意思決定を両方やっていい場合と、そうすべきでない場合がある。それを区別する簡単な方法は、アジェンダ上の各議題に、「今日決定」や「議論のみ」の印を入れることだ。このように明示すると、対話の内容が大いに違ってくる。

「議論のみ」か「決定」かは、議論がどれだけ尽くされたかの度合いによる。それを決めるのはリーダーの役割だ。有能なリーダーなら、意思決定の段階にあるかどうかを区別できる。その違いを明確にしておけば、チームはリーダーに意思決定を求めても無駄な時期かどうかがわかる。また、意思決定の時期が来れば、それもチームにわかるだろう。

対話の基本ルール

では、多様なメンバーを集めて、十分時間をかけ、議題の性質を明確にすれば、対話はうまくいくのかというと、まだそれでは足りない。いくつかの基本ルールが必要だ。

ただし、そのルールは、会議室の壁によく張られている「よい会議のためのルール」とは性質が異なる。「時間通りに始める」「会議室を出る前にきれいにする」などのアドバイスは素晴らしいが、それは基本ルールではない。基本ルールとは、対話の妨げになる言動、たとえば集団思考を助長したり、異なる意見の表明を妨げたりするなど、非生産的で対話に悪影響を与える行動を防ぐためのルールだ。対話のための基本ルールを定めることは、自由な表現を奨励するにはある程度の禁止事項が必要だというパラドックスを受け入れることを意味する。

▼テクニック④　パワーポイントの使用を制限する

もし、あなたが対話を妨害し、議論を中断させ、参加者を眠りに誘うものを探しているのであれば、手始めに、パワーポイントのスライドから試してみるといいだろう。パワーポイントを駆使したプレゼンテーションは、会議を単一の視点による一方通行なものに変えてしまい、深い議論の妨げになりやすい。米海兵隊大将のジェームズ・マティスも米国統合戦力軍司令官だった時に「パワーポイントは私たちを愚かにする」と嘆いたという。

もちろんパワーポイントは、事実と主張の提示や、議論を生産的にするために必要な基本要素の整理には役立つ。しかし、実際には、主張の弱点を隠したり、視覚的なトリックで聴衆を引きつけたり、一方的に話をして議論に使える時間を減らしたりするために使われる。

パワーポイントはすっかり普及しているので、全面的に使用禁止にする経営者は少ない。

しかし、実際に禁止した経営者は、結果に満足している。ある同族企業の社長は、「パワーポイントを使ったプレゼンが議論を妨げていた」と振り返り、それをやめたことで会議の雰囲気が目に見えて変わったと喜ぶ。サン・マイクロシステムズ共同設立者のスコット・マクネリは、何年も前にパワーポイントの使用を禁じた。彼はその結果に満足しており、「世界中の企業が、パワーポイントを禁止するだけで収益が急増するはずだ」と大胆な主張をした。

もちろん、そう簡単にはいかないだろうが、「パワーポイントによるお粗末なプレゼン（デス・バイ・パワーポイント）」に代わるものが定着しつつある。アマゾンではプレゼンテーションを行わず、提案者が「物語のように構成された6ページの長文メモ」を用意し、会議の初めに参加者全員が黙ってそのメモを読む。これは単に、ハードかソフトか、横長の画面か、縦長の紙面か、という違いではない。アマゾンのCEOジェフ・ベゾスの見解は次の通りだ。「もし、ワードの箇条書きリストにしたら、それはパワーポイントと同じくらいひどいものになるだろう」。長文メモを書くことで、論点や議論の前提が明確になり、首尾一貫とした主張ができるようになる。「欠点を隠したり、相互の関連性を無視したり」しなくなる。一方、読み手は、自分のペースで批判的な観点から内容を検討できる。しかし、多くの組織がするように事前にメモを送るのではなく、なぜ会議開始後にメンバーに渡して読ませるのだろうか。ベゾスによると、「高校生と同じで、幹部たちはメモを読んだような顔をして、会議を進めてしまうからだ」（もちろんあなたは違うだろうが）。一緒にメモを読むのは自習時間のようで、奇妙に見えるかもしれないが、議論が始まる時には、「メモの内容が全員の頭に入っていて、ふりをしている人はいない」ことが保証される。

同じ原則は、取締役会にも適用できる。取締役会では会議の前に、「ボードブック（役員会資料）」と呼ばれる、パワーポイント・プレゼンテーションの分厚い資料が配付される。ネットフリックスはそれをメモに置き換え、役員会のメンバーは質問とコメントを電子的に追加できるようにした。メモは約30ページで、裏づけとなるデータへのリンクも含まれている。目的はアマゾンと同じで、会議の時間を、プレゼンテーションやその質疑応答に使うのではなく、実際の議論に充てることだ。

なぜ、この習慣が広まらないのか。大きな欠点があることがずっと以前からわかっているのに、なぜパワーポイントは依然として会議で幅を利かせているのか。どうして、代わりにメモを書こうとしないのか。簡単に言えば、メモを書くのは非常に難しいからだ！パワーポイントのスライドと優れたメモの違いは、単なる書式の問題ではない。優れたメモを書くには、時間と努力とかなりの技術が求められる。ネットフリックスの取締役会に提出されるメモは、90人の役員のチェックを受ける。ここで、ジェフ・ベゾスの言葉を引用しよう。「優れたメモは、何度も書き直したうえで、同僚に手直しを依頼し、その後、数日寝かせておいて、再び新鮮な気持ちで手を入れて、ようやくできあがる。1日や2日で書けるものではない。（中略）優れたメモをつくるには、おそらく1週間以上かかるだろう」。優れたメモを書くのは難しいので、ほとんどの組織にとって、パワーポイントを完全に禁止するのはやりすぎかもしれない。パワーポイントの使用に制限を設けることを目指したほうが、現実的だろう。

テクニック⑤　誤解を招く「たとえ話」は禁止

もう一つの基本ルールは、ある種類の議論を禁じることだ。そのような制約は、対話の活性化には逆効果と思うかもしれない。しかし、法廷で陪審員に偏見を与えるような不当な証拠や主張が禁じられているのと同様に、会議でも誤った議論は禁じられるべきだ。

特に気をつけるべきは、「たとえ話」だ。それが始まると途端に、聞いている者はストーリーテリング・トラップに誘い込まれる。あるベンチャーキャピタルのＣＥＯによると、その会社で投資委員会が投資候補を検討する時、類似する企業の話を持ち出すことを禁止しているそうだ。候補企業を「次のワッツアップ」「この業界のウーバー」として紹介すると、議論は偏り、取り返しがつかなくなる。あとになって、たとえに出した企業と投資先候補の違いに気づいたとしても、前者の成功が、後者を評価する際のアンカーになってしまう。「たとえ話」の力は、どんな合理的な議論にも勝る。

▼テクニック⑥　結論を急がない

このベンチャーキャピタリストは、性急な意思決定を避けるためのテクニックも活用している。それは、投資を検討中のスタートアップの創業者に会う時には、プレゼンを聞いても即断しないことだ。プレゼンが終わると、投資委員会は散会し、翌日まで会議の報告をしない。この冷却期間は、生産的な会議の原則（「会議は結論を出して終わらなければならない」という誤った信念も含めて）に反している。しかし、人は即断を求められると「第一印象に基づいて議論し始める」と、この投資家は言う。第一印象が強烈だからと言って最善の投資先とは限らないが、その印象は投資委員会のメンバーに強く影響するだろう。性急な意思決定を禁じることは、よりよい意思決定につながる。

▼テクニック⑦「バランスシート」を使って異なる意見を奨励

もう1人の有名なベンチャーキャピタリストであるクライナー・パーキンスのランディ・コミサーは、この考えをさらに一歩進める。コミサーは、投資委員会のメンバーが投資への賛否を最初から決めて意見を述べることをよしとしない。代わりに彼が求めるのは、投資についての「バランスシート」だ。「この投資の何がよくて、何が悪いかを教えてほしい。投資の可否についての意見はいらない。私はまだそれを聞きたくない」。自分なりの一つの意見を持ち、それを明確にすべきというのが従来の常識だが、コミサーは投資委員会メンバーの心変わりをむしろ奨励する。

もちろんその狙いは、ほかの人の考えを聞いて意見を変える機会をメンバーに与えて、立場の固定化を防ぐことだ。さらに、コミサーが言うように、「各メンバーは賢く、知識が豊富なこと、難しい判断であり、ほかの人の判断も十分受け入れる余地があることを（中略）強調する」ためでもある。

非常に重要な見識だが、これを実行できる組織は少ない。難解で複雑な意思決定を下す時には、「難解で複雑なこと」をまず認めるべきだ。リーダーが自分の判断に100パーセント自信を持っていることを期待する文化は、リーダーを自信過剰という滑りやすい坂道に送り、グループを集団思考に追い込む。それよりはるかに優れた代替策は、不確実性を認識し、表現するように促すことだ。

そのためには、バランスがとれていて、複雑で、何らかの含みやニュアンスを持たせた視点からの意見を歓迎しなければならない。含みやニュアンスは、優柔不断や無能の印ではなく、明晰さの印と見なされるべきだ。リーダーの役割は判断することだ。時には、複雑な問題を単純化しなければならないこともある。決断の時は必ずやってくるが、単純化のしすぎや自信の持ちすぎ、満場一致を早く求めすぎるのは危険だ。アインシュタインが語った有名な原則はこうだ。「物事はできるだけシンプルにすべきだが、シンプルすぎてもいけない」。

対話を活性化させる

会議が始まり、基本ルールが確立されたら、次は、対話を活性化させる。方法はいろいろあり、どのテクニックを選ぶかは、企業の経営スタイルや社風によって決まる。これから挙げるのは選択肢の一部にすぎない。

▼テクニック⑧　悪魔の代弁者を任命

この戦略は効果が実証済みで、支持する人は多い。本書のために取材した経営者の1人は、常にこのテクニックを用いるそうだ。「あるアイデアを全員が絶賛すると、私の頭の中で小さな警告灯が点滅し始める。そこで、議論中のアイデアの悪い点を指摘する役割を果たす『悪魔の代弁者』を選ぶ」。悪魔の代弁者は、性格で選ぶという。その経営者は、「トラブルメーカーを選ぶようにしている。つまり、性格がその役目に合っている人」と話してくれた。

これは、簡単なことではない。自分の本音と逆のことを主張し、それを楽しめる人はあまりいない（そのこと自体は悪いことではないが）。加えて、「悪魔の代弁者」の活用には、大きなリスクが伴う。もし、その役目の人が一生懸命になり、言葉巧みに反撃したら、ほかのメンバーから嫌われる可能性が高い。ケネディ大統領はそれをよくわかっていたので、キューバ危機の際、この割に合わない役目を1人ではなく2人のアドバイザーに依頼した。

このテクニックを実行するのが難しい理由を見てきたが、さらに、反論に気持ちがこもらないおそれもある。作為的な反対意見は、本物の反対意見（心から異議を唱えること）ほど効果的でないことが、研究によって示されている。

しかし、本物の反対意見を奨励しようとすると、別の課題も出てくる。一つは、反対意見の内容と発言者の個性が同一視されてしまうことだ。二つの選択肢から選ぶことが、2人の人間のどちらを選ぶかになってはいけない。そのため、多くの場合において、悪魔の代弁者を立てるより、次に述べる「代替案」のほうが望ましい。

▼テクニック⑨　代替案の義務化

強力だがあまり使われていないテクニックは、あるプロジェクトを提案したいなら、一つではなく二つの案を持ってくるように要求することだ。ある大企業の最高財務責任者は、投資計画を提案する人が、同時に代替案を提示しない限り耳を貸さないというルールを採用している。

この手法で追加の選択肢をつくり出せば、議論は活発になり、意思決定者はたった一つの提案に対して「賛成か反対か」の二者択一を避けることができる。さらにこのテクニックは、第5章で述べた「資源配分における惰性」と戦うのにも役立つ。選択肢が多ければ、財務部長は一つの部署から出された二つの投資案を採用し、他の部署からの提案を却下できる。しかし、各部署が一つの案しか出さなければ、財務部長はすべてを採用したくなるだろう。

▼テクニック⑩　選択肢消去テストの実行

代替案を生み出すもう一つの方法は、チップ・ハースとダン・ハースが『決定力！正しく選択するための4つのステップ』で紹介している「選択肢消去テスト」だ。そのテストでは、検討中の選択肢が何らかの理由で実行不可能になったらどうするかを、自分に問いかける。このテクニックは意思決定に関わっている人々に、別の選択肢の案出を迫り、予想外の選択肢が見つかることもある。

普通は、選択肢が増えると意思決定はより難しくなると考えがちなので、多くのリーダーは選択肢を減らして、物事をシンプルにしようとする。しかし、正しい方法はその逆だ。多くの選択肢があるという単純な事実が、意思決定の質を高める。ハース兄弟は、この指針を、意思決定の質を向上させる秘訣の最初の一つとして挙げる。2人が引用しているある研究によると、ビジネス上の意思決定で複数の選択肢から選ばれたものは29パーセントしかなく、残りの71パーセントはたった一つの提案に対して「賛成か反対か」で決められていた。しかし、複数の選択肢から選んだほうが、失敗する確率ははるかに低かった（32パーセント対52パーセント）。

▼テクニック⑪　別のストーリーを語る

選択肢を増やすことが現実的ではないことも、時々ある。実際、意思決定がより重要、あるいは、より特殊であればあるほど、代替案の案出は困難になる。また、意思決定者たちは、何らかの選択肢を検討する前に、取り組むべき状況や問題や機会についての理解を共有する必要がある。そうした場合、必要なのは選択肢の多様性ではなく、その状況や検討中の選択肢に対する「見方」の多様性である。

見方の多様性を得る方法の一つは、同じ事実から異なる結論を導き出す複数のストーリーやシナリオを考え出すことだ。

第1章では、営業部長が部下からの電話の内容に基づいて、価格競争が始まっていると判断した。しかし、同じ事実から、次のストーリーも導ける。「この営業マンは、重要顧客の1、2社との間で問題を抱えていて、気分が落ち込んでいる。その問題は、製品の価格設定とはあまり関係なく、彼のプレゼンやセールスの方法に関係がある。なぜなら、低価格はわが社の売りではなく、そうあるべきでもないからだ。よって、価格設定を見直す必要はない。やるべきことは、営業担当者のトレーニングとモチベーションの強化だ」。

このストーリーが真実とは限らないが、それは最初のストーリーについても同じだ。代替のストーリーを考えてみることで、この営業部長は、「価格を下げるべき」という単純な結論ではなく、幅広い可能性を示す証拠に目を向けられるようになる。たとえば、二つ目のストーリーが正しいかどうかを確かめるために、営業部長は自社の競争力のポジショニングについて、客観的に評価する必要がある。そこには製品の価格も含まれるが、評価基準はそれだけではない。仮に営業部長が最初のストーリーしか考えていなければ、そうした評価は求めないだろう。代替のストーリーは、視野を広げてくれる。

あるプライベート・エクイティ・ファンドはこのテクニックを利用し、投資計画を提案する社員には、自分の「ポジティブ」なストーリーを裏づける同じ事実を使って、「投資を拒否すべき」とするストーリーを組み立てることを求める。実践するのは簡単ではないので、そうするように言われたら、最初は違和感や戸惑いを覚えるだろう。また、この方法が使われるのを初めて見た人は「人為的」と感じることもある。しかし、テクニック⑦「バランスシート」と同様に、当事者は、代替のストーリーによって、意思決定に内在する不確実性をより意識するようになる。一つの投資案に対して、筋の通った反対意見が生じる可能性があると気づくことで、対話しやすい環境が整う。

そして何よりも、同じ人が二つのストーリーを示すことによって、提案そのものに対する反論と、提案者への反発とを切り離せる。ストーリーの作成者を攻撃しているように見えてしまう「悪魔の代弁者」方式とは違って、同じ人が二つのストーリーを示すやり方は、それぞれのストーリーを支える論点のいくつかに同意する選択肢を、会議の参加者に与える。そのため、対話がしやすくなる。

ちなみに、このテクニックは、あるバイアス（ストーリーテリングの力）を利用して、別のバイアス（確証バイアス）を制するやり方だ。信用できる代替のストーリーをつくることは、火をもって火と戦う方法と言える。

▼テクニック⑫　プレモータムの実行

経営チーム内での対話を活性化し、自信過剰と集団思考という致命的な組み合わせと戦うためのもう一つの効果的なテクニックは、プレモータムだ。それを考案したのは、第3章に登場した直観的な意思決定の専門家ゲイリー・クラインで、通常、見過ごされがちな欠陥を見つけることができる手法だ。プレモータムは、最終決定前の、異議や懸念がまだ表面化していない段階で実行される。プロジェクトが失敗した未来を予測し、失敗原因を特定するために事前の検死を実行する（訳注＊プレモータムは「事前の検死」という意味）。

　プレモータムの方法は場合によって少々異なるが、基本原則はシンプルだ。会議の主催者が次のように尋ねる。「今は（未来の）X年です。このプロジェクトは壊滅的な失敗に終わった。なぜそうなったのか？」。参加者は考えられる理由をどんどん書き出す。そして、グループでシェアして、順にその内容を発表する。全員が発言しなければならない。では、プレモータムは、ほとんどのチームがやっている、プロジェクトのリスクや不確実性についての検討と、何がどう違うのだろうか。小さいが、非常に重要な違いが二つある。まず、後知恵バイアスについて学んだことを思い出そう。人は、将来起きそうなことを予想するより、過去に起きたことを説明するほうが、はるかにうまい。プレモータムはこのバイアスを巧みに利用する。プレモータムでは、未来にタイムトラベルして、そこから想像上の過去を振り返り、何が「起きたか」を説明する。クラインはそれを「未来の後知恵」と呼ぶ（矛盾する言葉の巧妙な組み合わせだ）。二つ目の違いは、「理由を書き出し、発表する」というノルマを全員に課すことで、反対意見を持つ人やその成功を疑う人の口を開かせ、集団思考の原因となる沈黙を排除できることだ。

　プレモータムは、正しく使えばとても役に立つ。もし、全員が同じ理由で懸念していたら、そのプロジェクトはまだ検討が十分ではない。仮に、参加者から出された懸念が、リスクの高いプロジェクトにはつきものの不確実性に関するものだったとしても、プロジェクト実行時に留意すべき事柄として、それらを特定することには意味がある。もっとも、プレモータムの最大の成果は、それまで議論されていない欠陥を見つけることだ。クエーカーCEOのスミスバーグがスナップル買収に失敗した数年後に認めたように、「人気のある新ブランドの買収に、誰もが興奮していた。この買収のマイナス面を主張する人が、何人かいればよかったのだが」。もしプレモータムを実行していたら、失敗の理由を考えるのが義務なのだから、そうなったかもしれない。

▼テクニック⑬　臨時委員会を招集する

もし、経営委員会に最悪の状況を想像させるだけでは足りないと言うのなら、委員会のメンバーを総入れ替えするという、さらに過激なアイデアがある。ほとんどの組織では、経営委員会などと呼ばれている経営上層部のチームがすべてを決めるのが一般的だ。しかし、集団思考やそのほかの政治的駆け引きを避けるために、決定事項ごとにグループのメンバーを変えるのが最善策かもしれない。

本書のためのインタビューに応じてくれたあるビジネスリーダーは、「6人のアミーゴ（友だち）」と名づけられた投資案件の審査方法のテクニックを紹介してくれた。「社内の異なる部署から6人を集める。6人には事前にプロジェクトのことを知らせず、私たちと同時にその詳細を知らせる。アミーゴたちには、投資計画への的確な質問と、自分の仕事で磨いたスキルを生かして案件を吟味するように伝える」。

このテクニックは効果を発揮しているという。予想外の役割を与えられた社員は、それを楽しんで遂行する。社員たちが政治的に動く可能性はほとんどない。経営委員会のメンバーは、誰かの提案を批判したら次は自分が批判される、という懸念から互いに便宜を図りがちだが、6人のアミーゴにそんな気遣いはない。唯一の関心は、CEOの前でプレゼンするというめったにない機会を生かして、自分の分析能力と経営判断力を精一杯アピールすることにある。実は、有望な幹部候補に、経営陣に顔を売る機会を与えるのは、このテクニックのもう一つのメリットだ。しかし、その最大の目的は、参加者を替えて対話を活性化することにある。

▼テクニック⑭　メモをCEOの引き出しにしまい込む

これらのテクニックを実行しにくい状況もある。大型の企業買収のように、秘密裏に進めなければならない案件の場合、対話のメンバーは非常に少人数のグループに限定される。しかし、人数が少なくなればなるほど、バイアスの影響は大きくなる。そうした状況では、最終的な意思決定者は、自分と対話するしかない！　しかし、対話の相手は「別の時点の自分」だ。

買収が引き起こす問題の一つに、意思決定者とチームが「ディール・フィーバー」と呼ばれる興奮状態に包まれることがある。「買収のマイナス面を主張する人が、何人かいればよかったのだが」というスミスバーグの言葉が示唆するように、「ディール・フィーバー」はマイナス面を隠してしまう。買収の検討が進むにつれて、当初報告書に記されていた問題点が、報告書の更新のたび、解決されないまま消えていったファンドは、その一例だ。買収のためにチームが日夜働き、素早い対応が求められている時に、冷静さを保つのは難しい。

「メモを引き出しに」というテクニックでは、チームとCEOは、交渉の数週間前に、どうしても解決しなければならない難問（ディール・ブレーカー）をリストアップしたメモを作成する。ＣＥＯはそのメモを意思決定の日まで引き出しの中にしまっておく。

そして意思決定の時が訪れたら、ＣＥＯは、必要な専門知識をすべて備えた信頼できる人物と対話する。その人物とは、自分自身、もっと正確に言えば、数週間前の自分だ。その時の自分はもっと冷静で、バイアスも今ほどにはかかっていなかった。メモに記された問題は解決したか。していない場合、その問題は重要ではないのか。少し前に、その問題をリストに載せたのは自分だ。この「対話」は、もちろん本物の対話ではない。しかし、重要な意思決定を下す際に、ＣＥＯがその場のプレッシャーから距離をとるのに役立つのは間違いない。

対話についての三つの誤った懸念

意思決定における対話の重要性が語られると、次に述べる三つの反論がよく出てくるので、しっかり解決しておきたい。なぜなら、ここまでに述べてきた、対話を活発にするためのテクニックは、対話の価値を本当に信じていなければ役に立たないからだ。

一つ目の懸念は、「対話は延々と続くので、決定が先延ばしになり、貴重な時間が無駄になる。悪くすると、決断できなくなる可能性がある」というものだ。これはすでに述べた「分析麻痺」で、この病に苦しんでいる組織もある。その状況から脱しようとするリーダーは、議論を短くしたり省いたりしたくなる（消費財を扱うある多国籍企業は、しばらくの間、その方針を貫いた。その非公式のモットーは「ノー・ディベート、アクション（議論するより、まず行動せよ）」だった）。しかし、それは間違いだ。意思決定をスピードアップするために、その質を下げる必要はない。また、質を下げたらスピードアップするわけでもない。本書で紹介したすべての対話のツールの核となる特徴は、それがとてもスピーディーであることだ（たとえば、典型的なプレモータムは、1ラウンド2分以内で終わる）。

グーグルの元CEOエリック・シュミットは、この問題を解決するために「ディスコード（論争）＋デッドライン」と呼ぶ方法を用いる。この方法では、論争、対立、対話を促すが、事前にデッドラインを設定し、その時が来たら論争を終わらせて決断し、実行に移す。「デッドラインを守らせるのは誰か？」と、シュミットは芝居掛かった口調で尋ねる。「それは私であり、私の仕事だ。会議を仕切っている人がやる。論争するだけなら、大学へ行けばいい」とシュミットは言う。

二つ目の懸念は、「戦略的意思決定のための対話は、最後には妥協の結果、平凡で当たり障りのない合意に終わる」というものだ。これは単なる誤解だ。対話は民主主義を意味するものではない。対話が終われば、意思決定者が決断する。対話を聞いたあとに意思決定を下すが、多数派の意見を採用する義務はない。

確かに、それは簡単なことではない。先述した経営者の1人は、対話を指揮するのは、「まったく楽なことではなく、人々を穏やかに合意に引き込むほうが楽だ」と述べる。だからこそ、対話を通じてチームを導くには、経営者としての真の勇気が求められる。それは、デッドラインを定めて最終的な決断を下す勇気であり、また、チームの一部から出された意見に反対する勇気も必要だ。もし、及び腰の妥協があるとしたら、それは対話という手法のせいではなく、意思決定者が弱気になっているせいだ。

三つ目の懸念は、明確な最終決定をする必要性から生じる。真の対話が行われたら、メンバーは対立する意見を表明するだろう。しかし、いざ最終決定が下されたら、それに反対した少数派のメンバーも、決定された戦略の遂行に参加しなければならない。その時、二の足を踏まないだろうか。多様な意見を表に出さないほうが、誰も気まずい思いをしなくてすむのではないか。

経験と研究から、実際にはその逆が真実であることがわかっている。全員が公平に発言の機会を与えられる真の対話は、参加者に刺激を与える。『ブルー・オーシャン戦略』(有賀裕子訳、ダイヤモンド社)の著者であるW・チャン・キムとレネ・モボルニュはこれを

「フェアプロセス」と呼ぶ。自分の意見を聞いてもらう機会を与えられれば、最終決定が下されたあと、参加者全員のモチベーションが上がる。もちろんそれには、ゲームのルールが明確で、対話が尊重され、自分の声に真摯に耳を傾けてもらえるなど、いくつかの条件が必要だ。一方、合意したように見せかけるための「偽りの協議」は、モチベーションの低下を招く。意見を聞いているふりをしながら、実際には、自分たちがすでに決めたことについての支持を得ようとしている経営陣ほど、マネジャーのやる気を失わせるものはない。

対話の指揮は、特に組織がそれに慣れていない場合は、難易度が高い。しかし、対話は、バイアスと戦うために欠かせないものだ。対話は異なるストーリーを提示することでパターン認識バイアスと戦い、懐疑的な人々に発言権を与えることでアクション・バイアスを防ぐ。さらに、対話は、惰性バイアスを予防することもできる。なぜなら、相反する意見を比較することは、現状を疑うことにつながるからだ。最後に、対話は、正しく実施すれば、集団思考を阻止できる。これらすべての理由から、対話は健全な意思決定アーキテクチャーの第一の柱になる。

30秒でわかる

対話

▼多くの企業では、順調な会議とは、議論がない会議だと考えられている。しかし、対話は(集団思考などの)**バイアスと戦うために欠かせない。**

▼**対話をするために準備する。**対話は「自然には起きない」からだ。

・認知的多様性と十分な時間が必要。

・議題を明確にする。「議論するだけ」か「決定をする」かを分ける。

▼**対話の基本ルールを定める。**禁止事項をいくつか設けることは、議論の活性化に役立つ。たとえば――

・パワーポイントの使用を制限する。

・誤解を招く「たとえ話」や、性急な結論、断定的な主張を禁じる。

▼**対話を活性化させる。**選択肢や解釈を広げることにより、議論の性質を変える。

・選択肢を広めるために、悪魔の代弁者、代替案の提示、選択肢の消去、もう一つのストーリーのテクニックを使う。

・プレモータム ——「5年後、プロジェクトは失敗した。なぜだろう？」と考える。

・臨時委員会 ——「6人のアミーゴ」など。

・メモは引き出しに —— 今から6週間後に決断する時、何が問題になるだろうか？

▼**意見の相違を恐れない。**決めるのはリーダーの役目だ。

・対話は決定からの逃避ではない ——「ディスコード＋デッドライン」（エリック・シュミット）。

・対話は、主張が通らなかった人のモチベーションを下げない。だが、偽りの合意は、モチベーションを下げる。

第15章

意見の相違——異なる角度から物事を見る

われわれは神を信じる。
神を信じない人はデータを持ってきなさい。

——作者不明

2007年から2008年にかけてのサブプライム住宅ローン危機は、ほとんどの大手銀行にとって不意打ちだった。銀行の事業モデルや経営分析、格付け機関の評価はすべて、サブプライムローンにリスクはないことを示していた。銀行や投資家たちは巨額の損失を出し、前例のない金融危機が起きた。

しかし、その危機を予測していた人々は難を逃れた。その1人はマイケル・バリーだ（のちに、映画『マネー・ショート』でクリスチャン・ベールが演じた）。早い段階から、彼はこの問題に気づいていた。もし、住宅市場が悪化に転じたら、ほとんどの借り手は債務超過に陥っているので、ローンを返済できなくなり、住宅バブルは崩壊するだろう。のちに彼が書いたように、「住宅バブルが崩壊したら大手金融機関が破綻する、と私は予測したが、その根拠を聞こうとする人はワシントン（政府）にはいなかった」。2007年にその予測が的中し、バリーのファンドは約7億5000万ドルの利益を得た。一般的な見方と逆の立場をとると（投資の世界では「逆張り投資家（コントラリアン）」と呼ぶ）、非常に儲かることがある。

しかし、マイケル・バリーとは何者なのか。実は、大手銀行の著名なストラテジストでも、ウォール街の証券会社のトレーダーでもない。バリーは研修医だったが、趣味の株取引に専念するために、医師をやめた。そして自分の貯金と、家族や友人から借りた少額の資金で、小規模の投資ファンドを始めた。投資のプロから見れば、バリーはアウトサイダーだ。また、別の意味でも、彼はアウトサイダーだった。本人によれば、アスペルガー症候群のせいで人づきあいが苦手だった。妻との出会いは、自分が出した個人広告がきっかけだった。その広告にはこう書いた。「ぼくは独身で、隻眼《せきがん》（訳注＊2歳の頃にがんで左目を摘出した）で、借金がたくさんあります」。バリーがゴールドマン・サックスで働いていない理由がよくわかる。

異なる視点を探し出す

逆張り投資家やバリーのような「人と異なる」発想は貴重だ。しかし、アイデアは何もないところからは生まれない。多くの銀行に、サブプライムローンについて同様の懸念を抱く人はいたが、誰にも耳を傾けてもらえなかった。それは、バリーほど粘り強くなかったからか。それとも、環境がそうした懸念をどこかに押し込めてしまったのだろうか。結局は、どちらでも同じことだ。企業が異なる考えを持つ人を歓迎したり、逆張り的な考えを容認したり、そうした意見を戦略的意思決定に組み込んだりすることはほとんどない。

そこに問題があるのは明らかだ。前章では、よい意思決定のためには対話が欠かせないことを見てきたが、同じ考えを持つ人たち同士で対話をしても時間の無駄だ。では、状況や機会について議論する際、どうすれば、出席者が異なる視点を持てるようになるのか。また、知らないうちに私たちを合意へ向かわせる集団思考や確証バイアスを、どうすれば克服できるのか。さらに、自分自身が、異なる角度から物事を見られるようになるには、どうすればいいのか。

異なる視点のアイデアが次々と生まれるようにするには、異なる考えを持つ人を歓迎しなければならない。つまり、多様性を育み、挑戦者を招き入れ、時には波風が立つのも容認することだ。

▼テクニック⑮　非公式のアドバイザーを育てる

「市民の目線」を維持したいと考える政治家の多くは、斬新なアイデアを提供してくれる非公式のアドバイザーのネットワークを持っている。同様に、多くのビジネスリーダーは、現実社会から切り離されないようにするため、うるさ型、型破り、トラブルメーカーからなる非公式のネットワークを育てている。担っている機能は同じで、多様な視点をもたらすことだ。

非公式な活動なので、参加するアドバイザーの呼び名は様々で、「CEOの特別顧問」「社内コンサルタント」と呼ばれる人もいる。多くは、組織内の公式な立場（通常は、業務変革ディレクター、イノベーション本部長、特別プロジェクトのコーディネーターなど、社員としての役割）に加えて、その役割を果たしている。しかし、名称が何であっても、この人たちの真の価値は、多様な視点を提供する能力にある。

また、「人と違う見方をする」能力だけではなく、CEOに話を聞いてもらえる能力も重要だ。したがって、全員が変わり者というわけではない。経営難に陥った企業をいくつも救ってきたある経営者は、経営再建のために企業に乗り込む際、必ず少数のアドバイザー集団を引き連れていった。彼がこの集団に信頼を寄せているのは、この集団の能力と創造性だけでなく、メンバーが彼に絶対的な忠誠心を持っているからだった。「私にとってのリスクは、自分が全能だと思い込んで、人の話に耳を貸さなくなることだ。乗り込んでいく会社は知らない人ばかりで、しかも、全員が同じような考えを持っている。そこに入っていくのだから、外部の人間を連れていく必要がある。私が間違った時に指摘してくれるのは彼らだけだ」。

さらに、多くのビジネスリーダーは、組織内の非公式の人脈を維持して、そこから多様な意見を吸い上げられるようにしている。通常はつき合いのないヒエラルキーの下層の人たちとのつながりを構築、維持して、重要な意思決定の際に、それを率直な意見交換の場として活用する。20年かけて自社のトップに上り詰めたあるＣＥＯは、キャリアの各段階で同僚からなる友好的なネットワークを大切に維持してきた。そのネットワークに属する人は、ＣＥＯである彼と、今でも気軽に話ができる。

▼テクニック⑯　フィルターに通す前の専門家の意見を聞く

組織内で多様性を持たせることには、限界がある。もっと異なる視点が必要なら、組織外に求めるべきだろう。わかりやすいやり方は、外部の専門家を探すことだが、それにも注意が必要だ。それは、外部の専門家は、意見の多様化ではなく、収束をもたらすことが結構あるからだ。

複雑な税務問題を伴う企業買収について考えてみよう。相談された税理士は、問題を細かく調べ、買収に伴うリスクを強調し、そのリスクが現実になった場合のコストを計算する。税理士の使命はリスクへの注意を喚起することであり、そのリスクを取るだけの価値があるかどうかを判断することではない。また、税理士は自分の評判を守るために、あとから非難されないよう慎重に仕事をする。この件に関して、税理士が接触するのは、会社の法務部門か財務部門の税務担当者であり、この人たちもまたリスク回避的な考え方をする。税理士の意見が、社内の多くの回り道を経て、最終的にＣＥＯのデスクに届く頃、それは社内での推奨を裏づける一つの要素になってしまっている。

本書執筆のためにインタビューしたＣＥＯの1人は、そのような状況を変える奥の手を知っていた。彼は、専門家と自分の間の階層をなくし、直接話を聞く。この方法なら、深いレベルで専門家の考えを知ることができる。彼はこう尋ねる。「君の報告を読んで、リスクについて忠告しようとしていることはわかった。だが、私の仕事は、このリスクを取るだけの価値があるかどうかを判断することだ。ここだけの話、オフレコで教えてほしい。もし自分の金を賭けるとしたら、君はこのリスクを取るか？」。

もちろん、すべての専門家がこの問いに喜んで答えるわけではない。しかし、答えようとしたら、自ずと異なる視点で考えなければならない。あらゆるリスクを調べあげる専門家の視点を捨て、予測されるリスクを取るリーダーの視点に立つことになる。さらに、専門家としての本音の意見は、報告書の文面とは少しずれていることがよくある。驚くことではないが、専門家の本音は、専門家から意見を聞いている内部の人間の視点と常に合致しているとは限らない。

テクニック⑰　コンサルタントに情報を与えない

外部コンサルタントは、専門的な問題の解決に取り組むだけでなく、プロジェクト全体に異なる視点をもたらし、多様な視点による洞察の貴重な源になる（ただし、長年にわたって戦略コンサルタントをしてきた私のこの見解には、バイアスがかかっているかもしれない）。

しかし、コンサルタントも、専門家や内部の人間と同様に、意見の多様性ではなく、意見の合致や集団思考の原因になることがある。このリスクを軽減するには、報酬が意思決定に影響しない、独立した立場のコンサルタントを選ぶとよい。もし、コンサルタントが、何らかの取引の実現や情報システムの導入の実績によって報酬を得ていたとしたら、その取引が正当かどうか、あるいは、どのシステムを選べばいいかに関して、公平なアドバイスを受けることは期待できない。

この当たり前の（しかし、よく見過ごされる）原則に加えて、もう一つ、コンサルタントを最大限に活用するための方法がある。それはコンサルタントに情報を与えないことだ。具体的に言うと、自分の狙いや考えを伏せたままコンサルタントに質問をしていく。

あるＣＥＯの企業買収アプローチには、この直観に反する原則がよく表れている。一般に企業は、買収を検討している企業のデューデリジェンスのため、コンサルタントを雇う。買収先が自社の戦略上、望ましい状態にあるか、合併後の融和がスムーズにいくかどうかなどを精査させるためだ。しかし、このＣＥＯは、コンサルタントがいくら独立性を保とうとしても、自分の買収プロジェクトにかける熱意がコンサルタントの判断に影響することを承知している。そこでＣＥＯは、買収を検討している企業の分析ではなく、幅広い視点での業界動向や、自社の戦略の選択肢に関して、総合的な見解を聞くようにしている。当然、この型破りなアプローチには、より多くの時間と費用がかかる。コンサルタントのほうも、イエス・ノーで答えるのではなく、幅広い可能性を検討しなければならないので、戸惑うだろう。しかし、これを実行して、コンサルタントから出された提案が、もし自分の仮説を支持したら、それにはバイアスがほとんどかかっていないと判断できる。逆に、コンサルタントの意見が自分と違っていた場合も、その価値は非常に高い。

▼テクニック⑱　社外チャレンジャーの起用

多様な見解をもたらすもう一つの方法は、社外チャレンジャーの起用だ。ある大手製薬会社はそれを、戦略計画の立案に取り入れている。この会社は、その年の最重要問題を検討する際には、そのうちの二つか三つについて、「社外チャレンジャー」が担当部門の計画を批判的に分析した結果を提示してもらっている。

この手法は、外部チャレンジャーの専門知識が豊かで、背景がバラエティに富んでいるほど効果が高い。たとえば、オピニオンリーダーと見なされている医師は、自分の専門分野で治療の進歩に関する見解を提供できる。同社を退職した幹部は、組織改革についてアドバイスできる。同社が投資したスタートアップ企業のトップは、業界最先端の斬新な技術的視点を提供できる。これらの社外チャレンジャーは、取締役クラスの報酬を得るが、その多くはお金のために引き受けるのではない（実際、報酬を慈善事業に寄付する人も多い）。チャレンジャーたちは、それを自分が興味を持っている話題についての知的挑戦と捉えており、業界を牽引するグローバル企業のトップに自らの意見を述べるという機会に魅力を感じてその役目を引き受けている。

社外チャレンジャーによる批評を受けたあと、経営陣はその指摘を取り入れて、戦略計画の一部を修正するが、他の部分は修正せず、意見の相違を互いに認識するだけに終わる。それによって、経営陣は同じ問題に対して異なる二つの見解を知ることができる。

▼テクニック⑲　レッドチームとウォーゲームの活用

意見の相違を生み出すためのより過激な方法は、それを命じることだ。第二案を求めて、最初の意見との違いを調べるのではなく、意図的に反対の評価をするようにチームに指示をする。最初の提案をしたチームを「ブルーチーム」、もう一方のチームを「レッドチーム」と呼ぶとしたら、「レッドチーム」の任務は反対意見を擁護することだ。

要するにレッドチームは、強化された悪魔の代弁者と言える。悪魔の代弁者のようにたった1人の批判的思考のスキルやレトリックの才能に頼るのではなく、チームで独自の裏づけ調査や分析を行う。この方法のメリットは、最終的な意思決定者であるCEOが、詳細な調査に基づく二つの異なる見解を聞いたあとで、自分の結論を下せるところにある。言うなれば、CEOは、最善の調査をもとに最善の主張を展開する弁護士と検察官の論戦を聞いて、判決を下す裁判長だ。

ただ、二重の手間をかけると費用がかさむ。あらゆる意思決定を二つのチームに評価させるのは、経済的に賢明ではない。また、ブルーチームとレッドチームとの対決を演出すれば、必然的に緊張や対立を引き起こすため、この手法の活用は、非常に重大な意思決定時に限定される。もともとこのテクニックは、軍部や諜報機関で活用されていた。これらの組織で証拠の解釈を誤ると、悲惨な結果を招くからだ。

この手法の応用形は、レッドチームに敵の反応を予測させるもので、ウォーゲームと呼ばれる。一部の企業は、競合他社の反応を予測するためにウォーゲームを利用している。第4章で、クロロックスの牙城を崩そうと挑戦して大失敗したP&Gの事例を紹介したが、ウォーゲームを活用していれば、「競争相手軽視のトラップ」にはまらずにすんだかもしれない。

レッドチームのもう一つの効用は、利益バイアスの影響を相殺できることだ。オマハの賢人ウォーレン・バフェットは、企業買収、特に株式交換を伴う（評価がより複雑な）買収について検討する際、この方法のもう一つの応用形を薦める。「取締役が1人のアドバイザー（つまり、投資銀行）だけから情報を得る場合、合理的でバランスのとれた議論を行う方法は一つしかない。それは2人目のコンサルタントを雇って、買収案に反対するように頼むことだ。その人の報酬は、買収が成立しないことを条件とする」と彼は言う。

バフェットはそのポイントを彼らしい庶民的な言い回しでこうまとめた。「散髪が必要かどうかを、理容師に聞くな」。この忠告には先がある。「散髪が必要かどうか知りたければ、2人の理容師に尋ねなさい。そのうえで、どうするかは自分で決めなさい」。

▼テクニック⑳　群衆の知恵を借りる

最後になったが、ほとんどの企業が用いていない、異なる視点を見つける優れた方法がある。それは、従業員の群衆としての知恵を利用することだ。1907年に、統計学者のフランシス・ゴルトンは「群衆の知恵」という逆説的な現象を明らかにした。彼は雄牛の体重を当てるコンテストで、どの個人の予想よりも集団全体の平均予想値のほうが正確なことを発見した（訳注＊ほぼ正解だった）。特定のバイアスを共有しておらず、各人のミスが相関していない場合には、ミスは互いを打ち消し合う。したがって、群衆の知恵は驚くほど正しいものになる可能性がある。

テーマに関連する「群衆」による推定値の平均は、通常、正解にかなり近い。より適切な群衆を選ぶ、もっと優れた方法で予測と組み合わせるなど、このアイデアを洗練させたテクニックもたくさんある。その一つは、予測市場を開くことだ。予測市場の参加者は、単に予測するのではなく、将来のイベントの価値に連動した契約を市場で取引する。たとえば、競合他社が生産能力を拡充するかどうかを予測したい時、その契約内容は、競合他社がある日までに拡充を発表すれば1ドルと交換でき、発表しなければ無価値となる。その契約が予測市場で取引される平均価格は、「競合他社による生産能力拡充」というイベントの発生確率を市場がどう予測しているかを反映するものになるはずだ。たとえば、市場でこの契約が平均70セントで取引されていたら、市場は70パーセントの確率でイベントが起きると予測していると見ていい。新しい情報が届くと、取引参加者はそれを考慮に入れる。競合他社の四半期決算の内容が悪かったら、生産能力拡充の可能性は下がったと考え、契約を売却するかもしれない。すると、市場価格は下がる。こうして契約の新しい平均価格は、参加者が賭けている金額で重みづけをされた新たな確率を反映したものになる。

新製品の発売時に、信頼性の高い販売予測を得るために群衆の知恵を利用している企業もある。営業担当者は販売を予測するのに最適な立場にいるので、営業担当者の予測値を集計すれば、非常に信頼できる指標になる。

しかし、群衆の知恵を利用したアプローチには大きな欠点がある。広く知られ、効果があるにもかかわらず、あまり利用されていない主な理由は、それが透明性を生み出してしまうからだ。営業担当者の予測を集約して出された予測は、営業担当者全員が見ることができる。そのため、自己成就的予言（訳注＊自分で「こうなりそう」と思って行動していると、その予言が的中してしまうこと）になりやすい。予測が楽観的なら、それは、メンバーの士気が高まるのでよいことだ。予測が悲観的な場合も、おそらくメリットをもたらす。営業担当者の大多数が新製品は失敗に終わると思っていることを、経営陣が事前に知ることができ、発売を再考できるからだ。しかし、予測の数字が単に弱気な場合はどうか。もともと、新製品に半信半疑の営業担当者が、そう感じているのは自分だけでないと思ったら、さらにやる気をなくすおそれがある。そのせいで、成功を収める可能性があった新製品の発売にけちがつくのなら、経営者はそのリスクをあえて取りたいとは思わないだろう。

群衆の知恵というテクニックは、決断を目的とせずに、初期のアイデア出しや、計画や案の評価のために利用するとリスクが少ない。たとえば、企業戦略の立案、経営変革、イノベーション推進の初期段階だ。数千人の従業員の頭脳を利用することは、かつては非現実的だったが、膨大な情報を処理するテクノロジーは年々進歩している。したがってこのアプローチは、現場の多様な意見を集める主要な方法になる可能性がある。

バイアスを使ってバイアスと戦う

多様な観点を引き出すための方法の中でも、これから紹介する三つの方法は、最も強力なバイアスに対抗するのに、とても効果的だ。それらの共通の特徴は、火をもって火を制す、つまり、バイアスの力を逆手に取ることだ。

▼テクニック㉑　リアンカリングでアンカリングと戦う

第5章で、資源配分の惰性を打破するのがいかに難しいかを見た。過去の数字によるアンカリングは、企業がリソースを思い切って再配分しようとする際の大きな妨げになる。アンカリングは無意識に起きるので、その力に抵抗するのは難しい。アンカー（いかり）の引力と戦うには、私たちを反対方向に引っぱってくれる別のアンカーが必要だ。そのやり方をリ、ア、ン、カ、リ、ン、グ、と呼ぶ。

大企業が予算編成で採用しているリアンカリングの手法には、様々なバリエーションがあるが、基本原理はどれも同じだ。リアンカリングするには、まず、「機械的」に予算配分した、非常に単純化されたモデルが必要だ。通常このモデルでは、各部門の戦略的重要性を評価するために、市場規模、成長、収益性など少数の基準を用いている。しかし、過去にその部門に配分された資源は考慮していない。このモデルは、決して十分ではないかもしれないが、必要な情報を使って、「白紙の状態」からの予算配分、つまり、前年の数字を無視した予算配分を提案する。

もちろん、この単純化したモデルを実際の予算配分に用いることはできない。しかし、このモデルは議論の条件を変える。前年のマーケティング予算が100だとしたら、通常、翌年の予算の議論は、その数字の前後、おそらく90以上110以下で展開される。しかし、単純化したモデルが示す予算は、43だ！　実際、この数字を提案する人はいない。もしかしたら、予算を100に維持する、あるいはもっと増額しなければならない理由があるかもしれない。だが、それはどんな理由なのか。モデルを検討したことで、新たな疑問が浮上してきた。一つではなく二つの数字にアンカリングされたことで、議論の風向きは大きく変わった。

モデルが提案する数字のすべてが、過去の数字と大幅に異なっている必要があるわけではない。仮に、過去の数字が全体的な戦略と適合していて、その戦略がモデルに用いた評価基準に反映されていて、各基準が正しく調整されているのであれば、モデルと過去の数字はほぼ一致するはずだ。その場合、議論に時間をかける必要はない。討議に時間を費やしても、予算案に小さな変更を加えるだけに終わるだろう。それよりも、過去の予算とモデルの数字が大幅に異なる部門の検討に時間をかけたほうがいい。本当に精査が必要な部門の予算の検討に、多くの時間をかけられるようになるのは、リアンカリングの副次的なメリットだ。

▼テクニック㉒ 複数のアナロジーで確証バイアスと戦う

アンカリングにリアンカリングで対抗したように、確証バイアス（誤解を招くたとえ話を無意識のうちに信じてしまう）も、複数のたとえ話（アナロジー）によって抑制できる。私たちの頭にすぐ浮かぶたとえ話や類推は、個人的な経験や記憶に基づいているが、それの代わりになるもの、つまり対抗勢力になるアナロジーを探し出す必要がある。

複数のアナロジーを見つけるのは、意外に難しくない。たとえばイラク戦争中に米軍司令部の戦略アナリストだったカレブ・セップは、イラクに駐留するすべての将校がベトナム戦争というアナロジーをモデルにしていることに気づいた。ベトナム戦争との類似は興味深いが、ほかにも似た状況はないだろうか、とセップは考えた。「対ゲリラ戦で何が機能し、何が機能しないかについて、教訓を引き出せる例はほかにないだろうか?」。数日間かけてセップは、ベトナム戦争と同程度の関連性がある状況を、20以上もリストアップした。私たちは、様々なアナロジーを用いることで、最初に頭に浮かぶ強いアナロジーの引力に逆らい、視野を広げることができる。

▼テクニック㉓　デフォルトを変えて現状打破

アンカリングが資源の再配分を妨げるのと同様に、現状維持バイアスも、企業が自らの選択を疑うことを妨げる。その結果、たとえば、売却すべき事業部門にいつまでも固執することにつながる。現状維持バイアスも、火をもって火を制すことが有効だ。それには、現状打破が、特別な努力を要する選択肢ではなく、デフォルトの選択になっている必要がある。つまり、ルーティンに挑戦するためのルーティンをつくるわけだ。

ある多角経営の大企業はこの原理を利用している。この企業では、すべての事業部門を定期的に（年1回、あるいは2年に1回）、ポートフォリオ審査にかけている。その審査では、簡単な質問をする。それは「もし、わが社がこの部門を所有していなかったら、今、それを買収したいか？」というものだ。通常の経営戦略の検討とは大違いだ。通常の経営戦略の検討では、経営陣は事業部門の実績やマネジメントのやり方を精査し、成長の可能性を見定めようとする。このような検討は、その部門が自社の事業ポートフォリオの一部であることを自明の前提として行われる。一方、ポートフォリオ審査では、それを前提とせず、立証責任をその部門に負わせる。つまり、その部門は、十分な価値を生み出す計画を提示し、今後もその会社の一部であり続けることを証明しなければならない。それができなければ、直ちに再編の検討対象になる。

別の企業はこの原理を経営幹部の人事評価に適用している。その企業のCEOはこの評価を、経営幹部を毎年「再雇用すること」と位置づけている。この評価の肝となる質問は、「もし、この人がわが社で働いていなかったとしたら、その人の実績と成長可能性から判断して、今雇うだろうか？」というものだ。

もちろん、これらは特殊なケースだ。すべての企業が、経済的なロジックだけで各事業部門のポートフォリオ審査を行えるわけでも、行うべきでもない。二番目の例のような急進的な人事理念を受け入れる企業はかなり少ないだろう。しかし、現状を変えなければならない場所には、この理念の適用が役に立つ。現状に挑むことをデフォルトの選択肢にするには、それを当たり前のルーティンにしなければならない。

事実を正確につかむ

異なる視点や発想は欠かせないが、やがて意見を集約して一つを選択すべき時が訪れる。様々な観点から話を聞き、社外チャレンジャーを雇い、多様性に富んだ議論をしたあと、どの見方が正しいかを決めるにはどうしたらいいか。

もちろん、その選択は事実に基づいていなければならない。ダニエル・パトリック・モイニハン上院議員の次の言葉はよく知られている。「誰にでも自分の意見を持つ権利はあるが、事実を思いのままにする権利はない」。いかに正しい事実を見つけて正しく解釈するかというのは、本書が扱う範囲をはるかに超えたテーマだが、次に紹介する五つの比較的シンプルなルーティンが役に立つ。これらはバイアスと戦うのに効果的だが、意思決定者のほとんどは、それらを十分に活用できていない。

▼テクニック㉔　標準化されたフレームワークを使う

一つ目のルーティンは、チェックリストと同じ原理に基づいている。それは意思決定の際に考慮すべき基準をリストアップしたフレームワークをつくることだ。標準化された意思決定のフレームワークを成文化してそれを守ることは、議論が様々な方面に拡散したあと、それを基本に戻すための効果的な方法だ。

一見、この考えは衝撃的に思える。特に、検討中の事案が重要なものなら、なおさらだ。自分たちの判断は独自のもので、その役割を事前に決めた基準に基づくフレームワークやチェックリストに任せることはできないと、私たちは考えがちだ。『アナタはなぜチェックリストを使わないのか？』の著者アトゥール・ガワンデは、チェックリストをつくり、従うことは、「何となく自分には合わない気がする。（中略）それは、リスクが高い複雑な状況をうまく処理できるのは、真に優秀な人々だけだ、という深く浸透している考え方に反するからだ」と考察している。

しかし、フレームワークを利用することは、複雑な意思決定を、チェックボックスに印をつけるルーティンに変えることではない。意思決定は、当事者には独自のものと思えるかもしれないが、その多くは既知のカテゴリーに属し、それぞれのカテゴリーは意思決定のフレームワークと関連づけることができる。たとえば、製薬会社にとって、研究開発計画が、ある段階から次の段階へ進むために超えるべきハードルを定義するのは、簡単なことだ。ベンチャーキャピタル・ファンドには、どの投資提案に対しても必ず聞く、重要な質問がある。

意思決定のフレームワークは、それらを書き出して共有したものであり、議論と意思決定の土台になる。もちろん、例外的な意思決定の際は、リーダーはいつでもフレームワークを取り払うことができる。しかし、そうした場合でも、フレームワークが存在するだけで、「この決定はなぜ、ほかの決定と違うのか」という議論が必然的に促されるメリットがある。

多くの企業では、フレームワークをチェックリストとして形式化するのではなく、繰り返し行われる意思決定に関する基準を網羅したプレゼンテーション・フォーマットに組み込んでいる。たとえば、あるCEOは、細部まで標準化された投資提案書のテンプレートをつくり、利用を義務づけている。それは、投資計画の提案者が、自分のストーリーを裏づける事実だけを抜き出して、ネガティブな要因を無視したり軽視したりするリスクを減らすための工夫だ。

フレームワークの定義、意思決定ルールのフォーマット化、テンプレート利用の義務化は、マイナスの影響を及ぼすのではないかと心配する人々もいる。これらのツールを導入することで、議論が盛り上がらず、独創的な主張は封じられ、最終的にはリスクを取れなくなるのではないか、と懸念する。その心配はもっともだ。確かに、フレームワークとチェックリストを意思決定の補助ではなく、意思決定会議の代わりに使っている企業もある。官僚的な組織では、フレームワークやチェックリストを、議論を封じ込め、挑戦的な気運を排除するための手段と見ているところもある。もし、あなたの会社の意思決定会議が、提案に承認印を押すだけの場になっているとしたら、フレームワークを多少調整したところで、それを変えることはできないだろう。

しかし、真の対話と多様な意見を尊重する企業が、本書で述べたほかのテクニックと組み合わせて、明確に定義されたフレームワークを用いると、まったく逆の効果を発揮する。先述したCEO（や、多くのCEO）が気づいたように、共通のフレームワークは対話を妨げず、逆に後押ししてくれる。テンプレートに従うことで、プロジェクトリーダーがリスクを小さく見せるため意図的に事実を選択したり、ゆがめたりするのを防ぐことができる。また、意思決定会議では、基本データが素早く理解され、議論のための時間が増える。参加者は必要な一歩を踏み出し、自分の意見を述べ、真の対話を展開できる。事前に定められた項目についての事実が全員の頭の中に入っているため、対話は実り多いものになるだろう。最終的に、CEOはリスクを伴う決断を下す。だが、それは、プロジェクトに伴うリスクを知らされなかったからではなく、それを正当なリスクとして認めたからだ。

テクニック㉕　意思決定の基準を事前に定義する

あらかじめ定義したフレームワークとテンプレートは、繰り返し行われる意思決定にしか使えない。大規模なリストラや巨大合併といった一世一代の決断は、あらかじめ定義されたチェックリストには適していない。しかし、それらも同じロジックを適用することでメリットが得られる。繰り返し行われる意思決定と同様に、これらの意思決定でも避けなければならないのは、直観や確証バイアスに過剰に依存した「ストーリーテリングのトラップ」だ。これまで見てきたように、よくできたストーリーの力によって、意思決定者はある事柄を過剰に重視し、それ以外を軽視する罠に落ちる。しかし、実行は簡単ではないが、対策はある。それは、最終的な意思決定のはるか以前に、意思決定の基準を明確に定めておくことだ。

ある同族会社の副CEOは、会長が下した意思決定において、このアプローチの力を目の当たりにした。経営陣同士による長期の交渉の末、副ＣＥＯはある外国企業と買収契約を結ぼうとしていた。ところが、驚いたことに、会長は最後になって合意を拒否した。実を言うと、会長は当初から、次のような判断基準のリストを持っていた。それには次の文言があった。「われわれのチームと買収先企業の経営陣が、手を取り合ってこのディールを成功させることができると、自分は確信しているか？」。あえて副ＣＥＯには伝えていなかったが、会長は交渉段階での両経営陣のやり取りを観察して、この重要な決断を下そうと考えていた。土壇場での翻意と、会長が述べたその理由に、副ＣＥＯは驚きと悔しさを感じたはずだ。副ＣＥＯにとってはまったく予想外の展開だった。しかし、のちになって彼は、相手先企業の経営陣との緊迫したやり取りを振り返って、会長の決断は賢明で、2社の統合は予想以上に難しかっただろうと認めた。会長は、事前に設定した基準に忠実に従うことによって、交渉の力学から必要な距離を保つことができた。

▼テクニック㉖　仮説のストレステスト

どのようなフレームワークや基準を用いるにしても、意思決定は何らかの定量的な分析に頼ることになる。もちろん、この分析の質と深さは重要だ。ほとんどの企業は同じ分析ツールを使うが、使い方の洗練度は大きく異なる。最善の方法は、提案を準備する段階だけでなく、意思決定を伴う会議でも、計算の土台になっている仮説の検証と「ストレステスト」（訳注＊システムに通常以上の負荷をかけて、隠れた欠陥がないかを探すリスク管理手法）を十分に時間をかけて実施することだ。

たとえば、投資計画を検討する時によくやるのが、「最悪のシナリオ」を含む複数のシナリオを作成することだ。もちろん、これは、計画のストレステストの方法としては理にかなっている。しかし、安心感の錯覚をもたらして逆効果になることもある。よくあるのは、「最悪のシナリオ」が最悪のケースではなく、ベースとなるシナリオより少し悪いだけだった場合だ。計画の前提となっている仮説をストレステストにかける時は、変数を微調整するだけではなく、その仮説自体が正しいかどうかを、徹底的に検証する必要がある。

あるＣＥＯは、急速に衰退する市場で経営危機に陥っている企業の買収を計画していた。その資産のいくらかを回収できると見込んでいたからだ。危険な賭けだとわかっていたので、彼は悲観的な内容のシナリオをいくつかつくった。最悪のシナリオでは、買収の翌年、ターゲット企業の売り上げが40パーセント減少すると予測した。かなり慎重な予測だと、あなたは思うかもしれない。しかし、彼は、非常に大事な要因をそのモデルに含めていなかった。それは、独占禁止法の規制当局から、この取引のゴーサインを得るのにかかる日数だ。それは、CEOの予想よりもはるかに長くかかることが判明した。最悪のシナリオと同じペースで売り上げが落ちると、6カ月の遅れによって、さらに20パーセント減少する。結局、この取引によって、巨額の損失を出すことになった。

▼テクニック㉗　参照クラスに基づく「外部視点」を取り入れる

第4章で、計画錯誤（広義には、過度に楽観的な予測の危険性）を紹介した。このバイアスへの対抗策は、ダニエル・カーネマンが『ファスト&スロー』で述べている外部視点だ。これを予測に応用したものが、参照クラス予測（訳注＊同様の過去の状況やその結果から将来を予測する）と呼ばれる。

それを説明するために、一般にプロジェクトの期間と予算がどのように計画されるかを考えてみよう。もし、あなたが責任者なら、プロジェクトの各段階でかかる期間と費用についての計画を立て、それらを合計し、そこに安全マージンを含める。これは内部視点であり、プロジェクトについてあなたが知っていることから始まる。たとえば、もし、あなたが2024年にパリで開催されるオリンピックの責任者なら、フランスのスポーツ大臣が2016年に「コストがオーバーする理由はまったくない」と語っていたように、予算の管理に自信があるかもしれない。

　では、外部視点から見るとどうなるかを考えてみよう。外部から見るということは、このプロジェクトを、類似した数多くの事例の一つとして考えることを意味する。類似した複数のプロジェクトは参照クラスと呼ばれ、それらが必要とした期間と予算の統計的なデータが参考になる。２０２４年のパリ・オリンピックの例では、最も自然な参照クラスはもちろん、過去のオリンピックだ。オックスフォード大学のベント・フライフヨルグと同僚のアリソン・スチュワートは、１９６０年から２０１２年までのオリンピックのデータを集め、すべての大会が予算をオーバーしていたことを発見した。平均的な超過率は、名目値で３２４パーセント（インフレ調整後は「わずか」１７９パーセント）だった。これを知ったうえで２０２４年のパリ・オリンピックが当初の予算内で収まるかどうかに賭けるとしたら、あなたはどちらに賭けるだろうか。

　外部視点と内部視点の違いは、常にこれほど顕著なわけではないが、たいていは外部視点のほうが信頼できることがわかっている。逆説的だが、対象となるプロジェクト特有の事情を無視したほうが、見積もりはより正確になる。情報量が少ないほど精度が上がるのは、確証バイアスや過度の楽観主義が抑制されるからだ。英国では、財務省と交通省が、すべての大規模インフラ計画で使用する予測手法に、参照クラス予測を組み込んでいる。

▼テクニック㉘ 新データを入手したら、考え方をアップデート

ジョン・メイナード・ケインズはよく意見を変えて非難された。彼は批判に対して次のように答えたそうだ。「事実が変われば、私は考えを変える。あなたはどうしますか?」。

これは、意思決定のプロセスでは誰でも新しい事実を発見するという根本的な問題を表している。もちろん、それを考慮に入れる必要はあるが、どの程度まで考慮すればいいのだろうか。新しい情報が非常に重要で、考えを改めなければならないのは、どんな場合だろうか。データが新たに見つかるたびに手のひらを返すようなことはしたくないが、頑固一徹というのもよくない。

幸い、この問題については判断の指針になるツールがある。それは、条件つき確率に関するベイズの定理だ。もし、自分の判断を定量的に（つまり、確率として）表すことにあなたが同意するなら、ベイズの定理は、新しい事実に照らして、その確率をどれだけ修正すべきかを教えてくれる。ここでは、数式によってではなく、第8章で紹介した簡単な例を用いて説明しよう。集団思考や情報カスケードのトラップを避けながら、有望な投資案件について意思決定しようとしている投資委員会の例だ。

あなたはこの委員会のメンバーで、議題になっている投資を慎重に検討した結果、この投資は魅力的ではない、と結論を出したとしよう。しかし、最初の発言者は、あなたと反対にこの投資への支持を表明した。それを聞いて、あなたは意見を変えるべきだろうか。

答えは二つの要素によって決まる、と直観が教えてくれる。第一の要素は、あなたのもともとの信念の強さだ。それが悪い投資だと99パーセント確信していたら、確信の度合いが60パーセントの場合に比べて、意見を変える可能性は低い。第二の要素は、最初の発言者をあなたがどのくらい信頼しているかだ。その信頼度は、あなたが意見を変えるかどうかに影響する。いつもあまり信頼できないと思っていたら、あなたは意見を変えないだろう。逆に、その同僚の判断はいつも的確だと思っていたら、考えを変えてその同僚側につく可能性が高くなる。*

ベイズの定理は、事前確率（訳注＊データを入手前に想定していた確率）と事後確率を算出す

＊もっと言えば、その同僚が間違う可能性を考慮に入れる必要がある。仮に、その同僚は非常に慎重だとすると、悪い投資を勧めることはめったにないが、よい投資を逃すことはよくあると予想できる。つまり、同僚が間違う確率は、投資を「肯定」する場合と「否定」する場合で異なる。したがって、同僚の「肯定して誤る（偽陽性）」確率と「否定して誤る（偽陰性）」確率を出す必要がある。この例では、わかりやすくするため、どちらも同じと仮定している。

ることで、この直観を数量化する。事後確率とは、新しく入手した情報を考慮に入れて評価をし直し、自分の答えに対する自信のレベルを修正したものだ。この例では、あなたは投資評価に対する自分の意見に大きな自信を持っていたとしよう。数値で言えば、投資の成功確率は33パーセントしかないと考えていた。しかしその一方で、同僚のことをとても尊敬していて、その人の判断は80パーセント正しいと思っている。この場合、ベイズの定理はあなたに、意見を変えたほうがいいと教える。実際に計算すると、その投資が有望である事後確率は67パーセントになる。言い換えれば、新たな情報をもとに考慮した結果、この案件がよい投資である確率が3分の1から3分の2に上がったということだ。自信のレベルを修正した結果が投資を支持するのに十分なものであれば、あなたは意見を変えるべきだろう。

推測を定量化してベイズの定理を利用することの価値は、数字がどれだけ違えば、意見を変えなければならないかを数値化できるところにある。この例で言えば、あなたが仮に、同僚が正しい確率を70パーセントと（10パーセント低く）考えていたら、投資が魅力的である事後確率は約50パーセントにしかならない。これは事前確率の33パーセントより高いが、投資を支持するには十分ではないだろう。また、最初の信念の強さも重要だ。たとえば、事前確率が33パーセントではなく、20パーセントだった場合、同僚に80パーセントの信頼を置いていたとしても、投資が魅力的である事後確率は50パーセントにしかならない。あなたの考えをアップデートする際は、この二つの要素が鍵になる。つまり、あなたが新しい情報に与える価値は、自分の最初の判断に対する信頼度と、新しい情報の価値をどう判定するかによって決まる。

言うまでもなく、主観的な考えを確率で表すのは便利だが、単純化であることに変わりはない。例に出したようなケースであれば、信念を定量化するのはよいことだが、前章で述べた対話のテクニックのいくつかを活用して、同僚との意見が食い違った理由を突き止めるとさらにいいだろう。同僚が、あなたと同じデータを見て異なる解釈をしたのではなく、あなたが軽視していたデータに基づいて判断していたことがわかれば、同僚の意見ははるかに説得力があるものになるだろう。

それでも、ベイズの定理を使って自分の考えを更新するのは、不確実性の高い状況では、非常に有効だ。統計学者ネイト・シルバーは、著書『シグナル&ノイズ』（川添節子訳、日経BP）において、ベイズの定理の実際の応用例を数多く紹介し、この定理を使いたい人のためのハウ・ツー・ガイドを提供している。さらに、第3章で紹介した心理学者のフィリップ・テトロックも、ベイズの定理の有効性に関する証拠を明らかにしている。彼と同僚は、米国の諜報機関による政治予測と軍事予測の精度を向上させるため、数年にわたってプロジェクトを実施し、プロのアナリストより信頼度の高い予測をするアマチュアの「スーパー予測者」を何人も特定した。スーパー予測者の顕著な特徴は、新しい情報に反応して自分の考えを更新する姿勢と、ベイズ流のテクニックで自分の考えを修正し、過剰反応と過小反応の両方を回避する高い能力だ。

謙虚さを育む

最後の要素は、異なる考えを許容しつつ、それらに流されないために欠かせないものだ。それは、難しい決断に直面した時に謙虚さを忘れないことだ。謙虚さの実践は、言うは易く行うは難しの典型だ。だが、「謙虚さ」を徳のある人が生来備えている特徴と見なすのではなく、謙虚さは育てて身につけられるもの、と捉えるべきだ。

そのユニークな実例は、米国最古のベンチャーキャピタルの一つであるベッセマー・ベンチャー・パートナーズだ。同社のウェブサイトには、「アンチ・ポートフォリオ」という項目があり、同社が投資できたのにしなかったすべての案件が列挙されている。そこには、のちに大成功を収めた企業がいくつもある。「アップル」――ベッセマーの経営者は、それを「法外に高い」と考えた。「イーベイ」――切手やコインやマンガ本のオークションだって？ 冗談だろう、悩む必要もない。ペイパル、インテル、グーグルも、このリストに載っている。他のファンドも真似たこの試みは、自虐的に見えるかもしれないが、投資判断がいかに複雑で難しいかを再認識させてくれる。

加えて、エラーの方向が重要なことも思い出させてくれる。多くの分野では、不作為のエラーを避けることより、作為のエラーを避けることのほうがはるかに重要だ。たとえば、パイロットや橋梁技術者にとって、「転ばぬ先の杖（用心に越したことはない）」は素晴らしい経験則だ。しかし、ベンチャーキャピタルはその逆で、用心しすぎることほど悪いことはない。本書執筆のためにインタビューをしたベンチャーキャピタリストが語ったように、「1ドル投資して、それが間違っていた場合、失うのは1ドルだ。しかし、その価値が100倍になる投資を見送った場合、損失は99倍になる」。だからこそ、ベッセマーのリストは、ゴーサインを出して失敗した投資（偽陽性）ではなく、投資すべきだったのにしなかった事例（偽陰性）を強調している。この「アンチ・ポートフォリオ」は、抽象的な謙虚さを育むだけでなく、どんな謙虚さが重要かということに、みなの目を向けさせる。自分の分野で最も重要なのはどんな謙虚さか、それを育むための正しいテクニックは何か。それを見つけられるかどうかはあなた次第だ。

よい決定をするには、ミスを排除するだけでは不十分であり、よいアイデアを持ち、それらの中から賢く選ぶことも必要だ。これが、「意見の相違」が、優れた意思決定アーキテクチャーに不可欠な要素である理由だ。

30秒でわかる

意見の相違

▼**意見の相違とは、異なる角度から事実を見る**ことであり、バイアス(特に、パターン認識バイアス)を抑制できる。

▼**ある種のコントラリアン**(**逆張り**)**的な人は**それを自然に行えるが、そのような人が大組織の中で長く生き残ることはまずない。

・マイケル・バリーはサブプライム住宅ローン危機の到来を予見していたが、大銀行のほとんどの人は気づいていなかった。

▼**多様で挑戦的な視点**は、多様な情報源からもたらされる。
・外部から――非公式のネットワーク、専門家、コンサルタント、社外チャレンジャー（正しい方法で利用される場合）。
・内部から――対決の演出が可能なら、「レッドチーム」か「ウォーゲーム」、総意をくむには「群衆の知恵」を活用する。

▼多様なアイデアを生み出すために、**バイアスをもってバイアスを制す**こともできる。
・リアンカリングでアンカリングを制する――予算についての議論。
・複数のアナロジーで確証バイアスを制する――イラク戦争と似ているのはベトナム戦争だけではない。
・デフォルト（初期設定）を変更して現状維持バイアスと戦う――全部門のポートフォリオ審査。

▼異なる意見の中から選択するには、**高品質で、事実に基づいた分析**が必要だ。

・繰り返される意思決定には、標準化されたフレームワークを、一度限りの意思決定には、事前に設定した意思決定の基準を用いる。
・仮説に対するストレステスト——関連性のある「参照クラス」によって外部視点を取り入れ、新しいデータを入手したら自分の考えをアップデートする。

▼いずれの場合も、多様な視点に対応する際には、**謙虚な姿勢**で臨む。
・ベッセマー・ベンチャー・パートナーズの「アンチ・ポートフォリオ」は、同社が投資を見送ったものの大化けした投資先の一覧だ。

第16章

組織の力学――意思決定のプロセスと文化を変える

最初、うまくいかなくても、何度も挑戦しろ。
それでも失敗したら、やめる。
そんなことに時間をかけても意味がない。

――W．C．フィールズ（米国のコメディアン）

ここまでの章で、対話と多様な意見を生み出すアイデアを挙げてきたが、あなたはそのいくつかについて、「うちの会社の文化で機能するわけがない」「面白いアイデアだと思うが、自社の意思決定プロセスのどこに当てはまるのかがわからない」と感じたかもしれない。確かに、対話と多様な意見の促進は、意思決定プロセスと文化がそれらを阻むのであれば、夢物語のままだろう。

「誰が、いつ、何を決めるか」という現実的な問いに答えるための意思決定プロセスや階層、委員会組織、スケジュールなどを考慮しなければ、意思決定を改善することはできない。あなたの会社には、マーケティング計画の策定、予算の編成、投資の承認などのプロセスがあるはずだ。もしもこれらのプロセスが、多様なアイデアを「単純で視野の狭い」単一のアイデアに戻し、対話を押し潰すのであれば、意思決定の質は低下するだろう。

同様に、組織の文化（コア・バリュー、基本理念、社風とも呼ばれる）も重要だ。なぜなら、「私たちが意思決定する際に何が重要か？」という問いに答えるものだからだ。企業文化が正しい意思決定の妨げになることはよく知られている。すでに述べたように、ポラロイドの社風は、経営陣が技術革新の緊急性を認識することを難しくしていた。

こうした理由により、意思決定アーキテクチャーには3本目の柱が必要だ。それがなければ、最初の2本の柱はすぐに倒れる。3本目の柱とは、組織の意思決定のプロセスと文化に関わる力学（ダイナミクス）だ。

もちろん組織文化を一変させる魔法のような特効薬はなく、組織の意思決定の文化についてもそれは同じだ。しかし、大企業と政府組織は、俊敏性が生き残りの条件となっている中小企業や起業家の意思決定のテクニックやスタイルから、大いに学ぶことができる。

インフォーマルとフォーマル

大規模な組織の意思決定を観察していると、とても印象的な特徴が一つある。それは、意思決定会議が形式張っていて、厳かなムードに包まれていることだ。その場を支配するのは、堅苦しさや緊張感や恐怖心であり、当然、こうしたムードは、オープンな対話や反対意見の表明を促すものではない。なぜ、そうなってしまうのだろうか。

▼テクニック㉙　友好的な雰囲気をつくる

問題の解決法が、あまりにも単純かつ当たり前に思えることが、時々ある。多くの中小企業や一部の大企業は、経営チーム内の良好な人間関係を重視する。次々と起業してきたあるシリアルアントレプレナー（連続起業家）は、それをルール化している。「これまでに立ち上げた企業のすべてに、親友を含む友人に入ってもらった。そんなことをするのはクレイジーだとよく言われる。だが、長年のつき合いで互いをよく知っているので、政治的な駆け引きがないことが何よりもありがたい」。

これは極端な話かもしれない。あなたがトップの地位にある場合、友人を雇うことには明らかにマイナス面がある。しかし、経営チームや取締役会で、打ち解けて議論できる雰囲気をつくるのは賢明な策だ。ある取締役会の議長は次のように話す。「友だちが語り合っているような雰囲気をつくるようにしている。変な言い方かもしれないが、それはとても重要なことで、メンバーが互いを嫌っていると、自由に発言できない」。些細なことがきっかけで友好的なムードが生まれることもある。第14章で紹介した「6人のアミーゴ」を召集した経営者は、「『○○委員会』ではなく、『6人のアミーゴ』と呼ぶことが、打ち解けたムードづくりに役立っている」と指摘する。どのやり方も基本的な原理は同じで、参加者が一緒にいて心地いいと感じられなければ、真の対話を成立させるのは難しい。

カジュアルで打ち解けた雰囲気をつくることは、前述の「対話のための基本ルール」と矛盾しているように思えるかもしれない。しかし、そうではない。打ち解けた雰囲気だからこそ、そうしたルールに縛られることにも我慢できる。自分に自信を感じることができて、リラックスした雰囲気の中、親しい人たちに囲まれていれば、「ストーリーテリング」の禁止や、「別のストーリー」を用意することにも快く協力できる。緊張した雰囲気の中で、高圧的な上司から、「アナロジー」の禁止や、持論と逆の意見を述べるよう命令されたら、誠意をもって応じられるだろうか。友好的で打ち解けた雰囲気は、ルールのある対話の敵ではなく、それを可能にするものだ。

▼テクニック㉚「発言する」文化を育てる

中小企業より大企業で多く見られる問題は、人々が発言しないことだ。これは先に集団思考のところで挙げた「自主的な沈黙」だけではない。多くの組織では、意見の相違や疑問、懸念だけでなく、自分のアイデアや提案さえ、気軽に語ろうとしない。もちろん経営者は常々「社員に発言してもらいたい」と言っている。しかし、それを実行するのは、意外に難しい。

ヨーロッパのある大企業のトップは、発言する文化を浸透させるテクニックとして、「反対意見を述べる勇気ある人に報酬を与え、昇進させる。そうすれば、声を上げる人が増えるだけでなく、政治的な駆け引きをする人に未来がないことが、全体に知れわたる」。別の経営者は、指揮を執った会社の文化があまりに形式張っていたので、経営幹部の数人にプロのコーチをつけた。そして幹部たちに「コーチとともに学んで、私に面と向かって『間違っている』と言えるようになってほしい。もちろん礼儀正しく、だが、はっきり、かつ速やかに」と言った。

この2人の経営者は同じ信念を持っており、それを3人目の経営者は、自分なりに次のように表現する。「私は、ほとんどの場合、自分が正しいと思いたい。だが、間違える可能性はあり、実際に間違える。経営チームはぜひ、それを私に指摘してほしい」。声を上げることは重要であり、それには努力が必要だ。

▼テクニック㉛ 報酬システムと組織の利益を一致させる

もちろん、企業の報酬システムがそれに沿っていなければ、トップが旗を振っても、友好的な雰囲気や多様な意見が出てくることは期待できない。先に言葉を引用した経営者の1人は次のように説明する。「報酬制度はすべての解決法の母だ。組織の利益のために働くことに報いる報酬制度がなければ、従業員は自分のボーナスを増やすことだけ考えて動くだろう」。キャス・サンスティーンとリード・ヘイスティも共著『賢い組織は「みんな」で決める』（田総恵子訳、NTT出版）の中で、組織をさらに機能させるための方法として、「組織の成功に報いること」を挙げている。個人と組織の報酬のバランスがとれた動機づけの仕組みをどう設計すればいいかは、本書の範囲を超えているが、無視できない課題だ。

これらの提案をまとめると、シンプルで魅力的なイメージが湧いてくる。それは、利益が完全に一致しているので、率直に意見をぶつけ合うことを恐れない「友人のグループ」だ。誰でも、堅苦しく緊張した経営委員会よりも、このような環境を望むだろう。

リスクと用心

第6章では、大企業はリスクを回避しがちで、その経営者は経営幹部に「もっと起業家精神を持て」と促していることを紹介した。「起業家精神」は魅力的だが、それから得られる教訓はなかなか複雑だ。起業家にリスクについてどう考えているか尋ねると、こんな答えが返ってくる。「リスクができるだけ小さくなるよう、常に慎重に計算している。自分で経営しているからそれができる」。起業家はギャンブラーではなく、リスクに対して非合理的だったり、不健全な欲求を持っていたりはしない、と多くの研究が示唆している。

起業家と大企業の経営者を区別するのは、リスクの量ではなく、リスク管理の俊敏性だ。これは、大企業が起業家から見習うことができる次の五つのテクニックに、はっきりと現れている。

▼テクニック㉜　無料で学ぶ方法を見つける

その最初のアイデアは、中堅高級ブランド企業の創業者兼ＣＥＯの言葉に集約されている。「新しいことに賭ける場合、それがうまくいくかどうかを知りたいが、お金はかけたくない」。

彼の戦略的選択の一つはこの原則に沿っている。競合他社の大半、特に大規模な高級ブランド・コングロマリットが所有する企業は、社外の小売業者に頼るだけでなく、直営店を持っている。このＣＥＯは、それと同じビジネスモデルの採用を検討していた。しかし、多くの疑問が生じた。「魅力的なストアコンセプトを打ち出せるか？」「店の売り上げはどのくらいか？」「賃料はいくらまで出せるか？」「どんな立地が最適か？」「既存の小売店の反応は？」。こうした疑問について紙の上では分析できる。競合他社がどうしているかも知っていたが、自分のブランドについてそれらの疑問を解決するには、地道な努力が必要だった。

つまり、このリスクを取る前に、ＣＥＯは、小売店の販売時点情報管理という新しいスキルを学ぶ必要があった。従来のスキル学習法は、大規模展開の前にパイロットショップを開いて戦略を改善していくことだった。しかし、自分の金で勝負する大株主としては、この種の実験に資金を使いたくなかった。売り上げの見通しが立たないまま、商業施設で数年間、店舗を借り、運営していくのは、リスクが高すぎた。

そこでCEOは、リスクを共有してくれるパートナーを探すことにした。ある国では、高級ブランドの誘致に熱心なビルオーナーが、売上高に連動した変動賃料に合意してくれた。別の国では、ある小売業者が、自分の店舗内のスペースにそのブランドの店を開くことに同意してくれた。もし、失敗しても、簡単に元に戻せるからだ。こうした様々な方法によって、CEOは危険なリスクを冒すことなく、新しいモデルを改善することができた。大企業の手法に比べると時間がかかるのは確かだが、彼のやり方には利点もあった。それは、プロセスの途中での修正が可能だったことだ。

テクニック㉝　失敗を恐れず実験

では、同様の状況で、大企業がパイロットショップを開く場合はどうだろうか。テストして学ぶという意味では、よい方法ではないだろうか。

本来はそうあるべきだ。しかし、実際には、「パイロット」と「テスト」という言葉が混同されていることが多い。「テスト」は、計画内容を改善し、それを始めるかどうかを決めるのに役立つ。一方、「パイロット」は、計画の有効性を測定・実証して、計画を実行する前に組織の体制を整え直すためのものだ。この二つはまったく別物だ。

たとえば、ある小売チェーンが、店舗を活性化するために、新しいストアコンセプトを打ち出そうとしているとしよう。この計画はいくつかのパイロットショップで試す必要がある。どうすれば、うまくいくだろうか。まず店舗の場所を慎重に選び、資金を投入する。そして経営陣が大いに注目する中、新コンセプトを導入する。次にその結果（売上高、利益、顧客満足度）を既存の店舗（通常、事前には決めない）と比較する。当然ながら、両者の差は決定的だ。「この新しいストアコンセプトはうまくいく！」と経営陣が確信できれば、大規模展開に踏み切ることができる。

このプロジェクトに関わった人に話を聞くと、誰もが「会社はこの新しいコンセプトをテストしたのではなく、それがうまくいくことを実証しようとした」と言うだろう。つまり、このテストは、計画の実施を決定するかどうかではなく、決定済みのことを実行に移すためのものだった。パイロットショップでは成功しても、全店舗で展開したら期待外れに終わることが多いのはそのためだ。パイロットショップでの成功が、新コンセプト導入の結果か、それとも、期間限定の特別な店だから注目されたのかを見分けることはできない。これは、プラセボ効果のビジネス版とも言える「ホーソン効果」だ。今から約1世紀前、組織心理学者たちは、実験により次のことを発見した。工場の環境を変化させると、それがどんなことであってもほとんどの場合、一時的に生産性が向上する。それは単に、工場の労働者が、自分たちは注目されていると意識したからだった（訳注＊「ホーソン」は、実験の舞台となったウェスタン・エレクトリック社の工場名）。

大企業がこの失敗を繰り返してしまうのは、意思決定の力学が働いているためと考えられる。もちろん、新コンセプトを考案したチームは成功を望む。上層部も成功を確信している。そうでなければ、試してみようとは思わないはずだ。上層部は別のチームに、パイロットショップでの展開を委ねる。このチームも「新コンセプトの失敗」の責任を取らされたくないので、その成功を願っている。一方、経営陣はすでに、取締役会や株主、証券アナリストに向けて、新しいストアコンセプトが自社の小売チェーン部門の業績を回復させるだろう、と伝えている。失敗した場合のプランBはない。誰もがこのテストの成功を願い、全員が成功を確信する。

このにせの「テスト」を本物の実験と比べてみよう。ネットショップなどに代表されるデジタルサービス事業者は、ウェブサイトのデザイン変更などの影響を評価するため、定期的に「A／Bテスト」を実施する。このテストでは、変更を加えた顧客グループ（A）

と加えなかった顧客グループ（B）の反応を比べる。この二つのグループのメンバーはあらかじめ定義された条件で無作為に選ばれ、評価に影響するアクションはデザイン変更以外は一切しない。これは、科学における無作為化比較試験に相当する。同じ考え方で、英国の行動洞察チームをはじめとするナッジ・ユニットは、ある行動への誘導を図るための提案について厳密なテストを実施し、行動への影響を数量化している。

対照群を置いた比較試験を実施できない場合は、継続的な実験という考え方を採用することができる。たとえば、前述の新しいストアコンセプト導入を計画する小売チェーンの場合、異なるコンセプトをいくつか考案し、同じ条件で同時にテストする。結果がすぐに得られず、結果の解釈も難しいかもしれないが、少なくとも、失敗を恐れて何もしないのではなく、健全な競争を生み出すことができる。また、全体的なコンセプトではなく、新コンセプトの各要素をテストし、その効果を個別に測定する方法もある。テストで学んだことを生かして、新しいコンセプトを継続的に考えていくことも可能だ。

どのアプローチを選ぶにしても、心に留めておくべき重要なポイントは、「成功しか許されないのなら、それは本物の実験ではない」ということだ。本物の実験では、失敗は許される。なぜなら、成功と同じく、失敗からも多くのことを学べるからだ。起業家は直観的にそれを知っている。起業家は大きな決断を小さな決断に分解して、本物の実験を行うので、想定内のリスクを取ることができる。しかし、組織を説得して前進させようとする経営者は、それを忘れがちだ。大企業の経営者は、本物の実験を実施できるように、意思決定のプロセスを抜本的に見直す必要がある。

▼テクニック㉞　成功も検死する

実験から学ぶことは素晴らしいが、現実の経験から学ぶことも重要だ。多くの企業は、失敗の報告を受け、そこから教訓を導くプロセスが、少なくとも紙の上では用意されている。そうした「検死」の作業を、責任追及や魔女狩りにならないように実施するのは簡単ではない。しかし、失敗から学ぶことの重要性は誰もが理解している。

失敗の検死に比べて、実施頻度がずっと少ないのは、成功についての厳密な検証とそこからの学びだ。フランス海軍の特殊部隊は、米国軍の多くの部隊と同じように、任務報告を行う。率直な会話を促すために、「名前、階級、不問」という原則が、報告室の壁に目立つように掲示されている。ある将校は、ここでの報告の最も重要な目的は、「どこが幸運だったのかという、ほかでは決して尋ねられることのない質問に答えることだ」と言う。もし、単に運がよかっただけで任務が成功したのなら、そこから学ぶことはたくさんある。

ひょっとしたら失敗から学べることよりも多いかもしれない。重要なのは、次回は運が味方してくれないかもしれない、ということだ。

「自分たちの成功が、優れた才能や戦略の優位性ではなく、運のよさによるものだと気づいた時には、手遅れになっていることがよくある」。多くの企業は、軍事の教科書からのこの引用を参考にすべきだ。

▼テクニック㉟　コミットメントを徐々に増やす

ここまでで、次のような疑問を持つ人もいるだろう。低コストでの学習や継続的な実験は、リスクを取ろうとせず、コミットメントを避け、小さく考え、小さく動こうとしているだけではないか。大企業はスケールメリットという戦略的優位性を生かして、中小企業が真似できないような大胆なリスクを取るべきではないか。

もちろんその通りだ。しかし、それには俊敏さが求められる。いきなり大きな賭けに出るのではなく、徐々にコミットメントを増やしていくのが得策だ。これはベンチャーキャピタリストの手法であり、同じ会社に対してシードステージから「ユニコーン」と呼ばれるようになるまでの各段階で、実績と将来の計画に基づいて出資額を上げていく。

この点でも、大規模な組織力学が、この種のアプローチをとりにくくしている。大企業で投資の決定をする時、答えは「イエス」か「ノー」のどちらかだ。「この投資金額の10パーセントでどこまで伸ばせるか目標を示してほしい。そして、1カ月後、達成できたかどうかを見てみよう」といった言葉はめったに聞かない。しかし、後者は意思決定を素早くする優れた方法だ。

企業が段階的にコミットメントを強めていく方法を確立するには、プロセスと文化の両面で障害を乗り越えなければならない。プロセスとしてはまず資金調達の問題がある。年間予算に例外を設けて、会計年度中にこれらのプロジェクトへの投資を徐々に増やしていくか、あるいは、社内ベンチャーのように、これらのプロジェクトを担当する別組織を設けることが必要だ。また、大規模投資に対する通常のレビューに比べると小規模になるかもしれないが、プロジェクトの各段階で時間をとって、進展を検討することも欠かせない。

しかし、一番の問題は大企業ならではの文化だ。起業家が次の資金調達のために自分の会社を宣伝しなければならないように、企業内で提案したプロジェクトが受け入れられるためには、常にやってくる困難に立ち向かわなければならない。しかし、一般に企業の社員は、起業家のような打たれ強さや金銭的野望は持っていない。さらに、目標に達していないプロジェクトをどの段階で打ち切るべきかを経営幹部が学ぶのも難しい。

▼テクニック㊱　ミスを犯す権利ではなく、失敗する権利を認める

俊敏性の最後の条件は、最も重要だ。それは、失敗する権利を確保することだ。

ここではっきりさせておきたいのは、失敗する権利はミスを犯す権利ではないことだ。あるCEOは、巨大な損失を出した部門のマネジャーを昇進させた時の、社員たちの驚きを詳しく述べている。「あの企業の買収を決めたのは私であり、彼はその難題に挑戦し、最善を尽くした。市場が崩壊したのは、彼の責任ではなく、恥じることは何もない」。

この例が示すように、失敗する権利というのは、公平性と論理性のシンプルな問題だ。前述のように、リスクの高い選択をする際には、ミスがゼロでも失敗は起きる。一方、ミスを犯す権利は、それとはまったく別物だ。ミスを犯した人に対して、経営者は二度目のチャンスを与えるかもしれないが、三度目はないだろう。

多くの管理職が失敗を恐れて動こうとしないのは事実だ。前述の小売チェーンで、パイロットショップのテスト結果にバイアスがかかっていたのは、担当するマネジャーたちが失敗の責任を取りたくなかったからだ。大企業が小さなリスクを避けようとするのも、プロジェクトの各責任者が失敗を恐れ、損失回避行動に出るからだが、失敗は許されないと

いうスタンスで、本物の実験はできない。失敗を恐れてすくんでいたら、俊敏に動けるはずがない。

　この問題の本質をよく理解している経営者は、管理職に恐怖を克服させるには、自分が管理職の人たちに送る個人的なサインが重要だとわかっている。『君にはリスクを取ってほしい』と言っても意味はない。マネジャーがリスクを取り、やるべきことを実行したのにそれが裏目に出たら、その時こそ真のメッセージを送るべきだ。CEOが失敗したマネジャーにわざわざ言葉をかけている姿を、従業員の誰もが記憶にとどめるはずだ」とあるCEOは話す。

　さらにそのCEOは、「失敗する権利があると従業員に認識させたいなら、自分の失敗を見せなければならない」とつけ加えた。このCEOは、年に一度のマネジャーとのセミナーで、結果が期待外れに終わった自分の経営上の決定について、赤裸々に語る。つまり、自分もみんなと同じように失敗を犯すが、それを乗り越えることもできる、と自ら進んで明かすわけだ。単純なアイデアだが、実行する人はめったにいない。

ビジョンと柔軟性

ある同族企業のCEOは、自らの戦略について次のように表現する。「うちのような多角経営の同族企業では、戦略の大半は、状況に応じて決められる。事前に戦略を決めるのは非常に危険だ。いわゆる戦略的ビジョンに縛られて、動けなくなったり、チャンスをつかみ損ねたりしたくない」。

誰もが認めるCEOの役割が一つあるとしたら、それは会社の戦略を決めることだろう。このように、戦略を固定化しないのは、逆説的に見えるかもしれない。しかし、賢明な大企業のCEOの多くは、同様の考えを持ち、戦略に柔軟性を持たせようとしている。

▼テクニック㊲ テキサスの狙撃兵のような戦略を練る

「テキサスの狙撃兵」という有名なジョークがある。狙撃兵は、納屋の扉に向けて適当に銃を撃ったあと、扉まで歩いていき、銃弾の穴が最も密集している部分に丸い的《まと》を描く。これで射撃の名手だ！

このジョークは、「結果がわかってから目標を定めるのは誤り」という推論の誤りを説明するためによく用いられる。しかし、これは柔軟性の価値も示している。ある上場企業のCEOはそれを次のように表現した。「私は人から、『あなたの戦略は素晴らしい！』と言われるとこう答える。『がっかりさせたくはないですが、私に戦略はありません。私は株主価値を創造するため地道に意思決定を下し、それらが結果的に全体でまとまって見えるのです』」。

このCEOが避けようとしている落とし穴は何か。彼は次のように説明する。「私がこれまでに見た中で最も深刻なミスというのは、グランドデザインを持つ経営者が、その夢を一刻も早く実現しようと、それに必要なものを見境なく売買した事例だ」。つまりその経営者は、株主と経営陣に価値創造という魅力的なストーリーを語るところからスタートし、自らのストーリーテリングにがんじがらめに縛られ、誤った判断を次々と下すようになってしまった。

対照的に、このCEOがストーリーを語るのは、それが現実になってからだ。テキサスの狙撃兵のように、彼は銃を撃ったあとで的を描く。しかし、やみくもに銃を撃つわけではない。彼の戦略は柔軟だが、株主価値を創造するという任務は揺るがない。戦略の柔軟性は、目標と長期ビジョンが明確だからこそ可能となる。

▼テクニック㊳　堂々と意見を変える

これらの経営者の戦略に見られる柔軟性は、日々の行動にも表れている。自分の考えを変えることができ、そうすることに誇りを持っている。もちろんそれは、経営者が自分の気まぐれにチームを服従させる独裁者だからではない。むしろ、自ら柔軟性の手本を見せているのだ。

前述の銀行頭取はこう語る。「取締役会のメンバーは、私が考えを変えるのを見慣れている。もちろん気まぐれではなく、議論と事実に基づいて」。別の経営者は、「朝にあることを言って、昼に新しい情報を得て、夜には考えを変える」。

もっとも、その経営者は、「ある一定レベル以上の役職者に対してだけだが」と注意深くつけ加える。もし、数千人の社員の前で話すのであれば、頻繁に変わることのない明確なメッセージを伝えなければならない。だが、それは意思決定の段階を過ぎて、実行の段階になってからだ。まだ意思決定の段階にあり、対話を促して多様な視点を引き出そうとしている時には、考えを変えられるリーダーだけが、同僚にも同様の柔軟性を求めることができる。

経営者は経営チームのメンバーの柔軟性を称賛することもできる。ベンチャーキャピタリストのランディ・コミサーは、「不確実性と曖昧さをよしとするのは、経営者の重要な資質だと思う。（中略）議論の熱量に応じて意見を変えるリーダーが好きだ。この意思決定は困難で再検証が必要だと認めることができるリーダーは素晴らしい」と熱く主張する。自らのストーリーに縛られず、ストーリーの変更や、別のストーリーを語るために必要な柔軟性を持つことは、確証バイアスと戦うための有効な方法だ。しかし私たちの多くは、それに慣れていない。だからこそ、経営者が誇りをもって自分の考えを変えて、周りに手本を示すことが重要だ。

チームワークと孤独

以上の例が示すように、チームは重要だが、最終的な決定権は経営者にしかない。経営者は対話の場を設けるが、最終的な責任は自分が負う必要がある。また、自らのバイアスを自覚し、それと戦うことをチームに奨励する必要があるが、時が来たら、バイアスがどんな悪影響を及ぼしているかがわからなくても、意思決定を下さなければならない。

この最終の意思決定は、どのように、いつ下せばよいのだろうか。この問いに、唯一の素晴らしい答えはない。しかし、いくつかの例が、進むべき道を指し示している。

▼テクニック㊴　権限のシェア

やり方の一つとして、一般的ではないが強力な方法がある。それは、権限のシェアだ。重要な意思決定に関して、2人（以上）で責任をシェアすると、個人のバイアスが悪影響を及ぼすリスクが減る。

ある経営者は、次のように語る。「会社には私ともう1人の共同設立者がいて、お互いに相手を完全に信頼し、とてもうまく補い合っている。2人で決めることは、自分勝手な視点を防ぐための最善策だ」。加えて、政治的駆け引きに対する防御策にもなる。「私たちの意見を推測してそれに合わせようとする人はいない。なぜなら、重要な議論の最初の段階では、私たち2人の意見が一致しないことをみんな知っているからね」。さらに、この手法は、企業ガバナンスによって権限がシェアされている組織、たとえば、コンサルティング会社や会計事務所などのプロフェッショナル・サービスで実践されている。

▼テクニック㊵　インナーサークルをつくる

もっとも、権限のシェアは難しく、ほとんどの組織にとって現実的な選択肢ではないかもしれない。従来型の企業の場合、経営者が少人数の意思決定委員会、つまり「インナーサークル」をつくることで、「複数の船頭」からメリットを得ることができる。多くの経営者がこれを非公式に活用しているが、正式な組織にしている人もいる。

すでに紹介した経営者の1人は、正規の経営委員会のほかに、「戦略委員会」を組織している。驚いたことに、戦略委員会のメンバーには管理職クラスを入れず、一般の社員だけにした。この選択は、戦略的意思決定の最もよく知られている原則である「決定を実行する人が、決定に関与する」に反している。

この経営者はなぜそのような選択をしたのだろうか。それは、戦略に関する意思決定を、決定事項に対して「中立」な立場であり、なおかつ士気の高い人たちとともに行いたいと考えたからだ。各部門の命運を左右する決定に、部門長を関与させると、自己奉仕バイアス、資源配分における惰性、過度の楽観主義に陥ることになる。もちろんこれらの部門長は、意思決定のための調査に深く関わってきたが、意思決定は戦略委員会の仕事だ。その段階では、経営資源の配分に関して、最も口がうまいのはどの部門長か、あるいは誰が最も強くテーブルを叩いたかによって、結果が左右されてはならない。

一晩寝かせる

あらゆる角度から調査をし、数々の会議も経て、やることはすべてやった。最終的に決定を下すのは経営者だ。ここで古いアドバイス「一晩寝かせる」が役立つ。私がインタビューした企業経営者全員に共通するのは、「朝に決断する」ことだ。

これは大企業経営者も小企業のオーナー経営者も同じだ。たとえ短時間でも、一晩寝ると、人は自分のすべきことが明確になったと感じる。ある経営者は、朝5時に起きて、懸案の課題について意思決定すると言う。別の経営者は、重要な問題を「一晩寝かせる」と、翌朝何をすべきかがはっきりすると証言する。一晩寝かせるのは、少し距離を置いて、感情に支配された状態での意思決定を避けるためのシンプルな方法だ。

意思決定の力学は組織に深く根ざしているため、これらのテクニックのどれを取り入れても、すぐに変革できるわけではない。しかし、それによって多くの企業はその意思決定のプロセスを修正し、中には、企業文化に何らかの影響を与えることができるケースもあるだろう。意思決定の力学は、対話や意見の多様性を促進するテクニックと組み合わせることで、組織の意思決定を変革する可能性を秘めている。

30秒でわかる

組織の力学

▼対話と多様な視点は、**俊敏性の高い意思決定の力学**（その組織の**プロセス**と**文化**）がなければうまく育たない。俊敏さに関して、大規模組織は**小さな組織から学ぶことが多い。**

▼**打ち解けた雰囲気をつくる。**個人の人間関係、発言する文化、それに見合う報酬体系。

▼**機敏にリスクを取る**。

・お金をかけずに学習する。高級ブランド企業は、パートナー企業にリスクを引き受けさせた。

・にせのパイロット事業ではなく、失敗の可能性がある本物の実験を行う。

・失敗と成功の両方についてしっかり振り返る。

・スタートアップへの資金調達ラウンドにおける投資家のように、段階的に投資額を増やしていく。

・失敗する権利を認める（ミスを犯す権利ではない）。

▼**ビジョンと柔軟性を組み合わせる**。ストーリーは、完成してから語る（「テキサスの狙撃兵」のように）。正当な理由があれば、自分の考えを変えることをためらわない。

▼**最後は経営者が決断する**。パートナーと一緒に、少人数の意思決定委員会と、あるいはひとりで。一晩寝かせてから決断するとよい。

おわりに

あなたは素晴らしい意思決定を下そうとしている

変化なくして進歩はない。自分の考えを変えられない者は、何も変えられない。

——ジョージ・バーナード・ショー

ここまでで、あなたは、回避すべき意思決定のトラップと、それらを支える認知バイアスの五つのグループを知った。そして、この不確実な世界では、最善の意思決定をしても成功は保証できないが、よりよい意思決定をするには、協働とプロセスが欠かせないと確信している。さらに、対話を取り入れ、多様な視点を促し、俊敏な意思決定の促進に役立ついくつかのテクニックに興味を持っている。素晴らしい！　これであなたの意思決定アーキテクチャーを構築する準備は整った。

得られるメリットは莫大だ。もし、あらゆる組織が（どんな事業をしているとしても）意思決定の工場であり、戦略的意思決定が組織の未来を形づくるのであれば、その質を向上させれば、非常に大きな効果が得られるはずだ。優れた意思決定は、おそらく競争優位の最も大きな源泉となるだろう。ライバルに勝つ方法として、優れた意思決定を確実に行う以上によい方法があるだろうか。

優れた人は優れた意思決定をするが、逆もまた真なり

この見方は、意思決定の質を左右する重要な要因、つまり決断を下すのがどんな人かを無視している、とあなたは反論するかもしれない。意思決定アーキテクチャーが優れていても、平凡な経営者に優れた意思決定ができるはずはなく、意思決定の質を上げるには、その構造を設計するより、優れた人材を雇って昇進させるのが早道だと、結論づけたくなるだろう。

だが、それは短絡的すぎる。優れた意思決定アーキテクチャーを持つ組織は、よりよい意思決定と成果を生み出すだけではなく、よりよい人材も生み出している。

これが直観に反するように思えるのであれば、最初のところ、つまり、採用担当者が優れた人材を集めようと競い合う段階に注目しよう。一流のビジネススクールや難関大学の卒業生にどんな企業で働きたいかと尋ねると、意思決定において発言権を与えてくれる企

業と答えるだろう。

ミレニアル世代（訳注＊一般に、1981～1996年に生まれた人を指す）の多くは、フォーチュン500に名を連ねる大企業より、スタートアップ企業への入社を希望する。人事部門の幹部たちはそれを、新しい世代の価値観と嗜好によって起きた地殻変動と捉えている。若者が大企業への就職を望まないのであれば、才能ある人材を集めるためにできることはあまりない、と人事部門の幹部たちは口を揃える。

実際、若者が小さな企業に入社する理由の一つは、自分の貢献がより大きな違いを引き起こせると考えているからだ。しかし、一部の巨大企業は、規模の大きさにかかわらず、優秀な新卒者にとって非常に魅力的であり続けている。そうした企業の強みは、率直な対話、多様な意見、素早い意思決定を尊重する文化にある。アマゾンの経営理念にはこう謳われている。アマゾンの社員は「多様な視点を求め、自らの信念を疑う努力をする」「意見が食い違う時は、敬意をもって異議を唱える」「結束が乱れるという理由では妥協しない」。マッキンゼー・アンド・カンパニーのコンサルタントは、「反論する義務を守る」ことを期待されている。グーグルでは、コアバリューに「互いの考えに対し、オープンに異議を唱える」「人や意見の多様性に価値を置く」がある。

これらの企業はその規模の大きさにかかわらず、新入社員と、次のような明確な約束をする。「ここではみな、君の意見に耳を傾ける。初日から君の思い通りになるわけではないが、君が正しければ、そのアイデアは変化をもたらすだろう。君は官僚主義的な機械の名もない部品ではない」。これが真実であることを期待したい。求人の口コミサイトやソーシャルネットワークの時代にあって、プロパガンダはすぐにメッキがはがれる。しかし、企業がこのような約束をすれば、採用応募者はしっかりとメッセージを受け取る。健全な意思決定アーキテクチャーを持つ組織は、それが才能を引き寄せる磁場になる。

これらの応募者がマネジャーとして採用されたら、そのあとに何が起きるだろうか。第14章で見たように、マネジャーや企業幹部は、自分の意見が重視されるといっそう熱心に関わるようになる。この新人たちも、対話に参加し、自分の意見が聞いてもらえていることを実感できれば、最終的な決定が自分の意見とは違っていても、その実行に積極的に関与するようになる。また、新人たちの多様なアイデアが新商品や新戦略、新手法を生む可能性があることに気づくと、それを見つけ出そうと努力するだろう。さらに、意思決定のプロセスが素早く、各段階で継続的に軌道修正の余地があると、想定できる範囲でのリスクをより多く取り、成功を測る尺度にもいっそう注意を向けるようになるはずだ。つまり、優れた意思決定アーキテクチャーは、あらゆる企業の人事部門が気にかけてモニターしている「従業員エンゲージメント」という、捉えどころのないものを生み出す確実な方法と言える。

最後に、組織は、誰を昇進させ、誰を解雇するのかを、どうやって決めるべきか。それに関して、常に最善の方法が採られているわけではない。経営幹部が手腕よりも運によって昇進する例（予言ダコのパウルを思い出そう）もあれば、逆に、才能にあふれた努力家なのにチャンスに恵まれず中間管理職にとどまっている例もある。また、経営誌は、ロン・ジョンソンのように、（実は運が大きな要因なのに）全戦全勝の天才という名声を得て大きな賭けに出るCEOの新しい例を次々に取り上げる。だが、報じられたあとに、突然大失敗して、評判が地に落ちる人もいる。

このように運任せになってしまうのは、「結果がすべて」という企業文化の産物である。意思決定が適切かどうかが結果だけで判断され、運を才能や優れた判断力と勘違いしている組織では、ピラミッドの頂点に立つのはベストの人材ではなく、最も運に恵まれた人だ。こうした評価方法には、次のような望ましくない副作用がある。多くの企業では、優秀な経営幹部が次の昇進に向けて大きなエネルギーを費やしているのだが、その際、経営幹部たちは、成果が目立ちやすい地位に就こうとする。経営幹部にとっては、成果が目立つ場所によいタイミングでいることがより重要なのだ。

この問題を解決するには、やはり優れた意思決定アーキテクチャーが必要だ。意思決定をその結果によってではなく、それがもたらすメリットによって評価する企業は、ベストのリーダーを選ぶ可能性が高い。第13章で見たように、「よい意思決定」とは「適切に行われた意思決定」であり、最善の結果を生み出すとは限らないと組織が理解していれば、運ではなく判断力とスキルを持つ人が報われるだろう。

結論は明らかだ。確かに、優れた人がよい意思決定をする可能性は高い。しかし、優れた意思決定アーキテクチャーは、ベストの人材を引きつけ、雇用し、昇進させるのに役立つのだ。

新しいリーダー像

もし、あなたが、自分のチームや会社のために、意思決定アーキテクチャーをつくる旅に出るのであれば、最後に変えるべきものが一つある。それはあなた自身、より正確には、あなたの自己イメージと、意思決定者としてのあなたのイメージだ。

意思決定者は、決断するだけでなく、ほかの人がそれに基づいて動くように鼓舞する必要がある。つまり、リーダーでなければならない。ただし、リーダーかどうかは、周りが判断することだ。フォロワーのいないリーダーは存在しない。つまり、リーダーであるためには、周りにリーダーと認められる必要がある。

決断こそ、リーダーの果たすべき役割だと（正しく）認識されているため、その人の意思決定の方法は、リーダーシップを発揮するうえで大きな役割を果たす。つまり、「リーダーになりたければ、リーダーのように振る舞いなさい」ということわざがあるように、リーダーであるために、周りの人が抱く「リーダーシップ」への期待に応えようとするのは、非常に理にかなっている。

しかし、リーダーのように振る舞うとは、正確にはどういう意味なのだろうか。これに対する私たちの答えは、あるステレオタイプに基づいている。心理学者ゲイリー・クラインが指摘するように、「周囲の信頼を一身に集めている典型例は、ジョン・ウェインだ。彼は状況に応じて『私はこうする』と言い、人々はそれに従う」。こうした「カウボーイ型」のリーダーシップは現実にはよい結果をもたらさない。このモデルでは、リーダーは経験とビジネス上の判断力によって選ばれ、少なくとも意思決定時には、それらをもとに判断することが期待される。同時に、何かを選択する際、自信満々であることも求められる。周囲は、複数の選択肢の長所と短所を注意深く慎重に検討するリーダーの姿を見たくない。そして、決断が下されると、リーダーは、成功を１００パーセント確信している。この揺るぎない楽観主義に感化され、周りの人たちも最大の努力をするようになる、というのが「カウボーイ型」のリーダーシップの筋書きだ。

しかし、本書を通して見てきたように、このモデルには重大な問題がある。それはリーダーが、たちの悪い意思決定のトラップに引っかかりやすいことだ。「ジョン・ウェイン型」のリーダーは、自分の経験と直観に誇りを持ち、自信を持っている。それを疑ったり、批判を求めたりすることもない。また、本人が自覚しないまま、反対意見を潰し、集団思考を促す。しかも、どの段階でも過剰なほどの自信にあふれている。

本書で説いてきた意思決定のテクニックの多くは、ステレオタイプの従来型リーダーシップとは、相反するものであることにあなたは気づいただろう。たとえば、異なる意見を奨励することや、意見を変えるロールモデルになるといったテクニックだ。いずれも、恐れ知らずのカウボーイのやることではない！　しかも、それには理由がある。従来型リーダーが、実際には意思決定が下手だとしたら、よい意思決定の方法も当然、従来型とはまったく違うものになるはずだ。

この問題は、意思決定と実行の段階を分けることで、ある程度解決できる。エリック・シュミットは「ディスコード＋デッドライン」（決断が下されたら論争を終わらせる）をモットーにし、アマゾンのリーダーシップ・プリンシプルにも「異議とコミット」の項目があり、おかしいと思えば異議を唱えるべきだが、「いったん決定されたら、（中略）全力でそれに取り組む」と書かれている。

これは紙に書かれたモットーとしてはよくできている。だが、それが意味するのは、丁寧に対話を重ね、意見の違いを歓迎し、成功を冷静に確率的に考える人が、いったん意思決定が下されたら、それが自分の考えと違っていても、異議や疑念を心から追い出して熱心な応援団になる、ということだ。そんなことができるのだろうか。確かに難しい。こうした矛盾や、アマゾンなどのモットーは、リーダーシップについての従来の考え方が、根本的に誤っていることを示している。

私たちが求めているのが協働とプロセスなら、この時代遅れのリーダーシップに従うことはできない。もし、真のリーダーとは誰の助けも必要としない一匹狼だと心の底から信じていたら、協働に真剣に取り組めるだろうか。もし、最善の意思決定は、未来を見通せる人が直観を頼りに下すものだと信じていたら、プロセスを尊重できるだろうか。

そうではなく、私たちはリーダーシップを別の行動様式と関連づけることを学ばなければならない。それは、協働とプロセスを重視し、意思決定アーキテクチャーの設計を自分の役割の要と見なす経営幹部や経営者の行動様式だ。これを身につけたリーダーは、自分だけですべての問題に答えることはできないと認識したうえで、最終決定に責任を負うだけでなく、チームが協働して最善の答えを出せるように、意思決定のプロセスを指揮する。

そして、どんなに優れた戦略でも、常に望んでいる結果が出るとは限らないことを知っているが、達成への熱意がそがれることはない。このマインドセットは、ジム・コリンズが『ビジョナリー・カンパニー2』（山岡洋一訳、日経BP）で「レベル5」のリーダーに求めている「極端と言えるくらいの謙虚さとプロとしての鉄の意志」という矛盾した性格の組み合わせを思い起こさせる。そのようなリーダーは少ないが、その何人かにあなたは会ったことがあるかもしれない。

一つ確かなのは、それらのリーダーがジョン・ウェインみたいではないということだ！よりよいリーダーになるには、「孤独で、英雄的で、自信に満ちあふれた」カウボーイ像を捨てたほうがいい。私たちには、もっと別のロールモデルが必要だ。それは、ビジョンと勇気を備え、情熱的なフォロワーを持ち、難しい決定を下して結果を出しながらも、チームの判断に頼ることができる謙虚さも兼ね備えた人であり、自分の直観に反していると感じても、自分が指揮した意思決定プロセスを信頼して従うという、勇気と一貫性を備えた人だ。

ホメロスの『オデュッセイア』のセイレーンのエピソードを考えてみよう。オデュッセウスは自分の限界を十分に知っているので、多数の人々を死に追いやったセイレーンの歌の誘惑に、自分が抵抗できるとは思っていない。船員に、自分を船のマストにくくりつけてほしいと頼んだ時、彼は自らの命を託すことで船員たちに絶大な信頼を置いていることを示した。そして、自分の耳を蜜蝋で塞ぐよう船員に指示し、新たな命令を下す可能性を放棄した。意思決定アーキテクチャーはすでに設計されていて、オデュッセウスはそのプロセスが最善の結果を生み出すと信じていた。

　オデュッセウスが設計した意思決定アーキテクチャーに、彼の直観が入り込む余地はなかった。だからと言って、私たちのオデュッセウスに対する敬意は少しも損なわれない。彼と同じように私たちはみな、自分のバイアスによって引き起こされるひどい失敗を回避したいと思っている。オデュッセウスを見習い、ジョン・ウェインを忘れることを学べば、私たちは素晴らしい意思決定を下せるようになるだろう。

謝辞

まず、ダニエル・カーネマンに心からの謝意を表したい。カーネマンの尽きることのないエネルギーと好奇心、卓越した学識、ひねりの利いたユーモアセンスと真の謙虚さは、私にとっても、多くの人にとっても、絶えることのないインスピレーションの源になっている。次作、『NOISE』（2021年5月刊行）では、彼と一緒に本を執筆する名誉に恵まれた。

学術研究の世界に新参者である私を受け入れてくれた、思想的リーダーの方々にも感謝している。ダン・ロバロは私にとって、この新世界での最初の指導者だった。彼がいなければ今日の私はいない。ステファニー・ダメロンは、本書の草稿を発展、洗練させるよう励ましてくれた。多大な感謝と称賛を捧げたい。様々な研究プロジェクトにおけるトーマス・パウエル、イツァーク・ギルボア、メッシモ・ガルブイオとの協働は、得がたい発想の源になった。キャス・サンスティーンの助言と励ましも非常に貴重だった。

本書は数十人におよぶクライアント、友人、パートナーとの無数の会話をもとにしており、それぞれから、成功、疑念、意思決定に関するツールを教えてもらった。匿名性を守るために、名前を挙げることは控えるが、深い謝意を表したい。本書のためのリサーチの間、惜しみなく時間を割いてくれた、ギヨーム・オービン、ザビエル・ブーテ、ジャン＝フランソワ・クレルボワ、ゲイリー・ディカミロ、トリスタン・ファラベット、フランク・ルブシャール、ギヨーム・ポワトリナル、カルロス・ロシージョ、ニコラス・ルッセレット、デニス・テリアン、ステファン・トレポスにも感謝している。

本書に結びついたいくつかの研究は、マッキンゼー在職中に行ったもので、多くの同僚との緊密な協働がなければ、それらは実行できなかっただろう。中でも、マイケル・ビルシャン、ルネ・ダイ、マルハ・エンゲル、ムラデン・フルック、スティーブン・ホール、ジョン・ホーン、ビル・ヒューエット、コナー・ケホー、ティム・コラー、デベッシュ・ミタル、レイニエル・マスター、イシャーン・ナンジア、ダニエル・フィルビン・ブローマン、パトリック・ヴィギュエリ、ブレア・ワーナー、ゼーン・ウィリアムズに謝意を表したい。また、オムリ・ベナヨウン、ヴィクター・ファビウス、ナタリエ・ゴンザレス、ニール・ジャニンが草稿を注意深く読み、親切にコメントしてくれたことをありがたく思っている。

英語版の本書は、出版界の人たちの優れた連携がなければ日の目を見ることはなかっただろう。フランスのデバ・パブリクスの友人たちは、２０１４年に本書の初版を執筆するよう促してくれた。フラマリオンのソフィー・ベリンとポーリン・キプファーのおかげでフランス語版は多くの読者を得た。英語版の出版では、代理人ジョン・ブロックマンに大いに世話になった。またケイト・デイムリングには、心に残る繊細な翻訳をしてくれたことに感謝したい。最後に、リトル・ブラウンの編集チームの見事な魔術によって、みなさんにお届けしたこの作品が誕生した。トレイシー・ベハール、イアン・ストラウス、パメラ・マーシャル、ジャネット・バーンの献身とプロ意識に心からの感謝を捧げたい。

付録1　バイアスの五つのグループ

1　パターン認識バイアス

バイアス名	定義	ページ
確証バイアス（ストーリーテリング）	自らの仮説を支持する情報に注目し、否定する情報を無視しようとする。特に仮説が首尾一貫した物語として語られる時に顕著になる	30
経験バイアス	すぐに心に浮かんでくる過去の自分の経験からの類推によって理解しようとする	33
王者バイアス	情報の価値よりも、その情報をもたらした人の評判を重視する	33
帰属の誤り	成功や失敗を個人の性格や特徴のせいにして、その時の状況や運が果たした役割を過小評価する	48
後知恵バイアス	過去の決定のよし悪しを、意思決定時点では得られなかった情報や、実際の結果に基づいて判断する	134
ハロー効果	いくつかの顕著な特徴だけで（人や企業などの）全体の印象を持つと、その特徴とは本来無関係な事柄についても、その印象をもとに評価する	52
生存者バイアス	失敗した人を除外して、成功した人だけを含むサンプルから結論を導き出す	58

2　アクション・バイアス

バイアス名	定義	ページ
自信過剰	自分の相対的な能力、つまり、ほかの人よりどれだけ優れているかを過大評価する	83
計画錯誤（非現実的な楽観主義）	計画を遅らせる可能性のある要素を十分考慮しようとせず、完成までにかかる期間と費用を楽観的に見積もる	85
過度の正確性（オーバープレシジョン）	自分の見積もりや予測に、過剰なほどの信頼を置く	88
競争相手無視	計画を立てる時に、ライバルの反応を見落とす	90

3　惰性バイアス

バイアス名	定義	ページ
アンカリング	何かを見積もる時に、本題と無関係だったとしても、利用可能な数字に影響される	107
資源配分の惰性	優先事項が変わった場合にも、資源配分をフレキシブルに変えようとしない	109
現状維持バイアス	何かを変える決定を下すことを避けて、現状を維持しようとする	120
関与の泥沼化（サンクコストの誤り）	すでに投じたコストをサンクコストと見なさず、失敗した行動にさらに投資する	112
損失回避	利益から得る満足より、同額の損失がもたらす苦痛のほうが大きい	131
不合理なリスク回避	何かを選択して失敗した場合、ばかにされたり不当に非難されたりすることを恐れて、取ってしかるべきリスクを取ろうとしない	128
不確実性回避	（不確実な、あるいは曖昧な）未知のリスクより、危険度が高くても定量化されたリスクを取ろうとする	133

4　社会的バイアス

バイアス名	定義	ページ
集団思考	グループで議論する時、メンバーは疑問点や反論を口にせず、多数派に賛同しやすい	162
集団極性化	グループでの議論は、メンバーの平均的な意見より極端な結論に達しやすく、それに強い自信を持つ傾向がある	172
情報カスケード	グループでの議論では、個人の意見が差し控えられ、共有された情報が強調されるため、発言者の順番が結論に影響する	172

5 利益バイアス

バイアス名	定義	ページ
自己奉仕バイアス	自分の経済的な利益や、その他の利益(感情的な愛着も含む)と一致する視点を信じる	187
現在バイアス	現在と未来の価値比較で、偏った割引率を用いて、現在を過大評価する	155
不作為バイアス	作為の誤りより不作為の誤りのほうが許せる、不作為の誤りによる利益のほうが道徳的に受け入れやすい、と感じる	190

付録2　よりよい意思決定のための40のテクニック

1　対話を指揮する

テクニック	ページ
認知的に多様な(物事の見方・考え方が多様な)メンバーを集める	283
真の議論をするために、十分に時間を割く	284
対話を議題にする。「決定」のためか「議論」のためか、議題ごとに区別する	285
パワーポイントの使用を制限し、代わりにメモを使うことを検討する	287
誤解を招くたとえや、ストーリーテリングを禁じる	290
冷却期間を設けて、性急に結論を出さない	291
各参加者の「バランスシート」を尋ね、異なる見方を奨励する	292
「悪魔の代弁者(あえて反対する人)」を議論に参加させる	294
提案者に二つ以上の提案を求める(「代替案」)	295
検討中の選択肢を実行できなくなったらどうするか、自問する(「選択肢を消す」)	296
提案者に異なるストーリーを語らせる(「別のストーリー」)	297
プレモータムを行う	299
臨時委員会を編成する(たとえば「6人のアミーゴ」)	301
難問をリストアップしたメモを、意思決定の時に読み返す(「メモをCEOの引き出しに」)	303
忘れてはならないのは、議論にデッドラインを設けること(「ディスコード＋デッドライン」)	305

2　意見の相違を促す

テクニック	ページ
非公式アドバイザーのネットワークを育てる	313
フィルターのかかっていない専門家の意見を聞く	315
コンサルタントに自分の仮説を教えない	316
正式な任務として「社外のチャレンジャー」を置く	318
「レッドチーム」「ウォーゲーム」を活用する	319
見積もり（単純平均、予測市場）や、新規アイデア募集の際に「群衆の知恵」を利用する	321
資源配分の決定に「リアンカリング」のモデルを活用する	324
様々なアナロジーを用いて、確証バイアスを抑制する	326
デフォルト（初期設定）を変更して現状維持バイアスと戦う（たとえば、ポートフォリオ審査を実施する）	327
繰り返し行う意思決定で、標準化されたフレームワークとテンプレートを使用する	330
一度限りの意思決定には、意思決定の基準を前もって決めておく	333
計画の土台になっている仮説を「ストレステスト」にかける（特に、最悪のシナリオを設定する）	334
過去の同様のプロジェクトの参照クラスに基づく「外部視点」を取り入れる	336
新しいデータが届いたら、考え方をアップデートする（可能なら、ベイズの定理を利用する）	338
忘れてはならないのは、謙虚さを育む方法を見つけること（たとえば「アンチ・ポートフォリオ」）	342

3　素早い意思決定の風土をつくる

テクニック	ページ
友好的な雰囲気を育む	349
「声を上げる」文化を育てる	351
報酬システムと組織の利益を一致させる	352
無料で学ぶ方法を見つける	354
実験を行い、失敗を恐れない	355
成功についてもプレモータム（事前検死）する	359
いきなり大きな賭けに出るのではなく、徐々にコミットメントを増やしていく	360
ミスを犯す権利ではなく、失敗する権利を認める	362
「テキサスの狙撃兵」のような戦略を立てる。結果が出るまで戦略を外部にもらさない	364
事実と議論に基づいて主張を変えることを奨励し、そのロールモデルになる	366
意思決定する権限を、2人（またはそれ以上）でシェアする	368
中立の立場にあるメンバーからなる少人数の「側近集団」を築く	369
そして、忘れてはならないのは、意思決定を下し、その責任を負うこと――一晩寝かせてから決断する	370

原注

総合的な資料

■行動の心理学、意思決定、認知バイアス全般

Ariely, Dan. *Predictably Irrational.* New York: HarperCollins, 2008. Cialdini, Robert B. *Influence: How and Why People Agree to Things.* New York: Morrow, 1984. Kahneman, Daniel. *Thinking, Fast and Slow.* New York: Farrar, Straus and Giroux, 2011. Thaler, Richard H. *Misbehaving: The Making of Behavioral Economics.* New York: W. W. Norton, 2015.

■認知科学のビジネスへの応用。特にビジネス上の意思決定に対する認知バイアスの影響

Bazerman, Max H., and Don A. Moore. *Judgment in Managerial Decision Making.* Hoboken, NJ: Wiley, 2008. Finkelstein, Sydney, Jo Whitehead, and Andrew Campbell. *Think Again: Why Good Leaders Make Bad Decisions and How to Keep It from Happening to You.* Boston: Harvard Business Review, 2008. Heath, Chip, and Dan Heath. *Decisive: How to Make Better Choices in Life and Work.* New York: Crown Business, 2013. Rosenzweig, Phil. *The Halo Effect . . . and the Eight Other Business Delusions That Deceive Managers.* New York: Free Press, 2007. Sunstein, Cass R., and Reid Hastie. *Wiser: Getting Beyond Groupthink to Make Better Decisions.* Boston: Harvard Business Review, 2015.

■行動戦略

Lovallo, Dan, and Olivier Sibony. "The Case for Behavioral Strategy." *McKinsey Quarterly,* March 2010, 30–43.

Powell, Thomas C., Dan Lovallo, and Craig R. Fox. "Behavioral Strategy." *Strategic Management Journal* 32, no. 13 (2011): 1369–86.

Sibony, Olivier, Dan Lovallo, and Thomas C. Powell. "Behavioral Strategy and the Strategic Decision Architecture of the Firm." *California Management Review* 59, no. 3 (2017): 5–21.

■行動心理学の公共政策への応用

Halpern, David. *Inside the Nudge Unit: How Small Changes Can Make a Big Difference.* W. H. Allen, 2015.

Thaler, Richard H., and Cass R. Sunstein. *Nudge: Improving Decisions About Health, Wealth, and Happiness.* New Haven, CT: Yale University Press, 2008.

■意思決定に関する様々な理論的視点の紹介

March, James G. *Primer on Decision Making: How Decisions Happen.* New York: Free Press, 1994.

イントロダクション

■経営の意思決定のエラー

Carroll, Paul B., and Chunka Mui. *Billion Dollar Lessons: What You Can Learn from the Most Inexcusable Business Failures of the Last 25 Years.* New York: Portfolio/Penguin, 2008.

Finkelstein, Sydney. *Why Smart Executives Fail: And What You Can Learn from Their Mistakes.* New York: Portfolio/Penguin, 2004.

■本書では扱わない、関連する組織的エラー

Hofmann, David A., and Michael Frese, eds. *Errors in Organizations.* SIOP Organizational Frontiers Series. New York: Routledge, 2011.

Perrow, Charles. *Normal Accidents: Living with High-Risk Technologies.* New York: Basic Books, 1984.

Reason, James. *Human Error.* Cambridge: Cambridge University Press, 1990.

■その他

約2000人の企業幹部を対象とする調査:Lovallo, Dan, and Olivier Sibony. "The Case for Behavioral Strategy." *McKinsey Quarterly,* March 2010.

無意識バイアス・トレーニング: Lublin, Joann S. "Bringing Hidden Biases into the Light." *Wall Street Journal,* January 9, 2014. See also Shankar Vedantam, "Radio Reply: The Mind of the Village," *The Hidden Brain,* National Public Radio, March 9, 2018, featuring Mahzarin Banaji and others.

「ナッジ」ムーブメント: Thaler, Richard H., and Cass R. Sunstein. *Nudge: Improving Decisions About Health, Wealth, and Happiness.* New Haven, CT: Yale University Press, 2008.

企業行動科学ユニット: Güntner, Anna, Konstantin Lucks, and Julia Sperling-Magro. "Lessons from the Front Line of Corporate Nudging."*McKinsey Quarterly,* January 2019.

認知、心理学といったキーワード: Sibony, Olivier, Dan Lovallo, and Thomas C. Powell. "Behavioral Strategy and the Strategic Decision Architecture of the Firm." *California Management Review* 59, no. 3 (2017): 5–21.

約800人の取締役を対象とするマッキンゼーの調査: Bhagat, Chinta, and Conor Kehoe. "High-Performing Boards: What's on Their Agenda?" *McKinsey Quarterly,* April 2014.

「人間がそれほど愚かだとしたら、なぜ月に到達できたのか」 Nisbett, Richard E., and Lee Ross. *Human Inference: Strategies and Shortcomings of Social Judgment.* Englewood Cliffs, NJ.: Prentice Hall, 1980.

Nisbett, Richard E., and Lee Ross. *Human Inference: Strategies and Shortcomings of Social Judgment.* Englewood Cliffs, NJ: Prentice Hall, 1980. Cited in Chip Heath, Richard P. Larrick, and Joshua Klayman. "Cognitive Repairs: How Organizational Practices Can Compensate for Individual Shortcomings." *Research in Organizational Behavior* 20, no. 1 (1998): 1–37.

第1章

■ 石油を探知する飛行機

Gicquel, François. "Rapport de la Cour des Comptes sur l'affaire des avions reni eurs." January 21, 1981. https://fr.wikisource.org/w/index.php?ol- did=565802.
Lascoumes, Pierre. "Au nom du progrès et de la Nation: Les 'avions renifleurs.' La science entre l'escroquerie et le secret d'État." *Politix* 48, no. 12 (1999): 129–55.
Lashinsky, Adam. "How a Big Bet on Oil Went Bust." *Fortune,* March 26, 2010.

■ 確証バイアス

Nickerson, Raymond S. "Con rmation Bias: A Ubiquitous Phenomenon in Many Guises." *Review of General Psychology* 2, no. 2 (1998): 175–220.
Soyer, Emre, and Robin M. Hogarth. "Fooled by Experience." *Harvard Business Review,* May 2015, 73–77.
Stanovich, Keith E., and Richard F. West. "On the Relative Independence of Thinking Biases and Cognitive Ability." *Journal of Personality and Social Psychology* 94, no. 4 (2008): 672–95.
Stanovich, Keith E., Richard F. West, and Maggie E. Toplak. "Myside Bias, Rational Thinking, and Intelligence," *Current Directions in Psychological Science* 22, no. 4 (2013): 259–64.

■ フェイクニュースとフィルター・バブル

Lazer, David M. J., et al. "The Science of Fake News." *Science* 359 (2018): 1094–96.
Kahan, Dan M., et al. "Science Curiosity and Political Information Processing," *Political Psychology* 38 (2017): 179–99.
Kraft, Patrick W., Milton Lodge, and Charles S. Taber. "Why People 'Don't Trust the Evidence': Motivated Reasoning and Scientific Beliefs." *Annals of the American Academy of Political and Social Science* 658, no. 1 (2015): 121–33.
Pariser, Eli. *The Filter Bubble: What the Internet Is Hiding from You.* London: Penguin, 2011.
Pennycook, Gordon, and David G. Rand. "Who Falls for Fake News? The Roles of Bullshit Receptivity, Overclaiming, Familiarity, and Analytic Thinking." SSRN working paper no. 3023545, 2018.
Taber, Charles S., and Milton Lodge. "Motivated Skepticism in the Evaluation of Political Beliefs." *American Journal of Political Science* 50, no. 3 (2006): 755–69.

■法科学の確証バイアス
Dror, Itiel E. "Biases in Forensic Experts." *Science* 360 (2018): 243.
Dror, Itiel E., and David Charlton. "Why Experts Make Errors." *Journal of Forensic Identification* 56, no. 4 (2006): 600–616.

■J.C.ペニー
D'Innocenzio, Anne. "J. C. Penney: Can This Company Be Saved?" Associated Press in *USA Today,* April 9, 2013.
Reingold, Jennifer. "How to Fail in Business While Really, Really Trying." *Fortune,* March 20, 2014.

■再現性の危機
Ioannidis, John P. A. "Why Most Published Research Findings Are False." *PLoS Medicine* 2, no. 8 (2005): 0696–0701.
Lehrer, Jonah. "The Truth Wears Off." *The New Yorker,* December 2010.
Neal, Tess M. S., and Thomas Grisso. "The Cognitive Underpinnings of Bias in Forensic Mental Health Evaluations." *Psychology, Public Policy, and Law* 20, no. 2 (2014): 200–211.
Simmons, Joseph P., Leif D. Nelson, and Uri Simonsohn. "False-Positive Psychology: Undisclosed Flexibility in Data Collection and Analysis Allows Presenting Anything as Significant." *Psychological Science* 22, no. 11 (2011): 1359–66.

■その他
Taleb, Nassim Nicholas. *The Black Swan: The Impact of the Highly Improbable,* 2d ed. New York: Random House, 2010.

第2章

■ハロー効果
Collins, Jim, and Jerry I. Porras. *Built to Last: Successful Habits of Visionary Companies*. New York: Harper & Row, 1982.
Nisbett, Richard E., and Timothy DeCamp Wilson. "The Halo Effect: Evidence for Unconscious Alteration of Judgments." *Journal of Personality and Social Psychology* 35, no. 4 (1977): 250–56.
Peters, Thomas J., and Robert H. Waterman Jr. *In Search of Excellence: Lessons from America's Best-Run Companies*. New York: Warner Books, 1984.
Rosenzweig, Phil. *The Halo Effect . . . and the Eight Other Business Delusions That Deceive Managers.* New York: Free Press, 2007.

■強制ランクづけ
Cohan, Peter. "Why Stack Ranking Worked Better at GE Than Microsoft." *Forbes,* July 2012.
Kwoh, Leslie. "'Rank and Yank' Retains Vocal Fans." *Wall Street Journal,* January 31,

2012.

■経営戦略を模倣する危険性

Nattermann, Philipp M. "Best Practice Does Not Equal Best Strategy." *McKinsey Quarterly,* May 2000, 22–31.
Porter, Michael E. "What Is Strategy?" *Harvard Business Review,* November–December 1996.

■生存者バイアス

Brown, Stephen J., et al. "Survivorship Bias in Performance Studies." *Review of Financial Studies* 5, no. 4 (1992): 553–80.
Carhart, Mark M. "On Persistence in Mutual Fund Performance." *Journal of Finance* 52, no. 1 (1997): 57–82.
Ellenberg, Jordan. *How Not to Be Wrong: The Power of Mathematical Thinking.* London: Penguin, 2015.

第3章

■直観に頼る経営者と経営幹部

Akinci, Cinla, and Eugene Sadler-Smith. "Intuition in Management Research: A Historical Review." *International Journal of Management Reviews* 14 (2012): 104–22.
Dane, Erik, and Michael G. Pratt. "Exploring Intuition and Its Role in Managerial Decision Making." *Academy of Management Review* 32, no. 1 (2007): 33–54.
Hensman, Ann, and Eugene Sadler-Smith. "Intuitive Decision Making in Banking and Finance." *European Management Journal* 29, no. 1 (2011): 51–66.
Sadler-Smith, Eugene, and Lisa A. Burke-Smalley. "What Do We Really Understand About How Managers Make Important Decisions?" *Organizational Dynamics* 9 (2014): 16.

■現場主義的意思決定理論

Cholle, Francis P. *The Intuitive Compass: Why the Best Decisions Balance Reason and Instinct*. Hoboken, NJ: Jossey-Bass/Wiley, 2011.
Gigerenzer, Gerd. *Gut Feelings: Short Cuts to Better Decision Making*. London: Penguin, 2008.
Gladwell, Malcolm. *Blink: The Power of Thinking Without Thinking*. New York: Little, Brown, 2005.
Klein, Gary. *Sources of Power: How People Make Decisions*. Cambridge, MA: MIT Press, 1998.

■ヒューリスティクスとバイアス

Kahneman, Daniel. *Thinking, Fast and Slow.* New York: Farrar, Straus and Giroux,2011.
Tversky, Amos, and Daniel Kahneman. "Belief in the Law of Small Numbers."

Psychological Bulletin 76, no. 2 (1971): 105–10.
———. "Judgment Under Uncertainty: Heuristics and Biases." *Science* 185 (1974): 1124–31.

■カーネマンとクラインの「敵対的協力」

Kahneman, Daniel, and Gary Klein. "Conditions for Intuitive Expertise: A Failure to Disagree." *American Psychologist* 64, no. 6 (2009): 515–26.
"Strategic Decisions: When Can You Trust Your Gut?" Interview with Daniel Kahneman and Gary Klein. *McKinsey Quarterly,* March 2010.

■様々な分野での専門知識の信頼性

Shanteau, James. "Competence in Experts: The Role of Task Characteristics." *Organizational Behavior and Human Decision Processes* 53, no. 2 (1992): 252–66.
——— . "Why Task Domains (Still) Matter for Understanding Expertise." *Journal of Applied Research in Memory and Cognition* 4, no. 3 (2015): 169–75.
Tetlock, Philip E. *Expert Political Judgment: How Good Is It? How Can We Know?* Princeton, NJ: Princeton University Press, 2005.

■直観に頼る採用面接の不適切さ

Dana, Jason, Robyn Dawes, and Nathanial Peterson. "Belief in the Unstructured Interview: The Persistence of an Illusion." *Judgment and Decision Making* 8, no. 5 (2013): 512–20.
Heath, Dan, and Chip Heath. "Why It May Be Wiser to Hire People Without Meeting Them." *Fast Company,* June 1, 2009.
Moore, Don A. "How to Improve the Accuracy and Reduce the Cost of Personnel Selection." *California Management Review* 60, no. 1 (2017): 8–17.
Schmidt, Frank L., and John E. Hunter. "The Validity and Utility of Selection Methods in Personnel Psychology: Practical and Theoretical Implications of 85 Years of Research Findings." *Psychological Bulletin* 124, no. 2 (1998): 262–74.

第4章

■自信過剰

Moore, Don A., and Paul J. Healy. "The Trouble with Overconfidence." *Psychological Review* 115, no. 2 (2008): 502–17.
Svenson, Ola. "Are We All Less Risky and More Skillful Than Our Fellow Drivers?" *Acta Psychologica* 47, no. 2 (1981): 143–48.
Thaler, Richard H., and Cass R. Sunstein. *Nudge: Improving Decisions About Health, Wealth, and Happiness*. New Haven, CT: Yale University Press, 2008.

■楽観的な予測と計画錯誤

Buehler, Roger, Dale Griffin, and Michael Ross. (1994). "Exploring the 'Planning Fallacy': Why People Underestimate Their Task Completion Times." *Journal of*

Personality and Social Psychology 67, no. 3 (1994): 366–81.
Flyvbjerg, Bent, Mette Skamris Holm, and Soren Buhl. "Underestimating Costs in Public Works, Error or Lie?" *Journal of the American Planning Association* 68, no. 3 (Summer 2002): 279–95.
Frankel, Jeffrey A. "Over-Optimism in Forecasts by Of cial Budget Agencies and Its Implications." NBER working paper no. 17239, 2011.

■ 過度の正確性（オーバープレシジョン）

Alpert, Marc, and Howard Raiffa. "A Progress Report on the Training of Probability Assessors." In *Judgment Under Uncertainty: Heuristics and Biases,* edited by Daniel Kahneman, Paul Slovic, and Amos Tversky, 294–305. Cambridge: Cambridge University Press, 1982.
Russo, J. Edward, and Paul J. H. Schoemaker. "Managing Overconfidence." *Sloan Management Review* 33, no. 2 (1992): 7–17.

■ 競争の過小評価と競争相手の無視

Cain, Daylian M., Don A. Moore, and Uriel Haran. "Making Sense of Overconfidence in Market Entry." *Strategic Management Journal* 36, no. 1 (2015): 1–18.
Dillon, Karen. "'I Think of My Failures as a Gift.'" *Harvard Business Review,* April 2011, 86–89.
"How Companies Respond to Competitors: A McKinsey Survey." *McKinsey Quarterly,* April 2008.
Moore, Don A., John M. Oesch, and Charlene Zietsma. "What Competition? Myopic Self-Focus in Market-Entry Decisions." *Organization Science* 18, no. 3 (2007): 440–54.
Rumelt, Richard P. *Good Strategy/Bad Strategy: The Difference and Why It Matters*. New York: Crown Business, 2011.

■ 進化が選択したバイアス

Santos, Laurie R., and Alexandra G. Rosati. "The Evolutionary Roots of Human Decision Making," *Annual Review of Psychology* 66, no. 1 (2015): 321–47.

■ 楽観主義の利点

Rosenzweig, Phil. "The Benefits—and Limits—of Decision Models." *McKinsey Quarterly,* February 2014, 1–10.
——— . *Left Brain, Right Stuff: How Leaders Make Winning Decisions*. New York: Public Affairs, 2014.

■ その他

Graser, Marc. "Epic Fail: How Blockbuster Could Have Owned Net ix." *Variety,* November 12, 2013.

第5章

■ ポラロイド

Rosenbloom, Richard S., and Ellen Pruyne. "Polaroid Corporation: Digital Imaging Technology in 1997." Harvard Business School case study no. 798-013, October 1977. https://www.hbs.edu/faculty/Pages/item.aspx?num=24164.

Tripsas, Mary, and Giovanni Gavetti. "Capabilities, Cognition, and Inertia: Evidence from Digital Imaging." *Strategic Management Journal* 21, no. 10 (2000): 1147–61.

■ 資源配分における惰性

Bardolet, David, Craig R. Fox, and Don Lovallo. "Corporate Capital Allocation: A Behavioral Perspective." *Strategic Management Journal* 32, no. 13 (2011): 1465–83.

Birshan, Michael, Marja Engel, and Olivier Sibony. "Avoiding the Quicksand: Ten Techniques for More Agile Corporate Resource Allocation." *McKinsey Quarterly,* October 2013, 6.

Hall, Stephen, and Conor Kehoe. "How Quickly Should a New CEO Shift Corporate Resources?" *McKinsey Quarterly,* October 2013, 1–5.

Hall, Stephen, Dan Lovallo, and Reinier Musters. "How to Put Your Money Where Your Strategy Is." *McKinsey Quarterly,* March 2012, 11.

■ アンカリング

Englich, Birte, Thomas Mussweiler, and Fritz Strack. "Playing Dice with Criminal Sentences: The Influence of Irrelevant Anchors on Experts' Judicial Decision Making." *Personality and Social Psychology Bulletin* 32, no. 2 (2006): 188–200.

Galinsky, Adam D., and Thomas Mussweiler. "First Offers as Anchors: The Role of Perspective-Taking and Negotiator Focus." *Journal of Personality and Social Psychology* 81, no. 4 (2001): 657–69.

Strack, Fritz, and Thomas Mussweiler. "Explaining the Enigmatic Anchoring Effect: Mechanisms of Selective Accessibility." *Journal of Personality and Social Psychology* 73, no. 3 (1997): 437–46.

Tversky, Amos, and Daniel Kahneman. "Judgment Under Uncertainty: Heuristics and Biases." *Science* 185 (1974): 1124–31.

■ エスカレーション・オブ・コミットメント（関与の泥沼化）

Drummond, Helga. "Escalation of Commitment: When to Stay the Course." *Academy of Management Perspectives* 28, no. 4 (2014): 430–46.

Royer, Isabelle. "Why Bad Projects Are So Hard to Kill." *Harvard Business Review,* February 2003, 48–56.

Staw, Barry, M. "The Escalation of Commitment: An Update and Appraisal." In *Organizational Decision Making,* edited by Zur Shapira, 191–215. Cambridge: Cambridge University Press, 1997.

——— . "The Escalation of Commitment to a Course of Action." *Academy of Management Review* 6, no. 4 (1981): 577–87.

■ＧＭのサターン事業救済

Ritson, Mark. "Why Saturn Was Destined to Fail." *Harvard Business Review,* October 2009, 2–3.
Taylor, Alex, III. "GM's Saturn Problem." *Fortune,* December 2014.

■部門売却の少なさ

Feldman, Emilie, Raphael Amit, and Belen Villalonga. "Corporate Divestitures and Family Control." *Strategic Management Journal* 37, no. 3 (2014) 429–46.
Horn, John T., Dan P. Lovallo, and S. Patrick Viguerie. "Learning to Let Go:Making Better Exit Decisions." *McKinsey Quarterly,* May 2006, 64.
Lee, Donghun, and Ravi Madhavan. "Divestiture and Firm Performance: A Meta-Analysis." *Journal of Management* 36, no. 6 (February 2010): 1345–71.

■ディスラプション

Christensen, Clayton M. *The Innovator's Dilemma: When New Technologies Cause Great Firms to Fail*. Boston: Harvard Business School Press, 1997.

■ネットフリックスとクイックスター

Wingfield, Nick, and Brian Stelter. "How Net ix Lost 800,000 Members, and Good Will." *New York Times,* October 24, 2011.

■現状維持バイアス

Kahneman, Daniel, Jack L. Knetsch, and Richard H. Thaler. "Anomalies: The Endowment Effect, Loss Aversion, and Status Quo Bias." *Journal of Economic Perspectives* 5, no. 1 (1991): 193–206.
Samuelson, William, and Richard Zeckhauser. "Status Quo Bias in Decision Making." *Journal of Risk and Uncertainty* 1, no. 1 (1988): 7–59.

■注

「あなたの会社は、ミスを認め、失敗した取り組みの中止を即決できますか？」と尋ねると: McKinsey study of 463 executives, 2009. See "Strategic Decisions: When Can You Trust Your Gut?" Interview with Daniel Kahneman and Gary Klein. *McKinsey Quarterly,* March 2010.

事業撤退の意思決定に関する画期的な研究の著者の言葉を引用すれば: Horn, John T., Dan P. Lovallo, and S. Patrick Viguerie. "Learning to Let Go: Making Better Exit Decisions." *McKinsey Quarterly,* May 2006, 64.

第６章

■強いリスク回避傾向

Koller, Tim, Dan Lovallo, and Zane Williams. "Overcoming a Bias Against Risk." *McKinsey Quarterly,* August 2012, 15–17.

■大企業における革新の欠如
Armental, Maria. "U.S. Corporate Cash Piles Drop to Three-Year Low." *Wall Street Journal,* June 10, 2019.
Christensen, Clayton M., and Derek C. M. van Bever. "The Capitalist's Di- lemma." *Harvard Business Review,* June 2014, 60–68.
Grocer, Stephen. "Apple's Stock Buybacks Continue to Break Records." *New York Times,* August 1, 2018.

■損失回避
Kahneman, Daniel, and Amos Tversky. "Prospect Theory: An Analysis of Decision Under Risk." *Econometrica* 47, no. 2 (1979): 263–91.

■後知恵バイアス
Baron, Jonathan, and John C. Hershey. "Outcome Bias in Decision Evaluation." *Journal of Personality and Social Psychology* 54, no. 4 (1988): 569–79.
Fischhoff, Baruch. "An Early History of Hindsight Research." *Social Cognition* 25, no. 1 (2007): 10–13.
———— . "Hindsight Is Not Equal to Foresight: The Effect of Outcome Knowledge on Judgment Under Uncertainty." *Journal of Experimental Psychology: Human Perception and Performance* 1, no. 3 (1975): 288–99.
Fischhoff, Baruch, and Ruth Beyth. "'I Knew It Would Happen': Remembered Probabilities of Once-Future Things." *Organizational Behavior and Human Performance* 13, no. 1 (1975): 1–16.

■歴史の研究に作用するストーリーのバイアスと後知恵バイアス
Risi, Joseph, et al. "Predicting History." *Nature Human Behaviour* 3 (2019): 906–12.
Rosenberg, Alex. *How History Gets Things Wrong: The Neuroscience of Our Addiction to Stories*. Cambridge, MA: MIT Press, 2018.

■1940年チャーチルが首相に就任
Shakespeare, Nicholas. *Six Minutes in May: How Churchill Unexpectedly Became Prime Minister*. London: Penguin Random House, 2017.

■組織における後知恵バイアス
Thaler, Richard H. *Misbehaving: The Making of Behavioral Economics.* New York: W. W. Norton, 2015.

■臆病な選択と大胆な予測
Kahneman, Daniel, and Dan Lovallo. "Timid Choices and Bold Forecasts: A Cognitive Perspective on Risk Taking." *Management Science* 39, no. 1 (1993): 17–31.
March, James G., and Zur Shapira. "Managerial Perspectives on Risk and Risk Taking." *Management Science* 33, no. 11 (1987): 1404–18.

■注
カーネマンは損失回避の発見を、「心理学が行動経済学に果たした最も大きな貢献であるのは間違いない」と考える。: Kahneman, Daniel. *Thinking, Fast and Slow.* New York: Farrar, Straus and Giroux, 2011, 360.

第7章

■長期的な資本主義

Barton, Dominic, and Mark Wiseman. “Focusing Capital on the Long Term.” *McKinsey Quarterly,* December 2013.

Business Roundtable. “Statement on the Purpose of a Corporation.” August 19, 2019. Available at https://opportunity.businessroundtable.org/wp-content/ uploads/2020/02/ BRT-Statement-on-the-Purpose-of-a-Corporation-with- Signatures-Feb2020.pdf.

Fink, Laurence D. Letter to CEOs. March 21, 2014. George, Bill. “Bill George on Rethinking Capitalism.” *McKinsey Quarterly,* December 2013.

Polman, Paul. “Business, Society, and the Future of Capitalism.” *McKinsey Quarterly,* May 2014.

Porter, Michael, and Marc Kramer. “Creating Shared Value.” *Harvard Business Review,* January 2011.

■経営者の近視眼

Asker, John, Joan Farre-Mensa, and Alexander Ljungqvist. “Corporate Investment and Stock Market Listing: A Puzzle?” *Review of Financial Studies* 28, no. 2 (February 2015): 342–90.

Graham, John R., Campbell R. Harvey, and Shiva Rajgopal. “Value Destruction and Financial Reporting Decisions.” *Financial Analysts Journal* 62, no. 6 (2006): 27–39.

■業績予想

Buffett, Warren E., and Jamie Dimon. “Short-Termism Is Harming the Economy.” *Wall Street Journal,* June 6, 2018.

Cheng, Mey, K. R. Subramanyam, and Yuan Zhang. “Earnings Guidance and Managerial Myopia.” SSRN working paper, November 2005.

Hsieh, Peggy, Timothy Koller, and S. R. Rajan. “The Misguided Practice of Earnings Guidance.” *McKinsey on Finance,* Spring 2006.

Palter, Rob, Werner Rehm, and Johnathan Shih. “Communicating with the Right Investors.” *McKinsey Quarterly,* April 2008.

■現在バイアスと自制心

Benhabib, Jess, Alberto Bisin, and Andrew Schotter. “Present-Bias, Quasi- Hyperbolic Discounting, and Fixed Costs.” *Games and Economic Behavior* 69, no. 2 (2010): 205–23.

Frederick, Shane, George Loewenstein, and Ted O’Donoghue. “Time Discounting and Time Preference: A Critical Review.” *Journal of Economic Literature* 40, no. 2 (2002): 351–401.

Laibson, David. "Golden Eggs and Hyperbolic Discounting." *Quarterly Journal of Economics* 112, no. 2 (1997): 443–77.
Loewenstein, George, and Richard H. Thaler. "Anomalies: Intertemporal Choice." *Journal of Economic Perspectives* 3, no. 4 (1989): 181–93.
Thaler, Richard H. "Some Empirical Evidence on Dynamic Inconsistency." *Economics Letters* 8, no. 3 (1981): 201–7.
Thaler, Richard H., and Hersh M. Shefrin. "An Economic Theory of Self- Control." *Journal of Political Economy* 89, no. 2 (1981): 392–406.

第8章

■ 集団思考

Janis, Irving L. *Groupthink: Psychological Studies of Policy Decisions and Fiascoes.* Boston: Wadsworth, 1982.
Schlesinger, Arthur M., Jr. *A Thousand Days: John F. Kennedy in the White House.* Boston: Houghton Mifflin, 1965.
Whyte, William H. "Groupthink (Fortune 1952)." *Fortune,* July 22, 2012.

■ バフェットとコカ・コーラ

Quick, Becky. CNBC *Closing Bell* interview with Warren E. Buffett, April 23, 2014. https://fm.cnbc.com/applications/cnbc.com/resources/editorial les/2014/04/23/2014-04-23%20Warren%20Buffett%20live%20inter- view%20transcript.pdf.

■ 情報カスケードと集団極性化

Greitemeyer, Tobias, Stefan Schulz-Hardt, and Dieter Frey. "The Effects of Authentic and Contrived Dissent on Escalation of Commitment in Group Decision Making." *European Journal of Social Psychology* 39, no. 4 (June 2009): 639–47.
Heath, Chip, and Rich Gonzalez. "Interaction with Others Increases Decision Confidence but Not Decision Quality: Evidence Against Information Collection Views of Interactive Decision Making." *Organizational Behavior and Human Decision Processes* 61, no. 3 (1995): 305–26.
Hung, Angela A., and Charles R. Plott. "Information Cascades: Replication and an Extension to Majority Rule and Conformity-Rewarding Institutions." *American Economic Review* 91, no. 5 (December 2001): 1508–20.
Stasser, Garold, and William Titus. "Hidden Profiles: A Brief History." *Psychological Inquiry* 14, nos. 3–4 (2003): 304–13.
Sunstein, Cass R. "The Law of Group Polarization." *Journal of Political Philosophy* 10, no. 2 (2002): 175–95.
Sunstein, Cass R., and Reid Hastie. *Wiser: Getting Beyond Groupthink to Make Better Decisions.* Boston: Harvard Business Review Press, 2015.
Whyte, Glen. "Escalating Commitment in Individual and Group Decision Making: A Prospect Theory Approach." *Organizational Behavior and Human Decision Processes* 54, no. 3 (1993): 430–55.

Zhu, David H. "Group Polarization in Board Decisions About CEO Compensation." *Organization Science* 25, no. 2 (2013): 552–71.

第9章

■ エージェンシー理論

Bebchuk, Lucian A., and Jesse M. Fried. "Executive Compensation as an Agency Problem." *Journal of Economic Perspectives* 17, no. 3 (2003): 71–92.
Fama, Eugene F., and Michael C. Jensen. "Separation of Ownership and Control." *Journal of Law and Economics* 26, no. 2 (1983): 301–25.
Hope, Ole-Kristian, and Wayne B. Thomas. "Managerial Empire Building and Firm Disclosure." *Journal of Accounting Research* 46, no. 3 (2008): 591–626.
Jensen, Michael C., and William H. Meckling. "Theory of the Firm: Managerial Behavior, Agency Costs and Ownership Structure." *Journal of Financial Economics* 3, no. 4 (1976): 305–60.

■ 経営幹部の不正

Bergstresser, Daniel, and Thomas Philippon. "CEO Incentives and Earnings Management." *Journal of Financial Economics* 80, no. 3 (2006): 511–29.
Greve, Henrich R., Donald Palmer, and Jo-Ellen Pozner. "Organizations Gone Wild: The Causes, Processes, and Consequences of Organizational Misconduct." *Academy of Management Annals* 4, no. 1 (2010): 53–107.
McAnally, Mary Lea, Anup Srivastava, and Connie D. Weaver. "Executive Stock Options, Missed Earnings Targets, and Earnings Management." *Accounting Review* 83, no. 1 (2008): 185–216.

■ 最後通牒ゲーム

Cameron, Lisa A. "Raising the Stakes in the Ultimatum Game: Experimental Evidence from Indonesia." *Economic Inquiry* 37, no. 1 (1999): 47–59.
Güth, Werner, Rolf Schmittberger, and Bernd Schwarze. "An Experimental Analysis of Ultimatum Bargaining." *Journal of Economic Behavior & Organization* 3, no. 4 (1982): 367–88.
Kahneman, Daniel, Jack L. Knetsch, and Richard H. Thaler. (1986). "Fairness and the Assumptions of Economics." *Journal of Business* 59, S4 (1986): S285–300.
Thaler, Richard H. "Anomalies: The Ultimatum Game." *Journal of Economic Perspectives* 2, no. 4 (1988): 195–206.

■ 限定された倫理性と行動倫理学

Ariely, Dan. *The (Honest) Truth About Dishonesty: How We Lie to Everyone—Especially Ourselves.* New York: HarperCollins, 2012.
Bazerman, Max H., George Loewenstein, and Don A. Moore. "Why Good Accountants Do Bad Audits." *Harvard Business Review,* November 2002.
Bazerman, Max H., and Don A. Moore. *Judgment in Managerial Decision Making.*

Hoboken, NJ: Wiley, 2008.
Bazerman, Max H., and Francesca Gino. "Behavioral Ethics: Toward a Deeper Understanding of Moral Judgment and Dishonesty." *Annual Review of Law and Social Science* 8 (2012): 85–104.
Bazerman, Max H., and Ann E. Tenbrunsel. *Blind Spots: Why We Fail to Do What's Right and What to Do About It.* Princeton, NJ: Princeton University Press, 2011.
Haidt, Jonathan. "The New Synthesis in Moral Psychology." *Science* 316 (2007): 998–1002.
Harvey, Ann H., et al. "Monetary Favors and Their In uence on Neural Re- sponses and Revealed Preference." *Journal of Neuroscience* 30, no. 28 (2010): 9597–9602.
Kluver, Jesse, Rebecca Frazier, and Jonathan Haidt. "Behavioral Ethics for Homo Economicus, Homo Heuristicus, and Homo Duplex." *Organizational Behavior and Human Decision Processes* 123, no. 2 (2014): 150–58.

■作為・不作為による倫理的判断の違い

Paharia, Neeru, et al. "Dirty Work, Clean Hands: The Moral Psychology of Indirect Agency." *Organizational Behavior and Human Decision Processes* 109, no. 2 (2009): 134–41.
Spranca, Mark, Elisa Minsk, and Jonathan Baron. "Omission and Commission in Judgment and Choice." *Journal of Experimental Social Psychology* 27, no. 1 (1991): 76–105.

■情報開示

Cain, Daylian M., George Loewenstein, and Don A. Moore. (2005). "The Dirt on Coming Clean: Perverse Effects of Disclosing Conflicts of Interest." *Journal of Legal Studies* 34, no. 1 (2005): 1–25.

■その他

Smith, Adam. *The Wealth of Nations*. Edited, with an Introduction and Notes by Edwin Cannan. New York: Modern Library, 1994.

第10章

■バイアスとそれを克服する方法の分類

Bazerman, Max H., and Don A. Moore. *Judgment in Managerial Decision Making.* Hoboken, NJ: Wiley, 2008.
Dobelli, Rolf. *The Art of Thinking Clearly*. Translated by Nicky Griffin. New York: HarperCollins, 2013.
Dolan, Paul, et al. "MINDSPACE: Influencing Behaviour Through Public Policy." Cabinet Office and Institute for Government, London, UK, 2010.
Finkelstein, Sydney, Jo Whitehead, and Andrew Campbell. *Think Again: Why Good Leaders Make Bad Decisions and How to Keep It from Happening to You.* Boston: Harvard Business Press, 2008.

Halpern, David. *Inside the Nudge Unit: How Small Changes Can Make a Big Difference*. New York: W. H. Allen, 2015.
Heath, Chip, and Dan Heath. *Decisive: How to Make Better Choices in Life and Work.* New York: Crown Business, 2013.
Service, Owain, et al. "EAST: Four Simple Ways to Apply Behavioural Insights." Behavioural Insights Ltd. and Nesta. April 2014.
Tversky, Amos, and Daniel Kahneman. "Judgment Under Uncertainty: Heuristics and Biases." *Science* 185 (1974): 1124–31.

■望ましくない結果を、後知恵でバイアスのせいにする危険性
Rosenzweig, Phil. *Left Brain, Right Stuff: How Leaders Make Winning Decisions*. New York: Public Affairs, 2014.

■買収の業績
Bruner, Robert F. "Does M&A Pay? A Survey of Evidence for the Decision- Maker." *Journal of Applied Finance* 12, no. 1 (2002): 48–68.
Cartwright, Susan, and Richard Schoenberg. "Thirty Years of Mergers and Acquisitions Research: Recent Advances and Future Opportunities." *British Journal of Management* 17, Suppl. 1 (2006).
Datta, Deepak K., George E. Pinches, and V. K. Narayanan. "Factors Influencing Wealth Creation from Mergers and Acquisitions: A Meta-Analysis." *Strategic Management Journal* 13, no. 1 (1992): 67–84.

*「競争相手無視」については第4章を、「部門売却」については第5章を参照。

第11章

■バイアスを克服するための努力
Dobelli, Rolf. *The Art of Thinking Clearly*. Translated by Nicky Griffin. New York: HarperCollins, 2013.
Finkelstein, Sydney, Jo Whitehead, and Andrew Campbell. *Think Again: Why Good Leaders Make Bad Decisions and How to Keep It From Happening to You.* Boston: Harvard Business Press, 2008.
Hammond, John S., Ralph L. Keeney, and Howard Raiffa. "The Hidden Traps in Decision Making." *Harvard Business Review,* January 2006, 47–58.

■バイアス除去とバイアスの盲点
Fischhoff, Baruch. "Debiasing." In *Judgment Under Uncertainty: Heuristics and Biases,* edited by Daniel Kahneman, Paul Slovic, and Amos Tversky, 422–44. Cambridge: Cambridge University Press, 1982.
Milkman, Katherine L., Dolly Chugh, and Max H. Bazerman. "How Can Decision Making Be Improved?" *Perspectives on Psychological Science* 4, no. 4 (2009): 379–83.
Morewedge, Carey K., et al. "Debiasing Decisions: Improved Decision Making with a

Single Training Intervention." *Policy Insights from the Behavioral and Brain Sciences* 2, no. 1 (2015): 129–40.
Nisbett, Richard E. *Mindware: Tools for Smart Thinking*. New York: Farrar, Straus and Giroux, 2015.
Pronin, Emily, Daniel Y. Lin, and Lee Ross. "The Bias Blind Spot: Asymmetric Perceptions of Bias in Others Versus the Self." *Personality and Social Psychology Bulletin* 28, no. 3 (2002): 369–81.
Sellier, Anne-Laure, Irene Scopelliti, and Carey K. Morewedge. "Debiasing Training Transfers to Improve Decision Making in the Field." *Psychological Science* 30, no. 9 (2019): 1371–79.
Soll, Jack B., Katherine L. Milkman, and John W. Payne. "A User's Guide to Debiasing." In *The Wiley Blackwell Handbook of Judgment and Decision Making,* Vol. 2, edited by Gideon Keren and George Wu, 924–51. Chichester, UK: Wiley-Blackwell, 2016.

■ キューバミサイル危機

Kennedy, Robert F. *Thirteen Days: A Memoir of the Cuban Missile Crisis*. New York: W. W. Norton, 1969.
White, Mark. "Robert Kennedy and the Cuban Missile Crisis: A Reinterpretation." *American Diplomacy,* September 2007.

■ その他

McKinsey & Company. "Dan Ariely on Irrationality in the Workplace." Interview. February 2011. https://www.mckinsey.com/business-functions/ strategy-and-corporate-finance/our-insights/dan-ariely-on-irrationality-in -the-workplace#.
Preston, Caroline E., and Stanley Harris. "Psychology of Drivers in Traffic Accidents." *Journal of Applied Psychology* 49, no. 4 (1965): 284–88.

■ 注

バイアスの盲点は、カーネマンが言うように、「人は、明白なものが見えない時があり、自分がそうなっていることに気づかない」ところにある。: Kahneman, Daniel. *Thinking, Fast and Slow.* New York: Farrar, Straus and Giroux, 2011, 24.

かつてダニエル・カーネマンは、個人が脱バイアスを実現できる可能について尋ねられて、次のように答えた。「それについては、まったく楽観していない……」: When Can You Trust Your Gut?" Interview with Daniel Kahneman and Gary Klein. *McKinsey Quarterly,* March 2010.

第12章

■ 宇宙探査における事故

Clervoy, Jean-François, private communication.
Space travel: Wikipedia, s.v. "List of Spaceflight-Related Accidents and Incidents."

Accessed July 20, 2014.

■チェックリスト

Gawande, Atul. *The Checklist Manifesto: How to Get Things Right*. New York: Metropolitan Books, 2009.

Haynes Alex B., et al. "A Surgical Safety Checklist to Reduce Morbidity and Mortality in a Global Population." *New England Journal of Medicine* 360, no. 5 (2009): 491–99.

Kahneman, Daniel, Dan Lovallo, and Olivier Sibony. "The Big Idea: Before You Make That Big Decision." *Harvard Business Review,* June 2011.

■企業の意思決定の慣行

Heath, Chip, Richard P. Larrick, and Joshua Klayman. "Cognitive Repairs : How Organizational Practices Can Compensate for Individual Shortcomings." *Research in Organizational Behavior* 20, no. 1 (1998): 1–37.

第13章

■ビル・ミラー

McDonald, Ian. "Bill Miller Dishes on His Streak and His Strategy," *Wall Street Journal,* January 6, 2005.

Mlodinow, Leonard. *The Drunkard's Walk: How Randomness Rules Our Lives.* New York: Vintage, 2009.

■投資の意思決定

Garbuio, Massimo, Dan Lovallo, and Olivier Sibony. "Evidence Doesn't Argue for Itself: The Value of Disinterested Dialogue in Strategic Decision- Making." *Long Range Planning* 48, no. 6 (2015): 361–80.

Lovallo, Dan, and Olivier Sibony. "The Case for Behavioral Strategy." *McKinsey Quarterly,* March 2010, 30–43.

■その他

"The Spectacular Rise and Fall of WeWork." *The Daily* podcast, *New York Times,* November 18, 2019, featuring Masayoshi Son.

第14章

■ブレインストーミング

Diehl, Michael, and Wolfgang Stroebe. "Productivity Loss in Brainstorming Groups: Toward the Solution of a Riddle." *Journal of Personality and Social Psychology* 53, no. 3 (1987): 497–509.

Keeney, Ralph L. "Value-Focused Brainstorming." *Decision Analysis* 9, no. 4 (2012): 303–13.

Sutton, Robert I., and Andrew Hargadon. "Brainstorming Groups in Context:

Effectiveness in a Product Design Firm." *Administrative Science Quarterly* 41, no. 4 (1996): 685–718.

■ 認知的多様性

Reynolds,Alison,andDavidLewis."TeamsSolveProblemsFasterWhenThey're More Cognitively Diverse." *Harvard Business Review,* March 2017, 6.
Roberto, Michael A. *Why Great Leaders Don't Take Yes for an Answer*. Upper Saddle River, NJ: Pearson Education, Inc./Prentice Hall, 2005.

■ パワーポイント

Bezos, Jeff. "Forum on Leadership :A Conversation with Jeff Bezos."April20,2018. Accessed at: https://www.youtube.com/watch?v=xu6vFIKAUxk&amp=&feature=youtu.be&amp=&t=26m31s].
———— . Letter to Amazon shareholders ["shareowners"], [April 2017]. https://www.sec.gov/Archives/edgar/data/1018724/000119312518121161 /d456916dex991.htm
Kaplan, Sarah. "Strategy and PowerPoint: An Inquiry into the Epistemic Culture and Machinery of Strategy Making." *Organization Science* 22, no. 2 (2011): 320–46.

■ 本物の異議

Greitemeyer, Tobias, Stefan Schulz-Hardt, and Dieter Frey. "The Effects of Authentic and Contrived Dissent on Escalation of Commitment in Group Decision Making." *European Journal of Social Psychology* 39, no. 4 (June 2009): 639–47.
Nemeth Charlan, Keith Brown, and John Rogers. "Devil's Advocate Versus Authentic Dissent: Stimulating Quantity and Quality." *European Journal of Social Psychology* 31, no. 6 (2001): 707–20.

■ 複数の選択肢

Heath, Chip, and Dan Heath. *Decisive: How to Make Better Choices in Life and Work.* New York: Crown Business, 2013.
Nutt, Paul C. "The Identification of Solution Ideas During Organizational Decision Making." *Management Science* 39, no. 9 (1993): 1071–85.

■ プレモータム

Klein, Gary. "Performing a Project Premortem." *Harvard Business Review,* September 2007.
Klein, Gary, Paul D. Sonkin, and Paul Johnson. "Rendering a Powerful Tool Flaccid: The Misuse of Premortems on Wall Street." 2019. Retrieved from: https://capitalallocatorspodcast.com/wp-content/uploads /Klein-Sonkin-and-Johnson-2019-The-Misuse-of-Premortems-on-Wall- Street.pdf.

■ 正しいプロセス

Kim, W. Chan, and Renée Mauborgne. "Fair Process Managing in the Knowledge

Economy." *Harvard Business Review,* January 2003.
Sunstein, Cass R., and Reid Hastie. *Wiser: Getting Beyond Groupthink to Make Better Decisions.* Boston: Harvard Business Review Press, 2015.

■ その他

"How We Do It: Three Executives Reflect on Strategic Decision Making." Interview with Dan Lovallo and Olivier Sibony. *McKinsey Quarterly,* March 2010.
Schmidt, Eric. "Eric Schmidt on Business Culture, Technology, and Social Issues." *McKinsey Quarterly,* May 2011, 1–8.

第15章

■ マイケル・バリー

Lewis, Michael. *The Big Short: Inside the Doomsday Machine*. New York: W. W. Norton, 2010.

■ 多様なアイデアの価値

Gino, Francesca. *Rebel Talent: Why It Pays to Break the Rules at Work and in Life*. New York: Dey Street Books, 2018.
Grant, Adam. *Originals: How Non-Conformists Change the World*. New York: Penguin, 2017.

■ レッドチームと構造化分析手法

Chang, Welton, et al. "Restructuring Structured Analytic Techniques in Intelligence." *Intelligence and National Security* 33, no. 3 (2018): 337–56.
U.S. Government. "A Tradecraft Primer: Structured Analytic Techniques for Improving Intelligence Analysis. March 2009." Center for the Study of Intelligence, CIA.gov, March 2009, 1–45. https://www.cia.gov/library/center-for-the-study-of-intelligence / csi-publications/books-and-monographs/Tradecraft%20Primer-apr09.pdf.

■ 群衆の知恵

Atanasov, Pavel, et al. "Distilling the Wisdom of Crowds: Prediction Markets vs. Prediction Polls." *Management Science* 63, no. 3 (March 2017): 691–706.
Galton, Francis. "Vox Populi." *Nature* 75 (1907): 450–51.
Mann, A. "The Power of Prediction Markets." *Nature* 538 (October 2016): 308–10.
Surowiecki, James. *The Wisdom of Crowds*. New York: Doubleday, 2004.

■ リアンカリング

Lovallo, Dan, and Olivier Sibony. "Re-anchor your next budget meeting." *Harvard Business Review,* March 2012.

■ 構造化されたアナロジー

Lovallo, Dan, Carmina Clarke, and Colin F. Camerer. "Robust Analogizing and the

Outside View: Two Empirical Tests of Case-Based Decision Making." *Strategic Management Journal* 33, no. 5 (2012): 496–512.
Sepp, Kalev I. "Best Practices in Counterinsurgency." *Military Review,* May 2005.

■戦略的意思決定プロセス

Sibony, Olivier, Dan Lovallo, and Thomas C. Powell. "Behavioral Strategy and the Strategic Decision Architecture of the Firm." *California Management Review* 59, no. 3 (2017): 5–21.

■外部視点と参照クラスによる予測

De Reyck, Bert, et al. "Optimism Bias Study: Recommended Adjustments to Optimism Bias Uplifts." UK Department for Transport, n.d. Available at https://assets.publishing.service.gov.uk/government/uploads/system /uploads/attachment_data/ le/576976/dft-optimism-bias-study.pdf.
Flyvbjerg, Bent. "Curbing Optimism Bias and Strategic Misrepresentation in Planning: Reference Class Forecasting in Practice." *European Planning Studies* 16, no. 1 (2008): 3–21.
Flyvbjerg, Bent, Massimo Garbuio, and Dan Lovallo. "Delusion and Deception in Large Infrastructure Projects: Two Models for Explaining and Preventing Executive Disaster." *California Management Review* 51, no. 2 (2009): 170–93.
Flyvbjerg, Bent, and Allison Stewart. "Olympic Proportions: Cost and Cost Overrun at the Olympics 1960–2012." *SSRN Electronic Journal,* June 2012, 1–23.
Kahneman, Daniel. Beware the 'Inside View.'" *McKinsey Quarterly,* November 2011, 1–4.
Lovallo Dan, and Daniel Kahneman. "Delusions of Success." *Harvard Business Review,* July 2003, 56–63.

■ベイズの定理による意見の修正

Silver, Nate. *The Signal and the Noise: Why So Many Predictions Fail—But Some Don't*. New York: Penguin, 2012.
Tetlock, Philip E., and Dan Gardner. *Superforecasting: The Art and Science of Prediction*. New York: Broadway Books, 2016.

■その他

Sorkin, Andrew Ross. "Buffett Casts a Wary Eye on Bankers." *New York Times,* March 1, 2010, citing Warren E. Buffett's annual letter to Berkshire Hathaway shareholders.

第16章

■起業家のリスク志向

Grant, Adam. *Originals: How Non-Conformists Change the World*. New York: Penguin, 2017.

■ 実験

Halpern, David. *Inside the Nudge Unit: How Small Changes Can Make a Big Difference*. New York: W. H. Allen, 2015.
Lourenço, Joana Sousa, et al. "Behavioural Insights Applied to Policy: European Report 2016."
Ries, Eric. *The Lean Startup*. New York: Crown Business, 2011.

■ 一晩寝かすことのメリット

Dijksterhuis, Ap, et al. (2006). "On Making the Right Choice: The Deliberation Without Attention Effect." *Science* 311 (2006): 1005–7.
Vul, Edward, and Harold Pashler. "Measuring the Crowd Within: Probabilistic Representations Within Individuals." *Psychological Science* 19, no. 7 (2008): 645–48.

おわりに

■ 注

心理学者ゲイリー・クラインが指摘するように: "Strategic Decisions: When Can You Trust Your Gut?" Interview with Daniel Kahneman and Gary Klein. *McKinsey Quarterly,* March 2010.
ジム・コリンズが『ビジョナリー・カンパニー2』で「レベル5」のリーダーに求めている: Collins, Jim. *Good to Great.* New York: HarperBusiness, 2001.

著者紹介

オリヴィエ・シボニー

仏ビジネススクールHEC経営大学院教授（専門は経営戦略）、オックスフォード大学経営大学院サイード・ビジネススクールのアソシエイト・フェロー。その前は、25年にわたって、パリとニューヨークでマッキンゼー・アンド・カンパニーのシニア・パートナーを務めた。戦略的意思決定の質の向上について研究し、その成果は、ハーバード・ビジネス・レビュー、MITスローン・マネジメント・レビューなどで数多く発表されている。HEC経営大学院卒業、PSL研究大学でPhD。

訳者紹介

野中 香方子

翻訳家。お茶の水女子大学卒業。主な翻訳書に『脳を鍛えるには運動しかない』（NHK出版）、『China2049』（日経BP）などがある。

賢い人が
なぜ決断を誤るのか?

2021年7月5日　第1版第1刷発行
2021年10月18日　第1版第2刷発行

著者　オリヴィエ・シボニー
翻訳者　野中 香方子
発行者　村上 広樹
発行　日経BP
発売　日経BPマーケティング
〒105-8308
東京都港区虎ノ門4-3-12
https://www.nikkeibp.co.jp/books/
ブックデザイン　小口 翔平＋三沢 稜＋後藤 司(tobufune)
DTP・制作　河野 真次
編集担当　沖本 健二
印刷・製本　中央精版印刷株式会社

ISBN 978-4-296-00023-4
Printed in Japan